国家社科基金后期资助项目

教育水平、信息接受与食物消费问题研究

王 茵 著

中国财经出版传媒集团
中国财政经济出版社
北京

国家社科基金后期资助项目
出版说明

后期资助项目是国家社科基金设立的一类重要项目，旨在鼓励广大社科研究者潜心治学，支持基础研究多出优秀成果。它是经过严格评审，从接近完成的科研成果中遴选立项的。为扩大后期资助项目的影响，更好地推动学术发展，促进成果转化，全国哲学社会科学工作办公室按照“统一设计、统一标识、统一版式、形成系列”的总体要求，组织出版国家社科基金后期资助项目成果。

全国哲学社会科学工作办公室

前　言

教育是一种重要的人力资本投资形式，它一方面可以培养人的生产能力，另一方面可以促进提升消费能力。家庭或者个人的消费能力不仅受到预算约束的限制，还受到科学文化水平的影响，决定了家庭或个人消费的层次和质量。信息是一种具有经济价值的重要资源，可以改变消费者的行为意愿，进而帮助消费者进行更好的行为决策。随着公众受教育水平和饮食健康意识的提高，食物消费需求由生存导向型向健康导向型转变。各类渠道的营养健康信息为消费者基于健康导向做出正确的食物选择提供重要依据。本书立足于我国居民食物消费和营养摄入的现状以及营养健康信息环境，从经济学视角深入探究教育水平、信息接受对居民食物消费行为的影响，致力于解决五个问题：第一，食物作为影响健康的重要因素，教育与其有何种关系？第二，教育水平是否是解释食物消费、营养摄入及其膳食质量变化的关键变量？第三，如果是，教育如何发挥作用？即教育背后隐含的营养健康信息效率差异是否是关键的影响渠道？第四，在不同的消费情境下，如何合理揭示营养健康信息对食物消费行为的影响机制？第五，如何进一步优化我国营养健康信息传播和公众营养教育的相关政策？本书使用中国健康与营养调查（CHNS）和消费者调查数据得出以下主要结论。

第一，中国城乡居民食物消费结构已经发生显著变化，但食物消费的数量增加和种类丰富并不必然带来营养结构的合理。收入增加改变传统食物消费结构，居民由于动物性食物消费过量、植物性食物消费不足增加了健康风险；教育水平提高改善了居民的食物消费结构，表现为抑制动物性食物消费和增加植物性食物消费。第二，中国城乡居民营养结构改善主因正从收入因素转向教育因素。收入提高促进居民营养结构向动物性食物来源倾斜，对脂肪结构的改善没有起到正向作用，甚至还有负向作用。教育水平提高主要通过影响脂肪摄入改善营养结构，即总量上抑制脂肪摄入，结构上增加植物性脂肪摄入比例。第三，通过构建多维度的膳食平衡指数发现，中国居民膳食质量有一定程度的提高，膳食质量的主要问题已经从摄入不足的膳食摄入量问题转变为部分营养摄入不足和部分营养摄入过量并存的膳食结构问题。教育对降低膳食摄入不足、摄入过量和膳食失衡的调节作用增强，而收入的调节作用减弱，甚至从降低过量程度的正效应转变为提高过量程度的负效应。构建消费者的膳食知识指数，结果发现，我国居民的膳食知识水平显著提高，而且教育水平和膳食知识水平显著正相关，教育水平提高确实部分通过提高膳食知识水平来改善膳食质量。第四，以北京市消费者为案例分析对象，调研数据表明，消费者对营养健康信息的搜寻频率相对较高，大众传媒是消费者获取营养健康信息的主要渠道。教育水平是影响消费者营养健康信息存量的重要变量，营养健康信息对食物消费频率有显著影响，并且教育通过提高营养健康信息效率影响食物消费。第五，以河南省农村居民为调研对象，发现多数农村居民主动了解营养健康信息的频率较低，半数居民偶尔甚至不使用食品营养标签，对食品营养标签上健康信息的接收能力也存在不足。居民的经济状况、知识水平和健康状况显著影响食品营养标签使用频率。选择实验结果表明，相比于价格和转基因标识等食品属性，农村居民更在意食品是否有营养声称以及是否为知名品牌，带有营养声称以及知名品牌的食品营养标签能显著增强居民对食物的消费偏好。第六，运用解释水平理论，通过两个经济学实验发现，当消费者处于高解释水平时，营养信息比美味信息更容易使消费者产生更高的购买倾向；当消费者处于低解释水平时，美味信息比营养信息更容易使消费者产生更高的购买倾向；未来结果感知在解释水平与美味信息/营养信息交互影响消费者的购买倾向中起到部分中介效应。当消费者处于高解释水平时，收益类信息比损失类信息更容易使消费者产生更高的购买倾向；当消费者处于低解释水平时，损失类信息比收益类信息更容易使消费者产生更高的购买倾向；卷入度在解释水平与收益类信息/损失类信息交互影响消费者的购买倾向起到部分中介效应。第七，营养健康信息有助于消费者更好地选择健康食品，制定合理的营养健康信息的传播策略对提高消费者健康饮食意识至关重要。为进一步提高营养健康信息的传播力度，应该在确定不同消费者群体的基础上，有针对性地激发其搜索营养健康信息的兴趣，进一步提高大众健康饮食的意愿，进而提高整体饮食质量。第八，健全的公共营养政策体系应从三个方面入手。营养信息方面，政策制定要注意信息传播的渠道，增加营养健康信息供给，健全营养健康信息管理制度等；学校环境方面，政府可以为学生免费提供蔬菜水果等健康食品，同时提高食品标准并在校内积极开展营养教育活动，为习得健康偏好创造良好的环境；经济工具方面，可以结合食品税和食品补贴来鼓励消费者重新审视现有的不健康偏好，同时解决阻碍偏好表达的经济问题。

本书的贡献主要包括三个方面：第一，将营养健康信息纳入食物消费模型，重点从信息维度审视食物消费需求变化；第二，结合心理学和行为经济学的相关方法和理论，揭示营养健康信息对食物消费行为的影响机制；第三，结合本书的研究成果和国内外的食育理论，为改进营养健康信息传播和制定并实施公众营养政策提出明确的路径选择。

目 录

第1章 绪　　论

1.1 选题背景与研究意义

1.1.1 选题背景

健康不仅是个人发展的重要目标之一，也是人类社会发展的公共目标之一。诺贝尔奖获得者舒尔茨早在1961年就提出改善健康是积累人力资本的一种重要方式。最新《全球营养报告》显示，全球有20%的死亡与饮食有关，高钠摄入、低谷物摄入、低水果摄入、低坚果和种子摄入、低蔬菜摄入是排名前五的致死因素。因社会分配不均导致的食物获取不足或个人食物偏好导致的营养失衡，从而致病致死，不仅直接增加了个人和社会维持健康的成本，而且降低人力资本的积累，造成经济损失和个人及家庭福利损失。该报告认为，全球233个国家和地区每年因营养性疾病损失3.5万亿美元，发展中国家由于营养失衡和营养不良造成的劳动力损失约占GDP的3%～5%。可见，营养失衡导致的健康问题造成了巨大损失，严重影响一个国家的人口素质和社会经济发展，营养健康公共政策任重道远。

我国已经并且正在持续经历营养变迁过程。随着经济的发展，我国居民总体上经历了“吃饱—吃好—吃得营养—吃得健康”的历史发展，膳食营养状况发生了深刻变化。营养水平显著提高，热量、脂肪、蛋白质三大营养素摄入水平高于中等收入国家平均水平，正接近高收入发达国家平均水平。但与此同时，膳食结构也在改变，良好的膳食习惯正在丢失。随着动物类食物和西式快餐等高热量食物的普及，我国居民的膳食结构已经发生巨大变化，脂肪摄入量过多，平均膳食脂肪供能比达到35%，超过世界卫生组织（WHO）推荐的30%上限，而粮谷类、蔬菜、水果消费量均低于推荐量，我国居民的膳食结构表现出与西方膳食结构接近的趋势。膳食结构的转变产生一系列影响，其中最显著的是超重肥胖问题和高糖高脂问题。《中国居民营养与慢性病状况报告（2020 年）》显示，不论成人还是儿童青少年，我国超重肥胖率的增长幅度都大于发达国家。超重肥胖率上升给健康带来严重威胁，高血压、高血糖、血脂异常等慢性疾病发病率急剧上升，已成为影响人群体质的突出问题，从而成为公共政策要面对的严重的公共健康问题。

现代健康问题大部分是从日常饮食中“吃”出来的，如何才能吃出健康，“舌尖上的教育”势在必行。发达国家更早出现源自饮食不当的肥胖和公共健康问题，营养健康信息的广泛传播为解决上述问题发挥重要作用。通过食品营养标签、广告等大众媒介、膳食指南等方式对公众进行营养教育，提高公众的营养素养，促进合理健康饮食。美国为了使膳食指导明确简洁，在 20 世纪 70 年代提出膳食指南金字塔；包括意大利在内的地中海国家也都制定了指导国民的类似膳食指南。日本是目前世界上“食育”体系最完善的国家，“食育”作为其国民教育的重要组成部分，以科学的营养知识，适合日本国情的文化，通过各种形式让国民形成合理的膳食结构。根据发达国家经验，营养健康信息传播是健康信息传播的重要组成部分，它是指通过各种渠道，运用各种传播媒介和方法，为维护、改善个人和群体的营养状况与促进健康的目的而制作、传递、分散和分享营养健康信息的过程。营养健康信息传播是营养教育与营养改善行动的重要手段和策略。随着我国居民健康需求的日益提升，营养健康信息越来越受到关注。在我国，有关营养与慢性疾病密切相关的信息、合理膳食的指导通过广播、电视节目、网络等媒介传递给消费者。政府相关部门发布的《中国居民膳食指南》和“平衡膳食宝塔”等信息为居民合理调配膳食提供专业的、可操作性的指导。包装食品标识的营养成分表，帮助消费者在发生购买行为时进行知情选择。我国颁布了多项食品标签国家标准，如 2011 年颁布《预包装食品标签通则》和《预包装食品营养标签通则》；2014 年施行《有机产品认证管理办法》用以规范商家的食品标签使用行为，保障消费者获取真实、可靠的食品信息。《国民营养计划（2017 ~ 2030 年）》明确指出提升营养健康科普信息供给和传播能力，采用多种传播方式和渠道，定向、精准地将科普信息传播到目标人群。

回到本书的逻辑起点——教育，它一方面可以培养人的生产能力，另一方面可以促进提升人的消费能力。教育作为提高消费能力的重要手段，它不仅影响食物消费数量，更对膳食质量构成有重要影响，因为教育水平高的人更容易了解和把握更多膳食知识和营养健康信息，避免不健康的膳食行为。随着公众受教育水平和饮食健康意识的提高，食物消费需求由生存导向型向健康导向型转变。各类渠道的营养健康信息为消费者基于健康导向做出正确的食物选择提供了重要依据。但是国内传统的食物需求模型主要考虑价格、收入等经济因素的影响，加之食物消费行为的复杂性，对于营养健康信息的影响涉及较少。在国外研究中，相关的营养健康信息对食物消费行为和居民健康影响的研究已经广泛开展。我国和西方发达国家在经济发展阶段、生活方式、饮食习惯等方面都存在很大差异，根据我国的实际情况，教育水平和营养健康信息是否影响食物消费行为？两者影响食物消费行为的理论基础和影响机制是什么？为改善国民膳食营养质量，如何采取有效的信息传播策略，增强营养健康信息的说服效果，引发积极的消费者响应？对于以上这些问题，当前国内研究比较缺乏。在营养性健康问题突出的今日，从经济学领域探寻改善国民营养以提高健康水平的公共政策及其实证支持依据刻不容缓。而且，提出本书的研究，不仅因为其必要性，针对个体信息行为特征的食物消费研究需要更趋于客观性与前瞻性，而且因为本书的研究已具备成熟条件，前人已经提供了很多不同角度的研究参考，现实生活中也已经提供了丰富的营养健康信息传播和应用实践，均可以作为本书的鲜活样本进行分析。

1.1.2 研究意义

本书的研究意义首先体现在丰富理论研究成果的学术意义，是对我国居民食物营养问题的进一步研究。随着收入水平的提高，食物消费支出在总支出中的比例越来越小，但是食物消费的重要性并不会随着其支出比例减小而降低。食物消费不是一项简单的消费决策，它反映了个体的膳食习惯以及膳食结构，与营养水平和健康密切相关，又会受到个人心理和周围环境的影响，这正是研究食物和营养问题的意义所在。在经济增长的初期，收入和价格等经济因素是影响食物消费决策的关键变量，但是随着经济的不断发展，对食物消费的决策研究在考虑经济因素的基础上，更需要关注非经济因素的影响，这一点在目前的学术研究，尤其是国内的学术研究中明显不足。因此，本书在考虑经济因素的基础上，增加教育水平和营养健康信息因素的考虑，从而扩展现有的食物需求模型，而且基于不同情境揭示营养健康信息对消费者食物消费行为的影响机制，以增强理论解读。本书立足于经济学的理论和方法，促进了与信息传播学、营养学和心理学的跨学科融合发展研究。

本书对健康干预和营养教育的公共政策制定具有实践意义。如果教育水平提高可以增加消费者的膳食知识水平，提高营养健康信息搜寻能力和把握能力，那么受教育者不仅可以获得知识的增加，而且可以获得“信息效率”的提高。在“健康中国”战略背景下，国民营养工作的任务之一是通过提供有效的营养健康信息，提高人们的膳食营养质量，进而提高健康水平。本书从消费者视角识别营养健康信息对食物消费行为的影响，从而对政府公共营养健康政策的有效制定和实施提供决策参考。而且，全球范围内的发展中国家，同样正在经历营养变迁的过程，面临相似的营养问题和健康挑战，中国作为世界上人口最多的发展中国家，本书的研究不仅可以惠泽我国，也将使其他发展中国家获益。

1.2 研究目标与内容

1.2.1 研究目标

研究立足于我国居民食物消费、营养摄入现状以及营养健康信息环境，从经济学视角深入探究教育水平、信息接受对居民食物消费行为的影响机制，以期明确提出促进居民健康饮食的公共营养教育政策路径选择。具体研究目标如下：

（1）扩展食物需求模型，证明营养健康信息对食物消费需求的影响。

（2）构建营养健康信息对食物消费行为影响机制的理论模型。

（3）设计合理方案，揭示营养健康信息对食物消费行为的影响机制。

（4）提出优化我国营养健康信息传播和公众营养教育的路径选择。

1.2.2 研究内容

为实现上述研究目标，共设有七部分核心内容。

一是教育水平与居民食物消费变化的关系。首先，本书使用 1995～2020 年国家统计局公布的宏观数据对城乡居民食物消费变化趋势进行描述分析；其次，以《中国居民营养膳食指南》中食物推荐摄入量作为食物健康目标的基准，利用中国健康与营养调查（CHNS）考察教育和收入分层下不同种类食物的消费频率和消费数量的变化情况；最后，采用面板数据模型和系统估计模型分析收入和教育水平等因素对我国居民食物消费数量和结构的影响。食物数量增加和种类丰富在一定阶段后并不代表结构合理，从而进入营养结构的研究。

二是教育水平与居民营养摄入状况的关系。首先，本书对城乡居民营养状况和营养结构变化趋势进行描述分析，选取与健康息息相关的热量、脂肪、蛋白质、碳水化合物、膳食纤维和胆固醇进行分析；其次，利用中国健康与营养调查（CHNS）分析收入分层和教育分层下主要营养素摄入量和营养结构的变化特征，判断收入提高、教育水平的提高对营养结构是否有改善作用；再次，延续食物消费的分析框架，建立营养摄入的缩减形式方程，估算收入、教育等变量对营养素摄入量的弹性值；最后，利用面板数据分位数回归，动态分析教育水平对营养素摄入量的边际影响。

三是教育水平与居民膳食质量水平的关系。首先，本书在回顾膳食总体质量评价方法的基础上，结合我国居民膳食特点及问题特征，建立适用于本书研究的中国膳食平衡指数，利用中国健康与营养调查（CHNS），通过描述性统计，动态分析 1997 ~ 2011 年我国居民膳食质量的变化特征；其次，以反映膳食摄入不足、膳食摄入过量和膳食失衡的三个维度的膳食平衡指数为因变量，动态分析收入、教育水平等因素对居民膳食质量的影响；最后，将膳食知识作为反映消费者营养健康信息的效率差异的代理变量，建立消费者的膳食知识指数，从膳食知识的渠道分析教育对膳食质量的影响机制。

四是消费者营养健康信息搜寻及其对食物消费的影响。本书以北京市消费者调查为案例展开分析。首先，利用调研数据对北京市消费者的营养健康信息搜寻行为进行描述性统计分析；其次，构建消费者营养健康信息搜寻行为的影响因素分析框架，实证分析营养健康信息的搜寻行为的影响因素，重点是证明教育水平提高对信息搜寻的正向影响；最后，建立消费者的营养健康信息存量方程和食物摄入方程的分析框架，从营养健康信息效率的渠道分析了教育对食物消费频率的影响，使用 Heckman 两步法纠正信息的选择性偏差。

五是农村居民食品营养标签使用情况及支付意愿。食品营养标签是强制标注在包装食品上，向消费者直接传达食品营养含量及营养特征的信息方式，为消费者合理选择食品提供了重要信息。本书在梳理食品营养标签现有理论和文献的基础上，以农村消费群体为研究对象，采用选择实验法设计问卷并利用调查数据分析农村居民食品营养标签使用情况及支付意愿。首先，回顾我国食品营养标签的发展过程，并对比国内外关于食品营养标签的已有研究，确定农村居民作为本部分的研究对象；其次，利用调研数据分析农村居民对食品营养标签的使用情况和不同食物消费情境下的影响因素；最后，通过选择实验分析食品营养标签对农村消费者支付意愿的影响。

六是解释水平视角下信息干预对食物消费行为的影响。现实中，消费者虽然知道很多与健康饮食有关的知识，但却没有将这些知识转化为相应行为，并继续执行着不健康的饮食。因此，有必要结合心理学的解释水平理论、行为经济学的框架效应深入剖析信息干预对食物消费行为的影响，并明确其中可能的影响机制。首先，梳理了解释水平理论的相关内容和测度方法。其次，设计两组实验并提出相应的研究假设，认为解释水平与美味信息或营养信息的交互作用影响消费者的购买决策，未来结果感知在其中起到中介作用；解释水平与收益类信息或者损失类信息的交互作用影响消费者的购买决策，卷入度在其中起到中介作用。最后，利用实验数据进行结果分析，并提出优化信息干预促进健康饮食的相关政策建议。

七是营养健康信息传播和营养政策选择。如何采取有效的信息传播策略，如何增强营养健康信息的说服效果，引发积极的消费者响应，不仅是学术研究的重要议题，也是制定有效的公共政策亟待解决的现实问题。为了解决上述问题，首先，需要理清现有营养健康信息传播是否精准、有效到达消费者，根据消费者对不同信息渠道的使用频率进行聚类分析；其次，梳理了食育理论的发展及其在我国的实践；最后，在厘清公共营养政策的作用机制和实践方案的基础上，为改善我国营养健康信息传播以及公众营养政策提出明确的路径选择。

1.3 研究方法

1.3.1 统计分析法

本书采用描述性统计方法分析我国居民食物消费、营养素摄入和膳食质量的变化趋势，定性判断教育水平、收入水平对食物消费、营养摄入和膳食质量的影响；采用方差分析方法研究我国居民的膳食知识指数的差异化特征；采用双因素方差分析和中介效应检验明确信息干预对食物消费行为的影响及其机制；采用聚类分析方法确定营养健康信息传播和公众营养教育的消费者分层。

1.3.2 比较分析法

在分析我国居民食物消费的数量和结构的变化趋势、营养素摄入数量和结构的变化趋势、膳食质量的变化趋势时，比较城市和农村的差异性特征。本书始终以健康目标为定性判断的基准，因此，在衡量食物消费行为、营养素摄入行为和膳食质量时，与《中国居民营养膳食指南》的推荐标准进行比较。在分析教育对膳食行为的影响时，不能忽略的重要因素是收入水平，因此多次比较收入水平和教育水平对食物消费数量、营养素摄入数量以及膳食质量的影响方向和影响大小。在分析教育对膳食行为的动态影响时，采用动态比较的方法分析不同时期教育对食物消费、营养摄入和膳食质量的影响大小。

1.3.3 实验研究法

在分析食品营养标签对消费者支付意愿的影响中，选取食用植物油作为实验消费品，设计选择实验，选取能反映食用油产品价格、质量和价值的属性，在随机效用理论的基础上构建反映居民支付意愿的实验框架。具体而言，在属性设计上，包括价格、营养声称、非转基因标识和品牌等四个属性，其中价格属性的层次设计为三个，其余属性的层次设计均为两个，并结合正交性，最终设计了八个消费者的选择集合。在研究信息干预对食物消费行为的影响及其机制中，结合心理学和行为经济学的相关理论，设计两个实验，分析由于个体心理差异导致的信息干预食物消费决策的效果差异。具体而言，首先，通过行为识别量表测度消费者的解释水平。其次，通过两个具体实验验证研究假说，即，解释水平与美味信息或营养信息的交互作用影响消费者的购买决策，未来结果感知在其中起到中介作用；解释水平与收益类信息或者损失类信息的交互作用影响消费者的购买决策，卷入度在其中起到中介作用。

1.3.4 计量分析法

分析教育对食物消费的影响，利用食物消费决定的两阶段模型，采用面板数据模型和系统估计模型，估计各类食物消费概率和消费数量的收入弹性和教育弹性。分析教育对营养摄入的影响，采用面板数据模型，估计各类营养素的收入弹性和教育弹性；采用面板数据分位数模型，估计营养素摄入的不同分布水平上，教育水平的弹性值和动态变化特征。分析教育对膳食质量的影响，采用截面数据模型，估计膳食质量的影响因素，动态分析收入和教育水平的偏效应大小。证明膳食知识对教育和膳食质量的中介效应时，采用面板数据工具变量法纠正膳食知识可能存在的内生性问题。在消费者案例分析中，采用多元有序 Logit 模型分析营养健康信息搜寻行为的影响因素以及农村居民使用营养标签的影响因素。同膳食知识类似，为控制信息变量潜在的内生性问题，使用Heckman两步法分析营养健康信息对食物消费行为的影响，证明教育通过提高“信息效率”影响膳食行为。采用随机参数Logit模型分析营养标签对农村消费者支付意愿的影响。

1.4 数据来源及说明

1.4.1 中国健康与营养调查

中国健康与营养调查（China Health and Nutrition Survey，CHNS）是由中国疾病预防控制中心营养与食品安全所和美国北卡莱罗纳大学人口研究中心联合开展的追踪调查项目。截至目前，已公开调查数据共计10轮，分别是1989年、1991年、1993年、1997年、2000年、2004年、2006年、2009年、2011年和2015年。CHNS数据库对食物消费和营养状况记录得非常详细和全面，膳食调查分为家户食物调查和个体膳食调查。家户食物调查使用食物存量法，用称重法和记账法详细记录家庭中每天购买食物的数量、丢弃食物的数量以及在家就餐的人数，根据食物存量变化计算家庭每天的食物消费量。个体膳食调查使用的是24小时回顾法，要求被调查者回忆一天之内消费的食物种类、数量、进餐时间、地点以及烹饪方式等内容。这种数据搜集方式不仅能够最大限度地提高食物消费数据的准确性，而且个人层次食物消费数据既包括在家就餐也包括在外就餐，弥补了传统的食物消费数据仅包括在家消费数据而不包括在外就餐数据的漏洞。CHNS数据库中还包括膳食知识的问项，因此，在分析教育对食物和营养摄入的影响渠道时，可以提供膳食知识水平差异角度的证据。总体来看，CHNS数据库是目前可获得的最适合本书的大样本微观数据，但是由于2015年未公开膳食调查的相关数据，因此本书涉及的数据区间定为1997~2011年。

1.4.2 调研数据

第一，消费者营养健康信息搜寻调查数据。

CHNS数据库没有涉及营养健康信息搜寻行为方面的调查，为了从信息效率角度进一步分析，笔者于2015年6~8月对北京市的消费者进行实地调查。在实地调研中，采取分层抽样与便利抽样相结合的调研方法。根据北京市城区内部经济发展状况和人口密度的不同，选取海淀区、东城区、西城区、丰台区和朝阳区为主要调研区域。为了在有限的研究资源内获得合理充足的研究样本，确定每个区内大型超市、购物广场和公园等人群密集区域为调研范围，随机选取每个区域所在调研范围内的 3 ~ 5 个场所，最后通过街头随机拦截的方式进行数据调研。为了有效反映消费者营养健康信息搜寻行为和食物消费行为，将消费者年龄限制在 18 周岁及以上，80 周岁及以下。共发放问卷 500 份，将回收问卷中出现关键信息漏答或明显逻辑错误的问卷视为无效问卷，最终获得有效问卷 464 份，问卷有效率为 92.8%。

第二，农村居民使用食品营养标签调查数据。

食品营养标签是强制标注在包装食品上，向消费者直接传达食品营养含量及营养特征的信息方式，为消费者合理选择食品提供了重要信息。已有研究较少关注农村消费群体，因此本书通过问卷调查获得一手数据分析农村居民营养标签使用情况、相关影响因素以及食品营养标签对农村居民消费偏好的影响。受新冠疫情的影响，本次调研主要借助问卷星平台线上发放问卷，调研时间为 2022 年 10 ~ 11 月。为保证样本的代表性和有效性，通过家在河南农村的学生将问卷分享给亲朋好友并进行传播扩散，被调查者年龄限制在 18 周岁及以上，80 周岁及以下，覆盖河南省内 10 多个县乡村。问卷回收后将出现关键信息漏答或明显逻辑错误的问卷视为无效问卷，最终获得有效问卷 387 份。

第三，食品信息对消费者行为影响调查数据。

为了深入剖析信息干预对食物消费行为的影响，并从心理学和行为经济学的角度对其中的影响机制进行解释，本书于 2021 年 6 ~ 7 月在郑州开展相关实验研究。为保证数据质量，正式调查之前对调查人员进行相关培训，并进行预调查，尽可能完善问卷内容。实验采取面对面问卷的方式进行，利用分层抽样与便利抽样相结合的调研方法确定调研对象。根据郑州市城区内部经济发展状况和人口密度的不同，选取高新区、二七区、管城区、金水区、惠济区、郑东新区为主要调研区域。为了在有限的研究资源内获得合理充足的研究样本，确定每个区内大型超市、购物广场和公园等人群密集区域为调研范围，随机选取每个区域所在调研范围内的 3 ~ 5 个场所，最后通过街头随机拦截的方式进行数据调研。共发放问卷 1000 份，将回收问卷中出现关键信息漏答或明显逻辑错误的问卷视为无效问卷，最终获得有效问卷 959 份，问卷有效率为 95.9%。

1.5 可能的创新点

本书可能的创新点主要体现在以下几个方面。

第一，选题的创新。本书将重点关注的非收入因素——教育的含义扩展，从学历教育和营养健康信息效率的内涵挖掘教育发挥膳食质量改善作用的机制。已有研究多数从收入增长和食物价格变化等经济因素的角度分析对食物消费结构变化、营养水平的影响，鲜于探讨非经济因素的影响，这种研究思路产生的误差主要是过高估计收入增长对食物消费和膳食营养的影响。本书从教育出发，重点分析教育分层下的食物消费差异、营养水平差异和膳食质量差异，更进一步，基于教育非货币收益的理论基础，挖掘教育和营养健康信息搜寻行为的内在关系，并从“效率提高”的角度探究教育水平、信息接受对食物消费行为的影响机制。

第二，思想的创新。从社会福利和公共政策的角度，食物消费的研究应重视国民健康。以膳食平衡和营养健康为目标的食物消费研究，仅靠收入、价格等传统经济因素的分析是不完备的，营养健康信息广泛传播的外环境应予以重视。现有相关研究主要是来自发达国家的经验，鉴于我国独特的饮食习惯，以及居民食物消费行为表现出的层次性，本书立足于经济学的理论和方法，吸纳信息传播学、心理学、行为经济学相关理论进行跨学科研究，从总量需求变化到微观情境分析，充分阐释教育水平和营养健康信息对食物消费行为的影响及其机制，得到精准并全面的公众信息干预和营养教育政策，助力“健康中国”战略。

第三，方法的创新。在营养健康信息的供给和需求都相对旺盛的背景下，讨论营养健康信息影响食物消费的时机是成熟的，但是国内研究鲜有涉及，更缺少微观视角的实证证据。本书将营养健康信息纳入消费者食物消费行为的分析框架，重点解决已有研究的主要缺陷——信息变量潜在的内生性问题。这证明了教育水平是影响消费者营养健康信息存量的重要变量，教育通过提高营养健康信息效率影响食物消费，并且未纠正信息选择偏差的估计结果存在偏误。更进一步地，为了研究食品营养标签对消费者支付意愿的影响，本书结合选择实验的方法，证明食品营养标签对消费者支付意愿的影响并揭示其中的机制；为了研究解释水平和信息类型对消费者在包装食品选择行为的影响，设计两种信息干预方式进行实验研究。

第 2 章　文献综述与理论基础

近年来，随着肥胖以及与营养相关的慢性疾病频发，经济学家也逐渐加入对该问题的研究中。正如福格尔在其诺贝尔获奖演讲中提出的，由于医学和经济学的视角相互独立和补充，两者的联合对研究健康相关问题至关重要。合理营养是健康的物质基础，平衡膳食、合理消费又是合理营养的根本途径，因此越来越多的学者开始从健康的视角审视食物消费，探讨健康饮食的干预方式和实施效果，并取得了诸多有益的创造性研究成果。为此，本章首先就国内外学者关于教育的健康收益、食物消费的研究，重点聚焦于营养健康信息对食物消费行为影响研究的重要文献，从内容、方法和观点等方面进行比较系统的梳理与评述，以期为本书研究的开展提供借鉴；然后就本书应用到的营养均衡理论、营养变迁理论、教育的收益分析展开论述。

2.1　国内外研究现状

2.1.1　教育的健康收益

作为两种重要的人力资本形式，教育和健康的互补关系已经受到学者们的广泛关注。在不考虑教育对健康的反向因果关系的基础上，本书主要梳理了近年来关于教育可以产生健康收益的经验研究。实证分析中基于 Grossman 健康需求模型的研究众多，对教育和健康关系的探讨也十分丰富，本节选择具有代表性的文章进行回顾。Grossman（1976）利用中年白人男性样本证明了教育对自评健康有着显著的因果性影响，对教育作用的分解表明，教育对健康的影响有很大一部分是通过影响个人体重、个人工作满意度和配偶的教育水平来产生的。当这些变量被纳入回归方程时，教育对健康的正向作用下降。Berger 等（1989）利用身体残疾、功能性障碍和血压三个维度的健康衡量指标证明教育对健康的正向作用，并且验证结果具有稳健性。赵忠和侯振刚（2005）使用 Grossman 的健康需求模型，利用 CHNS 数据分析了我国居民的健康需求，发现女性的教育水平对健康有正向影响，但是男性的教育水平对健康的影响并不显著，总体上女性比男性更加吻合 Grossman 健康需求模型的预测。教育对健康收益的影响，除了表现出性别差异外，还表现出城乡的差异，教育水平提高对农村居民自评健康的影响显著高于对城镇居民的影响，可能的原因是城镇较高水平的医疗服务水平对健康风险起到一定的缓冲作用（叶华、石爽，2014）。王茵和何秀荣（2015）在考虑选择性偏差和异质性的基础上，运用倾向分值匹配的方法，分别估计了高中教育和高等教育对健康的影响，证实了更高的受教育水平能够产生更好的健康水平。张宝顺等（2020）基于 2015 年中国健康与养老追踪调查数据，利用 Logit 方法研究受教育程度对老年人健康的影响，发现受教育程度在初中及以上的老人，健康水平更高；相较于农业户口，教育对健康的正向影响在非农业户口群体中表现较大；初中教育以上的老人群体失能概率明显低于小学教育及以下的老年人。还有研究利用各国教育制度改革等外部冲击造成的教育水平变动证明了教育水平提高对健康收益存在独立的因果作用（Kemptner et al.，2011；Huang，2015；李军、刘生龙；2019）。

关于教育如何产生健康收益，国外学者研究比较丰富。教育对健康的影响是一种非货币性收益，教育增加的知识资本会提高个人非市场行为的生产效率。从个体内部收益的角度出发，教育通过“收入提高”和“效率提高”来促进健康积累。收入提高可以解释为教育通过就业途径的选择实现收入增长，显著提高个人教育收益率（李实、丁赛，2003），因此可以增加健康投资。例如，购买保健产品、获得优质高效的医疗服务，从而有利于受教育者的健康发展（Fletchera and Frisvoldb，2009）。“效率提高”可以分解为“生产效率”提高和“分配效率”提高。生产效率提高是指在相同的健康投入条件下，教育水平高的个体可以产生更多的健康产出。例如，相同的治疗方案，教育水平高的个体可以更好地理解和配合医生的治疗方案，产生更好的疗效。本书对教育的关注主要在于分配效率提高的角度，所以梳理文献时主要从提高分配效率的观点进行，为开展本书的研究提供基础。分配效率提高认为教育水平高的人可以优化健康投入组合，教育水平更高的消费者倾向于更快地接受和利用医疗保健或者健康养生等的新生事物或者信息（Lleras-Muney and Lichtenberg，2002），教育还可以影响个人对健康保健和生活习惯的认知，使受教育者更多地了解健康保健以及生活习惯对健康的影响，形成对自身行为的控制力（Ross and Wu，1995），因此教育水平更高的人倾向于选择更健康的生活方式，例如，均衡健康饮食（Gao et al.，2013），提高体育锻炼的频率，抑制不利于健康的行为，如吸烟、酗酒等（Mocan and Altindag，2013）。在为数不多的国内关于教育对健康影响机制的研究中，程令国等（2014）使用我国老年人数据，研究了教育对健康的影响及其内在机制。结果发现，教育显著提高了我国老年人的健康水平和存活率，而且教育带来的健康投入效率的提高比预算约束的放松所起的作用更大。在肯定教育对健康积极影响的基础上，李翔、赵昕东（2020）的研究进一步发现异质性，认为教育对老年人的日常行为能力与心理健康的影响效应均存在性别差异、城乡差异与区域差异。考虑到不同年龄教育产生健康收益的差异，李黎明等（2020）从生命历程视角进行分析并发现，与青年群体相比，中老年群体的健康状况受教育程度影响更强，而且通过影响机制的进一步检验，青年时期生活方式的影响大于经济地位因素；而中老年时期，经济地位的影响会明显上升，远大于生活方式因素。

2.1.2 食物、营养与健康

从20世纪30年代开始，专家学者逐渐投入食物消费与营养健康关系的研究。最初的研究重点一是确定维持健康所需要的膳食需求，二是研究各国居民的膳食营养状况。近年来，随着全球食物数量安全状况的基本好转、居民能量供给的基本实现，研究视角逐步转向总量供需平衡和营养需求与健康方面的研究。大量文献普遍采用热量、蛋白质和脂肪的摄入量作为评价指标，来测定各地居民的膳食营养水平，也有文献关注对微量营养素、膳食构成比例等方面的研究。由于食物消费行为受到资源禀赋、地理气候、经济发展和文化宗教等因素的影响，因此世界各国在长期历史进程中形成了各具特色的饮食类型。尽管如此，在比较各国食物消费模式和演化规律后，仍然发现食物消费的相似性有所增强（Gil et al.，1995；沈辰等，2021）。具体到我国，肖雪等（2022）测算发现城乡居民食品消费弹性呈下降趋势，各类粮食消费均已饱和，食用植物油、蛋类和蔬菜瓜果消费进入稳定区间，肉类消费趋于饱和，城乡水产品消费仍有增长空间。尤其是我国农民的生活发生巨大变化，恩格尔系数大幅下降，食物消费和营养水平显著提升，呈现出谷物消费量大幅减少而肉类等动物性食品消费量大幅增加的变迁，相应地，脂肪和蛋白质摄入量一直在稳步增加，卡路里摄入量在2000年后维持在一个比较稳定的水平（于晓华等，2023）。

食物是最重要的外环境因素，是机体与外环境物质能量交换的主要渠道，对健康有至关重要的影响。当体内出现营养素缺乏、过剩或比例不适当以及食物不清洁等原因时，就可能引起人类健康的损伤。近几年，膳食营养对健康影响的研究主要关注的领域有：不同膳食模式对健康的影响（郑淑荣，2012；何婷超等，2016）；膳食结构和慢性疾病的关系（陈春明等，2006；金瑛，2009）；某些特定营养素，如膳食纤维、胆固醇和人体健康的关系（薛菲、陈燕，2014）。以上文献为本书从经济学视角开展研究提供营养学和医学的理论基础。随着健康经济学的发展，经济学家也开始关注食物摄入对健康的影响。马光荣（2011）考察了我国 1959 ~ 1961 年对饥荒经历者健康的长期影响，发现在出生后 12 个月内的婴儿期经历的饥荒越严重，其成年时的健康状况会越差，并且肥胖的概率会越高；出生后第 13 ~ 36 个月经历饥荒对健康没有长期影响。王兴稳等（2011）通过分析西南贫困山区农民膳食营养与其健康指标 BMI 值之间的关系，为贫困人群的健康人力资本问题提供了实证依据。由于我国越来越显著地表现出超重肥胖上升速度快、流行水平高、全人群均受影响的趋势，有研究开始关注食物消费行为与肥胖的关系。何宇纳等（2008）通过比较各类膳食特点人群的肥胖率，发现处于社会经济状况较好的消费者由于膳食中较高比例的动物性食物的摄入，超重和肥胖率最高；中等生活水平由于较为平衡的膳食结构，超重和肥胖率最低；而社会经济状况较差的人群，膳食质量较差，但超重和肥胖率却较高，是应特别引起关注的人群。倪国华、郑风田（2011）基于行为经济学偏好理论，利用西式快餐迅速扩张来解释肥胖现象，并且实证发现对西式快餐等高热量食物的偏好每增加一个等级，消费者肥胖指数就会增加 0.07。

2.1.3　信息干预对食物消费的影响

从研究内容来看，已有文献聚焦营养健康信息对食物消费行为的影响研究，主要集中在食品营养标签和广告两种信息渠道的分析。从研究方法来看，主要通过宏观层面的信息指数构建和微观层面的选择实验来实现。

2.1.3.1　食品营养标签的使用及其影响

20 世纪 90 年代，美国出台营养标签与教育法使得营养标签成为包装食品向大众传递营养健康信息的重要渠道，随后欧盟国家出台类似食品营养标签法案，我国于 2013 年 1 月 1 日起实行强制标识的食品营养标签管理制度。国内外大量研究围绕营养标签展开。首先是消费者对标签的理解、使用以及影响因素研究。已有文献可以概括为两个方面，一部分研究从消费者特征的角度分析营养标签使用的影响因素，主要有社会经济变量，包括性别、年龄、受教育程度、收入水平、婚姻状况等（曾庆奇等，2013）；产品属性摄入，包括消费者对产品价格、口味、营养等的重视程度（陈卫平等，2009）；营养标签的理解和认知，包括消费者的主观理解和客观理解（Liu et al.，2015）；动机因素，包括家庭规模、对家庭食物购买的参与程度、风险偏好程度（余明阳等，2014）；还有营养知识和健康意识（Grunert et al.，2010）。另一部分研究从营养标签自身特征的角度分析标签内容、形式、信息一致性差异（王爽等，2012）等因素对消费者的态度和使用的影响。以上研究有助于了解食品营养标签的目标人群，发挥营养标签指导消费者选择健康食品的工具性价值。

更深入的研究是评估营养标签信息对消费行为的影响。食品营养标签是消费者发生购买行为时获取营养健康信息的主要渠道，有学者认为食品营养标签包含的营养成分表和营养声称降低了消费者对健康食物的搜寻成本（Berning et al.，2011），食品营养标签使用者的营养素摄入量和未使用营养标签消费者存在显著差异（Ollberding et al.，2010）；尽管不同消费者使用不同类型的营养标签，但是均证实了消费者使用营养标签信息确实促进对健康食品的选择（Jesús et al.，2010）。还有部分经验研究表明，食品营养成分标签并没有有效改善消费者食品选择的健康性，由于消费者信息能力有限，不能保证营养标签信息的使用（Visschers et al.，2010）。Todd 等（2008）研究发现 1995～2006 年只有 53% 的消费者报告曾使用过营养成分标签，而且使用率一直在下降，还有研究发现营养成分标签在促进食品消费的健康性方面起到反作用。可见，营养标签信息是否能引导消费者更健康的食物选择，已有研究并未取得一致性结论。

营养标签的标注形式也会影响其对消费者行为的改变，总结性、醒目性的标签信息通过降低消费者的信息搜寻成本对消费行为影响更大（Kiesel et al.，2013）。合理的营养标签可以帮助消费者选择更健康的食物，从而预防肥胖；但是如果营养标签设计不合理反而可能导致相反结果（Wansink et al.，2006）。由此可见，标签形式不同，效果迥异。因此，利用营养成分标签干预食物消费行为无效的一个合理解释是专业的营养成分信息对普通消费者来说成本太高。当成本明显高于收益时，普通消费者没有关注信息的动力。相比于复杂的营养成分表，消费者更青睐于在食品包装的正面使用简洁易懂的营养标签，如关于热量的明确标注（Bollinger et al.，2011），简单的营养标签对微波爆米花的销售有积极的影响。但当标签变得复杂时，这种影响就会减弱。自 2007 年以来，部分美国食品公司自愿推出简化营养标签，在食品包装的正面显著标注四种关键的营养素信息，同时背面依然标注全面的营养成分表，这大大降低了消费者获得食品营养信息的成本。Zhu 等（2016）利用美国即食早餐麦片的实验证实了通过简化营养标签降低信息成本，增加了消费者选择健康食品的概率。受教育程度较低、购买频率较低的小规模家庭从信息成本的降低中受益最大。利用营养成分标签干预食物消费行为无效的另一个解释是同质化的营养信息标签不能吸引消费者的注意力，需要定制化的信息，Balcombe 等（2016）指出消费者对更加细致的信息支付意愿更高。

营养标签作为向消费者直接传达产品营养含量及营养特征信息的重要形式，能够充分展现产品的营养特征，为消费者合理选择健康食品提供了重要信息。比较国内外已有研究可以明显发现，国内相关文献数量有余但深度不足，鲜有将食品营养标签的使用和消费者饮食行为进行联系，考虑到我国食品营养标签是强制标识，本书将结合选择实验方法进行分析。

2.1.3.2　广告对食物消费行为的影响

广告信息的构建通常旨在影响消费者行为。在美国，肥胖已经成为严重的健康和经济问题。已有研究发现，电视上播放的高脂肪、高糖或钠含量高的食品广告或者传达不健康营养信息的广告会促使消费者更偏爱和购买不健康的食品（Zimmerman et al.，2010）。具体研究发现，接触不健康的食品广告会直接导致消费者总热量消耗量增加（Harris et al.，2009）；水果和蔬菜消费量减少（Barr-Anderson et al.，2009）；儿童肥胖率更高（Chou et al.，2008）。该领域的研究尚不能够明确评估各种食品广告对饮食行为的影响程度，因为多数研究将看电视的时长作为广告曝光的代理变量，所以各种广告的影响被集中在一起难以分离。此外，大多数研究关注的是食品广告对青少年肥胖而不是成人肥胖的影响。

为了促进健康饮食和抵制肥胖，美国各州政府均赞助播放反肥胖广告，这类广告主要传递健康的饮食习惯，如增加蔬果摄入，引起特别肥胖和超重的儿童（或其父母）的注意。但是这类广告的曝光水平非常有限，与不健康食品广告相比，此类广告的数量可以忽略不计，因此相应的研究也较少。Emery 等（2007）研究表明，带有健康相关信息的广告对消费者饮食的态度、信念和行为的影响很小。还有研究证明这种广告对增加水果和蔬菜的消费量影响很小，但具有统计学意义（Liaukonyte et al.，2012）。比较具有代表性的是 Rusmevichientong 等（2014）研究了三种类型的食品广告（健康食品、不健康食品和抗肥胖食品）如何影响消费者购买午餐的行为。他们采用实验经济学的方法，每个受试者被随机分为对照组或以下四种干预组之一：第一组健康食品广告，第二组抗肥胖广告，第三组不健康食品广告，第四组混合（前三种）广告。结果表明，健康、抗肥胖和混合食品广告减少了总热量、脂肪、钠和碳水化合物的摄入；增加了消费者从菜单中选择更多健康食品和更少不健康食品的可能性，而且健康食品广告比抗肥胖广告具有更大的影响力。

2.1.3.3　营养健康信息指数的应用

国外学者研究发现，有关营养健康的公共信息传播、科学文章的溢出效应以及大众媒体报道都会影响食物消费需求。但实际上，对于研究人员来说，几乎不可能找到一个全面的指标来表示消费者的信息总流量。因此要研究信息对消费行为的影响，关键问题是合理度量信息大小。Brown 和 Schrader（1990）的研究具有开创性。他们利用公开发表、证实或者质疑胆固醇与心血管疾病关系的医学文章数量构建了胆固醇信息指数，研究其对美国鸡蛋消费的影响。结果发现 1955～1987 年，有关胆固醇过量摄入与心脏病有关的信息已使人均鸡蛋消费量减少了 16%～25%。他们的方法论所基于的假设是随着科学信息的积累，基于医学期刊文章的索引可以代表从许多渠道到达消费者的信息。之后的研究基本延续上述方法，Adhikari（2006）利用 AIDS 模型，估计了胆固醇信息对美国肉类需求的影响。结果表明，胆固醇信息对牛肉和猪肉的消费需求具有重大的负面影响，而对鸡肉消费需求具有显著的积极影响。Tonsor 等（2010）的研究从两个方面推进：一是扩展信息指标，在胆固醇信息基础上，增加饮食中锌、铁和蛋白质益处的信息；二是把肉类、非肉类食物和非食物类纳入整体需求系统中分析信息的作用。也有学者结合日本、西班牙等国实际情况，构建类似的营养健康信息指数，证实相关营养健康信息对鸡蛋消费、肉类消费的影响（Kim and Chern，1999；Kaabia，2001）。

国外学者在构建营养健康信息指标时，主要采用学术期刊数据库。尽管相关信息最先在科学期刊上向公众公开，但对于大多数消费者来说，学术论文几乎不可能成为直接的信息来源。随着信息技术和大众传媒的快速发展，媒体成为公众信息获取的主要渠道。考虑到研究者很难知道消费者对哪些特定的文章或报道做出反应，因此通过分析媒体上随时间变化的信息搜索数量来估计消费者对营养健康信息的获取是可行做法。国内已有研究采用类似方法进行疾病评估与预测、旅游热度分析、股票价格指数等领域的研究。李清光（2018）研究了 2014～2016 年较为频发的食品安全事件的微博指数和百度指数的变化趋势，分析了消费者对事件的关注度和主动搜寻行为；文洪星等（2019）利用主流媒体对猪肉食品安全事件的新闻报道构造食品安全丑闻报道指数，研究食品安全事件对肉类市场需求结构变化的影响。食品安全事件通常被用作研究信息对食物消费影响的重要案例，但是消费者对食品安全事件的反应通常是暂时的，消费行为受到的影响是短期冲击，营养健康信息的传播影响更为持久，在消费习惯的形成过程中扮演着重要角色。

2.1.3.4 实验经济学的应用

研究信息对消费者行为的影响，消费者偏好是判断信息行为能否有效缓解信息不对称的重要依据。聚焦于营养健康信息，国外学者利用测量消费者偏好（即支付意愿）的不同方法，进行了大量研究。其主要方法包括条件价值评估法、拍卖实验法、联合分析法与选择实验法等，其中选择实验法已经成为研究消费者对产品信息支付意愿的前沿工具。Gracia 等（2009）在欧洲进行了早餐饼干的选择实验，利用随机效用模型评估消费者对两种营养信息的评价，分别是营养成分标签和营养声称。结果表明，尽管消费者都重视两种营养信息，但营养成分标签的支付意愿要高于特定的营养声称的支付意愿。此发现对欧洲食品工业和政策制定者具有重要意义。Øvrum 等（2012）在挪威进行了奶酪的选择实验，发现消费者暴露于营养健康信息中，显然影响对奶酪的偏好。接触营养健康相关信息的消费者平均愿意为低饱和脂肪奶酪支付27.2%的价格溢价，为低脂肪奶酪支付14.4%的价格溢价，这分别是对照组相应价格溢价的1.73倍和2.89倍。考虑到大豆食品具有促进健康的特性，有望减少与心脏病有关的慢性疾病，Chang 等（2012）在美国进行了大豆的选择实验。结果表明，虽然口味是驱动消费者购买大豆食品的主要属性，但消费者也对健康声明中提供的信息作出了回应。

除了选择实验外，国外文献中已经出现一批结合随机干预试验分析营养信息效果的研究。在外就餐中，给顾客提供带有营养信息的菜单，考察其对饮食行为的影响，如标注健康声称的信息（Gracia et al.，2009）、热量推荐信息（Wisdom et al.，2010）。Lusk 等（2008）在实验开始时随机给消费者提供食用牧场放牧肉可能对健康有益的信息，结果发现这些信息对放牧牛排的 MWTP 有显著影响，但对绞碎牛肉的 MWTP 没有显著影响。Roosen 等（2009）研究沙丁鱼和金枪鱼的偏好，研究者给消费者提供了与这两种鱼类相关的健康风险（甲基汞）和健康益处（Omega－3）信息，结果发现消费者对健康风险信息比健康益处信息更加敏感。可以看出，实验研究已经成为国外学者分析消费者偏好的重要方法，而国内运用该方法的文献主要集中在食品质量安全信息领域，如肉类可追溯信息（陈雨生等，2019）、食品安全信息（尹世久等，2019）、有机认证（李翔等，2015）、转基因信息（郑志浩，2015）等，对营养健康信息的研究较少涉及。由于国内外社会文化、消费观念以及饮食习惯等诸多差异，国外研究不足以为我国食品市场发展提供有效理论支撑，针对我国消费者对食品营养健康属性的支付意愿研究亟待展开。

2.1.4 已有研究评述

本书主要从教育和健康关系、食物营养与健康、食物消费的影响因素、信息干预影响食物消费四个方面对目前已有的文献进行回顾，这些文献的研究思路、研究方法对本书的研究都有相当大的参考价值。但是现有研究仍然存在一些有待完善之处。目前国内关于食物消费需求的研究，主要是借鉴西方学界已经成熟的消费需求理论，但是这些比较成熟的消费需求理论移植到我国的经济环境中，难免有“水土不服”的现象。考虑到我国的文化和社会经济结构与西方国家存在巨大差异，导致社会、文化、心理因素增加了消费者行为的不确定性，并且我国独特的城乡二元经济结构以及区域经济的非均衡发展，因此出现了很多细化研究，对建立适合我国国情的居民食物消费需求理论作出了一定贡献。综观国内外对居民食物消费结构变动及影响因素的研究，可以发现国外对经济因素和社会人口因素的研究均有较多文献，尤其是社会人口因素，年龄、性别、家庭规模和教育水平都有相关文献专门研究。而国内研究重心是解释收入增长和食物价格变化对食物消费结构变化的影响，鲜于探讨引起食物消费数量和结构变化、营养摄入变化的其他具体原因。这种研究思路产生的误差主要是过高估计了收入增长对食物消费和膳食营养摄入的影响。尤其是在“营养健康需求”旺盛的当今社会，营养健康信息广泛传播，大众普遍关注“养生”“合理膳食”，因此，膳食知识、营养健康信息对食物消费行为的影响有必要纳入食物消费的研究框架，恰好，两者也为更深入分析教育改善膳食行为提供研究渠道。

本书研究的科学问题属于非收入因素对食物消费行为的影响研究。梳理文献发现，影响食物消费行为的一个重要外环境变化——来自各种途径的营养健康信息传播应予以重视。该领域的讨论在近几年发展迅速，营养健康信息在食物消费中起关键作用已经被大量国外学者证实，但目前对于包括中国在内的发展中国家的研究还处于起步阶段。随着我国经济的不断发展，消费者的食物消费行为也会表现出层次性，我国有独特的饮食习惯，食物消费行为层次与西方国家消费者有所不同。因此迫切需要从营养健康信息对食物消费行为影响的研究中，提供来自中国的证据，并为改善国民膳食营养质量提出明确的政策路径选择。已有文献为本书研究的开展提供了非常有益的借鉴，但是在国内，从营养健康信息的视角分析其对食物消费行为的影响还未系统开展，本书做出几点拓展：首先，将营养健康信息纳入食物消费模型，重点从信息维度审视食物消费需求变化。大量国外研究已经证明营养健康信息纳入食物需求模型的必要性和重要性，但国内还未开展相关研究。显然，我国消费者的饮食习惯、消费偏好及面临的营养健康状况与国外存在一定差异，我国消费者的食物需求对营养健康信息的反应如何仍是一个值得探索的问题。而且区别于已有文献的营养健康信息指数构建方法，本书认为以互联网为代表的大众传媒是主要的信息渠道，不论从必要性还是可行性上都为本书研究开展提供良好条件。其次，结合心理学和行为经济学的相关方法和理论，揭示营养健康信息对食物消费行为的影响机制。已有的国外研究已经关注到了食品营养标签和在外就餐领域，但是为更好地厘清机制，需要特别关注信息渠道、信息内容以及不同消费情境的影响分析。因此本书充分利用问卷调查、选择实验等研究方法，基于不同的食物消费情境揭示营养健康信息对食物消费行为的影响机制。最后，结合本书的研究成果和国内外的食育理论，为改进营养健康信息传播和制定并实施公众营养政策，提出明确的路径选择。

2.2 理论基础

2.2.1 营养均衡理论

营养均衡理论作为公共营养理论的重要组成，对引导居民合理消费，最终形成理想膳食结构发挥了重要的理论基础，为本书分析我国居民的膳食行为提供科学指导。充足的营养是健康的基础，营养均衡指的是个体在生长过程中的不同阶段，为了维持个体的健康成长，需要全面并且均衡地摄入各类营养素。如果将营养均衡目标分配到每日膳食中，要求在一定时间内个体摄入的膳食能够达到膳食营养素供给量的标准。将机体所需热量分解，合理分配到各类营养素的能量供给比例，蛋白质的供能比应该在12%～15%，脂肪供能比的范围是20%～25%，碳水化合物合理的供能比例是60%～65%。

根据全面均衡营养理论，为了实现健康目标，每天的饮食都应该满足人体需要的能量、蛋白质、脂肪，以及各种矿物质和维生素，而且食物搭配要合理，保证摄入的各种营养素之间的比例适宜。现代营养学和医学已经揭示出，合理摄入人体所需要的营养素对维持健康具有重要作用，否则将会导致营养失调或引起疾病，对个体和社会带来不利影响。营养失衡的临床表现形式有两种，一类是由于某些营养素摄入不足导致的营养缺乏病，如地方性甲状腺肿大、缺铁性贫血、维生素 C 缺乏病等；另一类是由于某些营养素摄入过多或者结构不平衡导致的营养过剩障碍病，由于一些营养素长期摄入过量，超过身体所能够承受的最大程度，从而引起健康损害，如在我国的地方性氟、硒、碘等过量造成的疾病仍然比较突出。

综上所述，当个体食物摄入的数量和结构合理、实现营养平衡时，身体对热量和各类营养素的需求得到满足，就能够促进机体生长、提高身体的代谢水平和抵抗疾病的能力，进而提高个体的劳动效率。当个体食物摄入数量和结构不合理，即营养失衡时，如果不能满足身体对热量和各类营养素的需求，久而久之，严重消耗身体内的营养储备，会出现营养缺乏疾病；反之，如果个体摄入的热量或者营养素超过需要，则可能会出现肥胖、心血管疾病等慢性疾病，或者因为某些营养素摄入过量而导致中毒，影响健康。因此，平衡膳食、均衡营养，是维持人体健康与生存的重要条件。营养科学的理论基础是营养平衡，也就是说，机体摄入适量的能量物质和适量的营养素等调节物质满足生命需求，以确保正常的生命活动。

2.2.2 营养变迁理论

营养变迁理论是由 Popkin（1993）提出的。该理论指出影响人类营养健康变化的主要因素包括城镇化、经济增长、食品加工技术进步、休闲娱乐方式转变以及大众传媒的普及等因素。营养变迁理论将营养变迁过程划分为五个阶段（Popkin，2006），如图 2－1 所示。

随着我国经济的快速发展，在食物供给方面，已经实现了从严重短缺、品种单一向丰年有余、品种丰富、质量有保障转变，其中粮食生产连续 19 年稳定增长并保持在 1 万亿斤以上，肉类、奶类、蛋类等畜产品稳定增加，蔬菜、水果等极大丰富，人们食物消费的选择空间不断加大；农产品质量安全水平不断提升，2022 年主要农产品例行监测总体合格率为 97.6%，其中蔬菜、水果、畜禽产品和水产品的合格率分别为 97.1%、98.8%、99.1%和 95.8%，全年未发生重大农产品质量安全事件。在食物需求方面，随着收入水平不断提高，我国居民的膳食结构正在发生着巨大转变，加上身体活动和生活方式的变化，居民营养状况正在经历着明显的变迁过程。现实状况是，居民食物消费中粮食等主食消费量下降，奶制品、干鲜瓜果等多样化食物迅速增加，人均能量和脂肪摄入基本得到满足，优质蛋白比和脂肪供能比逐渐提高。大部分消费者对食物的消费表现为享受型食物、加工食品大幅度增加，随之出现的问题就是摄入的热量大大超过身体每日代谢所需的热量，因而超重与肥胖的人数迅速增加。因此，我国居民的营养状况正在经历 Popkin 所描述的营养变迁规律的第四阶段，即退行性疾病阶段，其特点表现为丰富的食物供给，身体活动量的减少和营养相关的慢性非传染性疾病发生情况明显增加等。但是目前也出现一些良好的势头，推动我国居民膳食革命，实现营养变迁尽快过渡到第五阶段。例如，国家和政府层面出台的《中国食物与营养发展纲要》和《中国居民膳食指南》，消费者层面的营养健康意识也在由过去简单的吃饱、吃好向更关注自身健康，更注重品种的丰富与营养价值的搭配转变，都在从行为变化上作出积极改善。

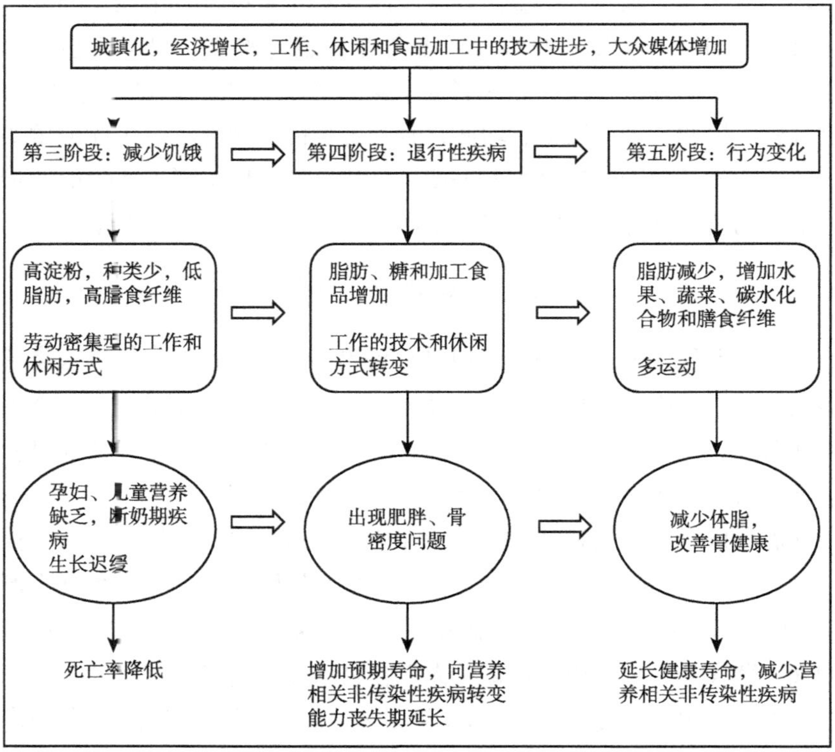

图 2-1　居民营养变迁阶段示意图

2.2.3　教育的收益分析

在健康需求模型中，教育水平被视为最重要的环境变量。它可以被视为一种无形的生产技术，会影响到健康生产过程的效率。教育的收益指的是学校教育通过培养出具有一定知识水平的人力资本而给受教育者本人乃至整个社会带来的利益或好处。一般来说，受过教育的人与没有受过教育的人相比，会具有后者所没有的阅读能力、社交能力、审美能力以及其他心理、行为、认知、情感等方面的能力改进。教育的收益包括内部收益和外部收益。内部收益是指教育给受教育者本人带来的好处，外部收益是指教育给其他人乃至外部社会其他方面带来的益处。教育的收益又可以分为货币性收益和非货币性收益，货币性收益是市场化的、可以用货币来表现的收益，主要是指个人的工资收入；非货币性收益是非市场化或者非金钱方面的收益。本书重点关注的是教育的非货币收益。

本书关注的是教育对消费的影响，尤其是食物消费。教育不仅可以培养人的生产能力，而且可以提高人的消费水平和消费能力。就食物消费而言，家庭的消费能力不仅取决于货币购买能力，更重要的是取决于家庭成员的科学文化素质，它决定着家庭食物消费的层次和质量。因为消费者需要的不仅仅是饱腹，也包括营养价值和健康需求。如果把家庭食物购买和制作看成一种生产过程，根据“效率提高”的路径，把家庭生产和企业生产相类比，在生产要素投入不变的情况下，企业生产效率的提高关键依靠技术进步，那么家庭生产中营养健康信息的运用就相当于技术进步。所以，从食物消费和营养摄入的角度分析教育对健康的影响路径，可以把教育的作用更具体地称为提高“信息效率”（Grossman and Kaestner，1995）。因为教育会提高个人搜集和解释各种信息、解决问题的能力，从而提高了人们控制生活的能力。虽然营养健康信息的获取并不一定导致健康膳食的态度和行为，但它是公众接受合理膳食的前提条件。舒尔茨（1975）指出，教育水平的提升可以提高个人对新信息的处理能力，因此更加迅速地对新信息做出反应，而教育水平较低的人在信息接收和行为反应上都会出现滞后。教育水平是社会经济地位最常用的识别变量，随着我国进入信息化时代，网络逐渐成为公众获取营养健康信息的重要资源，受教育程度较低的人群不倾向于使用互联网，在信息获取渠道上出现不平等；更重要的是，大量信息需要一定的辨别、筛选和理解能力，教育水平的不同也会导致接收信息质量上的差异。另外，Fuchs（1982）从时间偏好的角度指出，教育水平更高的人更注重长远规划，较低的贴现率使得他们更加看重不健康的消费风险产生的影响，因此愿意通过更健康的生活方式获得长久收益，如更倾向于摄入更多膳食纤维和较少饱和脂肪的健康膳食方式。

综上所述，鉴于目前国内经济学研究中聚焦教育和营养健康信息对食物消费行为影响的文献较为缺乏的现状，本书立足于我国的营养健康信息环境以及居民食物消费和营养摄入现状，深入探究教育水平、营养健康信息对食物消费行为的影响机制和路径选择。本书从广义上定义食物，包含食物消费、营养摄入和膳食质量，同时也是反映膳食行为的三个维度。食物消费侧重食物种类和数量角度的考察；营养摄入是对食物消费的深入角度的精准考察，主要是关于是否达到营养要求的数量考察；膳食质量是从膳食结构合理性角度的考察，同时也是直接关系到健康状况。在研究思路上，本书首先明晰教育水平和食物（食物消费、营养摄入和膳食质量）的关系。其次，从"信息效率"的角度挖掘教育改善膳食行为的主要渠道。以上是回答有没有影响和影响大小的问题。再次，以食品营养标签、包装食品消费等情景为实验，剖析教育水平、信息接受对食物消费行为的影响机制，属于微观消费者行为对信息的响应，回答如何产生影响的问题。最后，为"舌尖上的教育"提出有效的促进消费者合理膳食的信息干预和营养教育政策，回答公共政策路径选择的问题。本书研究内容的整体框架如图 2－2 所示。

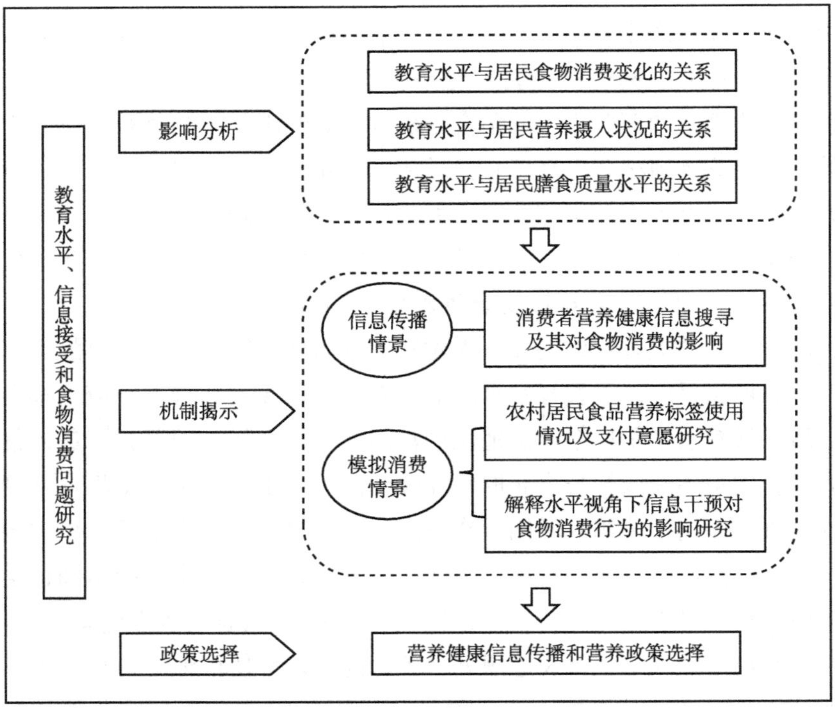

图 2－2　研究框架

第3章　教育水平与居民食物消费变化的关系

在食物消费结构变迁的描绘中，常常使用“随着收入增加，居民的食物消费结构发生重大变化”的表述，但是在膳食平衡上，并不是越贵的东西营养价值越高，健康科学膳食不一定需要花费很多钱，即使是低收入群体也可以就地取材，实现营养健康的目标。因此，在健康目标下，从膳食平衡的角度，需要重新审视收入对食物消费的作用。由于收入增加和教育水平提高是经济发展最直接的产物，那么教育水平的提高能否对居民食物消费结构合理化产生正向影响？因此，本章在关注我国居民食物消费结构变迁的基础上，重点考察收入增长和教育水平提高对食物消费数量和结构的影响，主要回答以下问题：第一，收入增加、教育水平提高如何影响居民的食物消费数量和结构？第二，收入增加和教育水平提高，谁会促进食物消费结构向健康的方向改善？第三，教育水平是否以及在哪一发展阶段成为解释食物消费不平等的关键变量？

3.1　中国城乡居民食物消费的变化趋势

本章重点关注居民食物消费情况。人类吃的食物不外乎五类：第一类是富含碳水化合物的谷物粮食；第二类是富含动物蛋白质的动物性食物，包括瘦肉、禽肉、蛋类和鱼类等；第三类是富含植物蛋白质的豆类和奶制品；第四类是蔬菜和水果；第五类是油脂。因此，以下基于宏观数据从食物大类分析我国城乡居民食物消费的变化趋势。

3.1.1　谷类

谷类食物是中国传统膳食的重要组成部分，是人体能量的主要来源，也是最经济的食物。随着经济的发展和居民生活的改善，人们倾向于食用更多的动物性食物和油脂替代谷类食物。2013～2020 年，我国城乡居民谷类食物消费量呈现先减后增的变化趋势（见图 3－1）。2013～2018 年，城市居民谷类消费量从 303 克/天降低到 271 克/天，农村居民谷类消费量从 465 克/天降低到 378 克/天，全国居民的谷类消费量从 2014 年的 360 克/天降低至 2018 年的 319 克/天。2018～2020 年，我国城乡居民的谷类消费量呈现上升趋势。到 2020 年，城市、农村和全国居民的谷物消费量分别增至 295 克/天、425 克/天和 351 克/天。总体来看，2013～2020 年城市居民对谷类食物的消费量下降幅度达 3%，农村居民对谷类食物的消费量下降 9%。根据 2022 年《中国居民膳食指南》的建议，居民每日谷类消费量应为 200～300 克，按照此建议标准，2020 年城市居民谷类食物消费量在推荐标准内，农村和全国居民谷类食物消费量均高于推荐量。

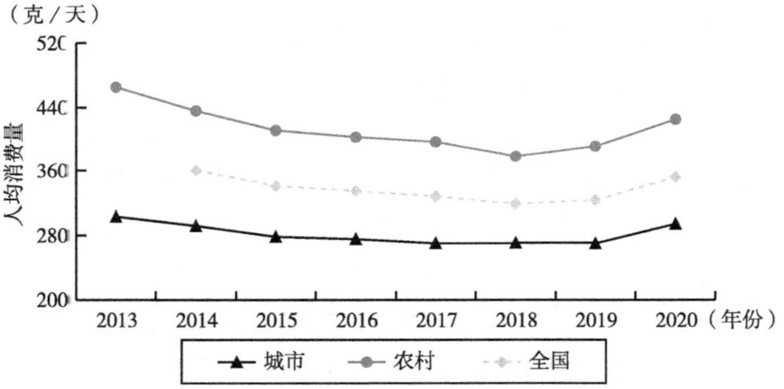

图 3－1　2013～2020 年中国城乡居民谷类食物消费的变化趋势

3.1.2　豆类

干豆及豆制品是我国居民膳食中优质蛋白质的重要来源，同时也是我国传统膳食结构的重要组成。2013～2020 年，我国城乡居民的豆类食物消费量均经历了不同程度的提高（见图 3－2），城市居民豆类食物消费量从 2013 年的 24 克/天增加到 2020 年的 27 克/天，农村居民豆类食物消费量从 2013 年的 16 克/天增加到 2020 年的 27 克/天，全国居民豆类食物消费量从 2014 年的 21 克/天增加到 2020 年的 27 克/天。此期间，城市居民的豆类食物消费量涨幅为 13.6%，而农村居民的豆类食物消费量涨幅高达 65%，至 2020 年城乡居民的豆类食物消费量首次齐平。根据 2022 年《中国居民膳食指南》建议，居民每日豆类消费量应为 15～25 克，按照此标准，2020 年，城乡居民豆类消费量均高于推荐量。

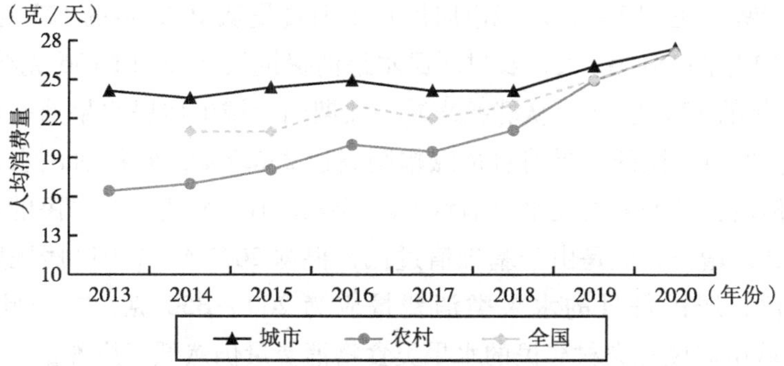

图 3－2　2013～2020 年中国城乡居民豆类食物消费的变化趋势

3.1.3　蔬菜类

新鲜蔬菜是我国传统膳食结构和平衡膳食的重要组成部分，但是 1995 年以来，我国城乡居民蔬菜消费量总体呈现波动中下降的趋势（见图 3－3）。根据历年中国统计年鉴数据发现，城市居民蔬菜消费量从 1995 年的 319 克/天下降至 2020 年的 289 克/天，农村居民蔬菜消费量从 1995 年的 287 克/天下降至 2020 年的 262 克/天。此期间，城市居民对蔬菜类食物的消费量下降幅度达 9.5%，农村居民的蔬菜消费量下降 8.4%。2022 年《中国居民膳食指南》建议居民每日蔬菜类消费量为 300～500 克，按照此标准，2020 年，城市和农村居民的蔬菜消费量均低于推荐量。

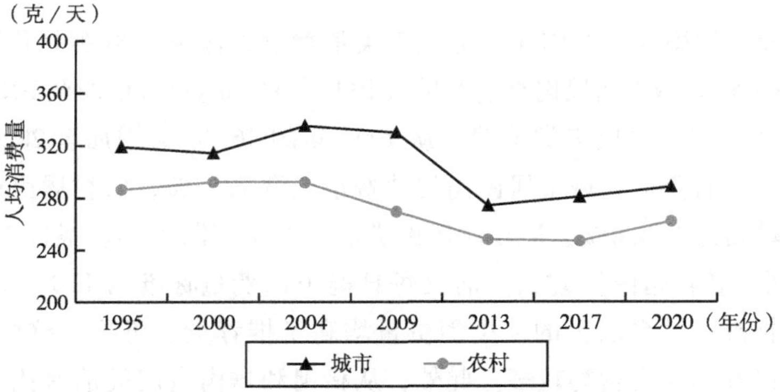

图 3－3　1995～2020 年中国城乡居民蔬菜类食物消费的变化趋势

3.1.4　水果类

水果同样是平衡膳食的重要组成部分，但与蔬菜消费量变化趋势截然相反的是，历年中国统计年鉴数据显示，我国城乡居民水果消费量呈快速增加的趋势（见图3－4）。城市居民水果消费量从1995年的123克/天增加至2020年的181克/天，农村居民水果消费量从1995年的36克/天增加至2020年的120克/天。从涨幅来看，此期间，城市居民水果消费量上涨46.6%，农村居民的水果消费量涨幅则高达236.7%，农村居民水果消费量的成倍增长使城乡居民水果消费差距逐渐缩小。虽然城乡居民的水果消费量均高速增长，但是由于基础值过低，根据2022年《中国居民膳食指南》建议，居民每日的水果类消费量应为200～350克，按照此标准，2020年城市居民和农村居民的水果类食物消费量仍然低于推荐量。

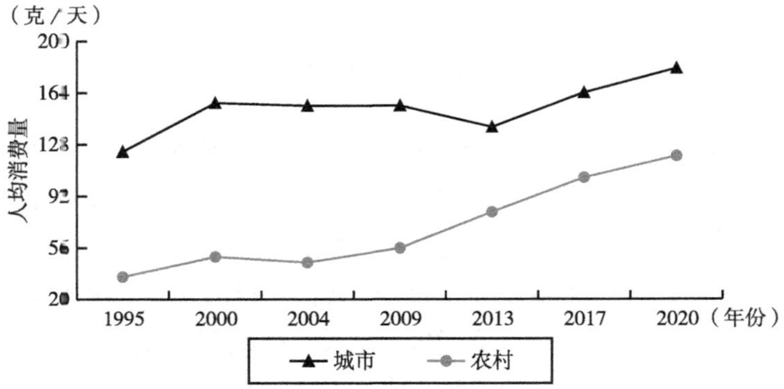

图3－4　1995～2020年中国城乡居民水果类食物消费的变化趋势

3.1.5　肉类

1995～2020年，我国城乡居民肉类消费量整体呈现不断上升的趋势（见图3－5）。城市居民肉类消费量从1995年的90克/天增加至2020年的156克/天，农村居民肉类消费量从1995年的46克/天增加至2020年的121克/天。此期间，城市居民肉类消费量上涨73.5%，农村居民肉类消费量涨幅高达160.6%，城乡居民肉类消费差距不断缩小。根据2022年《中国居民膳食指南》建议，居民每日肉类消费量标准为120～200克，按照此标准，城乡居民的肉类消费量均高于推荐量。可见，整体上看，我国居民食用肉类食物较多。此外，从猪肉和禽肉占肉类消费比重的变化趋势看，城镇和农村居民畜肉消费比重下降而禽肉消费比重上升（见图3－6）。至2020年，畜肉消费占全国居民肉类消费的比重为48.2%，禽肉消费占比为24.7%，水产品消费占比为27%。此变化趋势说明我国城乡居民的肉类消费已经呈现多样化，但畜肉类仍然是城乡居民肉类消费的主要来源。

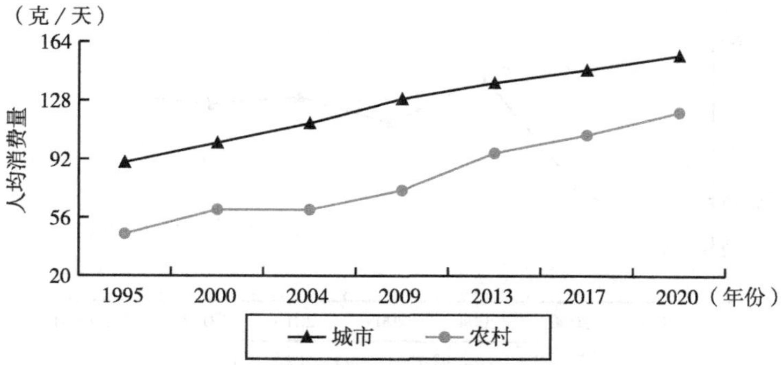

图 3-5　1995~2020 年中国城乡居民肉类食物消费的变化趋势

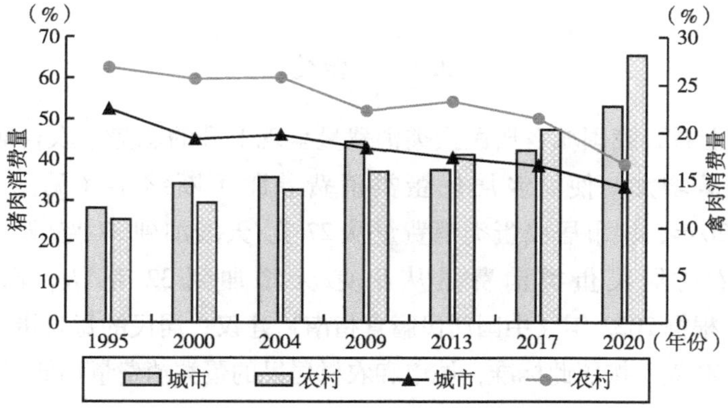

图 3-6　1995~2020 年中国城乡居民肉类食物消费结构的变化趋势

3.1.6　奶类

1995~2020 年，我国城乡居民奶类消费量均呈上涨趋势，但由于基数差距过大，城乡居民奶类消费量的差距也在逐渐扩大（见图 3-7）。具体而言，城市居民奶类消费量从 1995 年的 13 克/天增加至 2020 年的 47 克/天，农村居民奶类消费量在 1995 年为 2 克/天，到 2020 年仍仅有 20 克/天。根据 2022 年《中国居民膳食指南》建议，居民每日奶类消费量应为 300~500 克，按照此标准，我国城乡居民的奶类消费量均远低于推荐量。《2021 中国奶商指数报告》显示，我国“牛奶人口”规模仅为 3.6 亿人，超过 10 亿人尚未养成喝奶习惯。2018 年，世界人均年占有奶量约 130 千克，而我国人均年占有奶量仅有 23.6 千克，远远低于世界平均水平。牛奶是膳食中钙的最佳来源，考虑到我国居民膳食钙的摄入量远远低于推荐摄入量，因此，大力提倡饮奶是改善我国居民营养健康状况的重要举措之一。

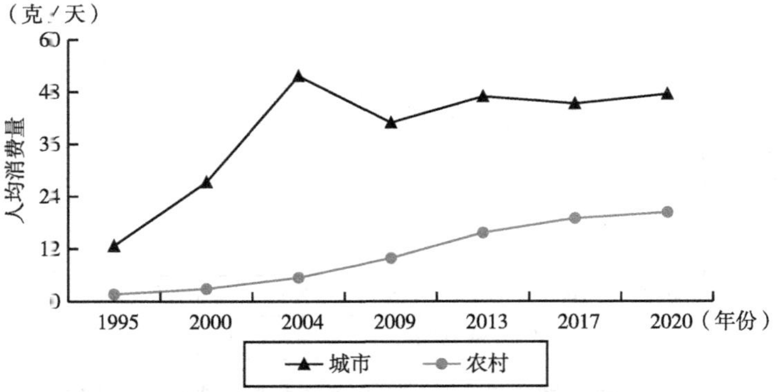

图3－7　1995～2020年中国城乡居民奶类食物消费的变化趋势

3.1.7　蛋类

整体上看，我国城乡居民蛋类消费量呈现上升的态势，农村居民蛋类消费量显著增加，使城乡居民蛋类消费差距不断缩小（见图3－8）。1995～2020年，城市居民蛋类消费量从27克/天增加到37克/天，涨幅达38.6%，农村居民蛋类消费量从9克/天增加到32克/天，涨幅高达266.5%。根据2022年《中国居民膳食指南》建议，居民的每日蛋类消费量应为40～50克，按照此标准，城市和农村居民的蛋类消费量均低于推荐量。

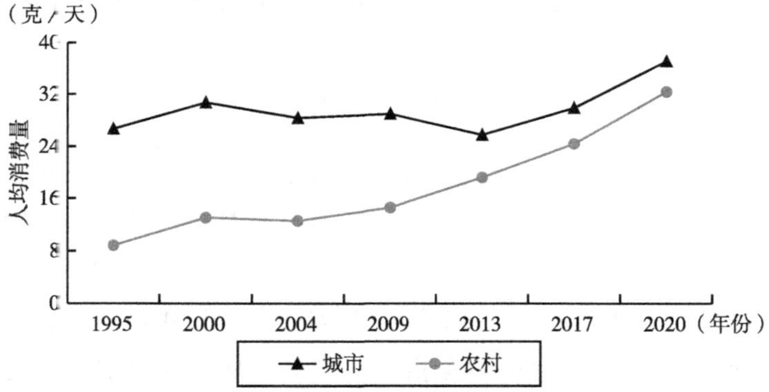

图3－8　1995～2020年中国城乡居民蛋类食物消费的变化趋势

3.2　教育和收入分层的食物消费变化特征

我国城乡居民食物消费结构变化及其所带来的问题与我国经济发展、居民收入水平显著提高密不可分。3.1节描述性分析结果表明，我国居民尤其是农村居民的肉类食物消费需求增加迅速，使膳食中脂肪含量显著提高，而且肉类消费量已经超过合理膳食推荐量，与高脂肪膳食相关的“富贵病”已经成为危害居民身体健康的重要杀手。那么，收入因素在食物消费结构中究竟扮演怎样的角色呢？能否带来食物消费结构的改善？本节利用中国健康与营养调查（CHNS）从教育、收入水平和食物消费率、教育、收入水平和食物消费量、不同教育、收入水平的食物消费量与膳食推荐量的差距三个维度寻找证据。

3.2.1 数据说明

CHNS 数据库关于食物消费的数据记录是目前公开数据库中最为详实的。数据库中食物名称采用食物代码的形式记录，受限于食物代码的可得性，本章选取 1997 年、2000 年、2004 年、2006 年、2009 年和 2011 年资料中 18 岁以上被调查者作为研究对象。CHNS 膳食调查分为家庭食物调查和个人膳食调查，两种调查同时开展，在一周中随机抽取三天连续进行。本章利用基于食物回顾法得到的个人膳食调查数据进行分析，原因首先是个人膳食调查既包括在家就餐，也包括在外就餐。其次，结合研究目标，本章拟从微观个体的角度分析教育通过影响膳食行为进而产生健康收益的路径，重点关注的是教育的内部收益和非货币收益，因此样本选择限定于微观个体。现阶段食物和营养政策侧重于引导消费者的营养健康需求，在这种背景下，个人膳食研究变得更加重要（Zhai et al.，2014）。

在分析食物消费行为的文献中，多数以家庭收入为预算约束，因为绝大部分的食物消费决策是在家庭内部完成的。本章的研究对象是微观个体，所以利用家庭人均收入水平作为预算约束，不仅符合现实情况，而且可以在很大程度上避免个人教育水平和收入水平的相关性。另外，本章的研究使用样本量足够大，多重共线性问题可以忽略。参考 Monteiro 等（2001）和 Popkin 等（2003）的研究，在分析收入水平和教育水平对经济变量的独立影响作用时，均采用的是家庭人均收入变量，因此，从本章分析开始，微观个体的预算约束均采用家庭人均收入指标。

3.2.2 食物消费率的变化特征

教育分层下，根据我国学历情况划分不同层次的受教育水平群体，即把全部样本分为小学及以下、初中、高中、本科及以上。根据表 3-1 不难看出，不同受教育水平群体对于谷类和蔬菜类食物的消费率基本上均达到了 100%，而且不同受教育水平群体之间和同一受教育水平群体在不同时点上对谷类和蔬菜类食物的消费率没有显著差异；豆类、水果、奶类、蛋类、肉类、禽肉类、鱼类等食物的消费率随受教育水平的提高和时间的推进呈现出提高的趋势。其中，作为我国传统膳食的重要组成部分，豆类和蛋类消费率的基础值较高，消费率的递增趋势相对缓慢，小学及以下群体和本科及以上群体对于豆类和蛋类消费率差距保持在15%和20%。水果和奶类则不同，两者的基础消费率很低，所以1997～2011年两类食物在不同受教育水平群体与时间推移过程中的消费率递增趋势是非常显著的。而且不同受教育水平组水果和奶类的消费率差距在逐渐扩大。通过对比畜肉类、禽肉类和鱼肉水产品的消费率，可以看出畜肉是最主要的肉类消费品种，之后是鱼肉和禽肉。三种肉类的消费率均表现出小学及以下群体和高中、本科及以上群体有一定差异，而高中、本科及以上群体的消费率差异不明显。

收入分层下，根据国家统计局城乡居民家庭调查“五等分法”界定不同收入群体，高收入组为高收入群体，中间三组定义为中等收入群体，低收入组为低收入群体。根据表3－2，比较不同收入组居民平均食物消费率，结果表明，不同收入组的居民的谷类和蔬菜类食物的消费率几乎均达到100%，不同收入组之间和同一收入组在不同时间上均没有显著差异；豆类、水果、奶类、蛋类、畜肉类、禽肉类、鱼类等食物的消费率在组内和组间均表现递增趋势。豆类和蛋类是我国传统膳食的重要组成，消费率的基础值较高，两种食物的消费率在组内和组间的递增趋势比较缓慢，高收入组和低收入组的豆类和蛋类消费率之差基本保持在10%和15%。与此不同的是，水果和奶类的基础消费率很低，因此1997～2011年两类食物的消费率递增趋势不论在组内还是组间均非常显著。其中，不同收入组水果的消费率差距逐渐缩小，而奶类消费率的差距仍然较大。比较畜肉类、禽肉类和鱼肉水产品的消费率可以看出，畜肉始终是最主要的肉类消费品种，其次是鱼肉和禽肉。三种肉类的消费率均表现出低收入群体和中、高收入群体有一定差距，而中、高收入群体之间的消费率差距不明显。

3.2.3　食物消费数量的变化特征

比较不同受教育水平群体食物消费数量变化，表3－3表明，作为最主要的植物性食物，谷物和蔬菜类食物的人均消费量受教育水平的增加呈现下降趋势。谷物消费量的变化随受教育水平的提高存在差异。1997年、2000年和2004年，小学及以下和初中群体的人均谷物消费量基本没有变化，但是高中和本科及以上群体的谷物消费量分别下降了50克和55克左右，2006～2011年，谷物消费量在不同受教育水平群体中的差异非常显著，初中群体的谷物消费比高中群体高50克，在这个基础上高中群体又比本科及以上群体高了40克。蔬菜类食物消费量随着教育水平提高以及时间推移呈现出下降趋势。

植物性食物中，随着教育水平的提高，水果的消费量呈现出递增的趋势，而蔬菜的消费量呈现出递减的趋势，而且消费量在不同时点间存在显著差异。水果消费中，高中和本科及以上群体中增长趋势较为明显，而小学及以下与初中群体中水果消费量的增长相对缓慢。因此，1997～2011年，不同受教育水平群体的水果类消费量差距略有扩大，2009年小学及以下群体的水果消费量分别比高中群体和本科及以上群体低了36克和58克。蔬菜消费中，本科及以上群体与小学及以下群体的蔬菜消费量差距由1997年的20克扩大到2011年的47克。

动物性食物的消费量均表现出随受教育水平提高递增的趋势。肉类消费中，不同受教育水平群体的消费量均表现出增长的趋势，但是小学及以下群体的消费量增速明显快于本科及以上群体。因此，不同受教育水平群体之间的肉类消费量差异在逐渐缩小。其中，畜肉和禽肉消费中，相邻受教育水平群体之间的消费量差异在逐步缩小，2011年，小学及以下、初中、高中和本科及本科以上群体的畜肉和禽肉消费量分别为143克、152克、158克和162克以及164克、170克、172克和174克。随着时间的推进，不同受教育水平群体的鱼肉水产品类消费量在呈现出先提高再减少的趋势，且不同受教育水平群体之间鱼肉水产品类消费量差异在明显缩小。蛋奶类消费中，随着时间的推移，不同受教育水平群体之间的奶类消费量差异在明显缩小，平均差异由1997年的37克下降为2011年的5克。蛋类消费中，不同受教育水平群体的蛋类消费均呈现出先上升后下降的趋势，且不同受教育水平群体之间的消费量差异在逐渐缩小。

比较不同收入组的居民食物消费数量变化，表3－4表明，谷类和蔬菜作为最主要的植物性食物，居民人均消费量随家庭人均收入的增加呈现下降趋势。谷物消费量的下降在组内和组间均十分显著，1997年和2000年，低收入群体和中等收入群体的谷物人均消费量没有差异，高收入群体谷物消费量下降20克左右，2004～2011年，不同收入群体消费者的谷物消费量差距逐渐增大，低收入群体的谷物消费量分别比中等收入群体和高收入群体高40克和60克。蔬菜类食物消费量下降在组间十分显著，相同年份下，随着收入水平的提高，蔬菜消费量略有下降。植物性食物中，豆

表 3-1　　1997~2011 年中国城乡居民教育分层的食物消费率变化

单位：%

种类	受教育水平	1997 年	2000 年	2004 年	2006 年	2009 年	2011 年	种类	受教育水平	1997 年	2000 年	2004 年	2006 年	2009 年	2011 年
谷物	小学及以下	100.00	99.87	100.00	99.88	99.93	99.97		高中	86.88	83.54	86.29	88.40	87.74	86.86
	初中	100.00	99.89	100.00	99.84	99.95	100.00		本科及以上	91.51	94.00	88.62	91.48	95.03	95.58
	高中	100.00	100.00	99.90	99.91	99.91	99.89	禽肉	小学及以下	13.63	14.08	15.53	12.90	20.41	22.66
	本科及以上	100.00	100.00	100.00	100.00	100.00	100.00		初中	18.03	19.17	18.61	19.62	24.37	26.18
豆类	小学及以下	55.79	55.14	55.87	55.46	59.69	59.61		高中	26.70	26.76	26.92	22.32	31.23	33.57
	初中	59.52	59.90	60.59	60.29	63.79	59.88		本科及以上	27.36	28.50	18.70	30.11	40.33	46.11
	高中	65.61	68.22	68.24	68.38	70.38	66.47	奶类	小学及以下	0.83	2.07	4.81	5.25	4.84	6.99
	本科及以上	57.66	73.50	73.98	77.84	76.80	72.42		初中	1.79	4.09	8.07	7.54	6.60	8.36
蔬菜	小学及以下	99.89	99.59	99.65	99.69	99.74	99.83		高中	6.49	9.17	18.93	16.65	15.74	14.91
	初中	99.78	99.68	99.79	99.68	99.86	100.00		本科及以上	10.22	22.50	48.78	36.36	35.36	52.00
	高中	100.00	99.62	99.40	99.65	99.83	99.74	蛋类	小学及以下	40.50	43.77	44.62	53.63	59.99	59.00
	本科及以上	100.00	100.00	100.00	100.00	100.00	99.58		初中	50.17	51.35	55.66	60.40	66.68	62.18
水果	小学及以下	7.22	7.65	13.63	18.15	27.50	36.04		高中	63.95	64.70	68.24	70.50	73.11	69.86
	初中	9.57	11.42	18.97	24.85	32.05	44.24		本科及以上	52.55	81.00	81.30	83.19	83.43	86.32
	高中	19.16	19.72	28.11	33.75	42.81	47.92	鱼肉水产品	小学及以下	29.32	27.43	30.01	31.87	34.00	35.91
	本科及以上	20.44	35.50	44.72	57.39	60.22	69.68		初中	36.62	34.31	34.59	38.21	42.22	40.00
畜肉	小学及以下	58.23	63.36	63.49	69.53	75.82	77.01		高中	49.47	47.61	45.56	45.44	51.66	45.86
	初中	71.61	71.11	75.68	80.60	80.38	82.18		本科及以上	53.77	51.00	58.54	62.50	66.30	59.58

表 3－2　　1997～2011 年中国城乡居民收入分层的食物消费率变化

单位：%

种类	收入水平	1997 年	2000 年	2004 年	2006 年	2009 年	2011 年	种类	收入水平	1997 年	2000 年	2004 年	2006 年	2009 年	2011 年
	低等收入	100.00	100.00	100.00	99.85	99.86	99.95		中高收入	75.13	79.40	82.33	85.87	86.67	89.48
	中低收入	100.00	99.86	100.00	99.85	100.00	100.00		高等收入	83.11	82.74	85.98	89.02	87.70	91.33
谷物	中等收入	100.00	100.00	100.00	99.85	99.93	99.85		低等收入	10.67	13.30	12.66	10.69	18.84	21.15
	中高收入	100.00	99.86	99.93	99.85	99.79	99.90		中低收入	11.70	12.35	13.59	13.60	21.37	29.76
	高等收入	100.00	99.86	100.00	99.93	100.00	99.95	禽肉	中等收入	15.93	16.44	18.67	19.13	27.17	35.09
	低等收入	53.53	52.46	50.00	52.77	55.57	58.37		中高收入	23.14	23.67	22.53	22.57	29.55	36.17
	中低收入	55.98	54.84	56.08	56.88	61.24	64.29		高等收入	27.23	28.17	28.40	28.98	29.69	39.15
豆类	中等收入	57.16	61.66	64.02	60.54	65.06	68.80		低等收入	1.35	2.73	1.29	1.79	1.38	4.67
	中高收入	60.86	61.87	63.81	65.17	69.42	69.42		中低收入	1.29	1.64	3.00	4.33	5.50	12.83
	高等收入	63.01	65.62	68.10	67.66	71.20	70.50	奶类	中等收入	2.70	5.12	9.94	9.72	9.90	24.22
	低等收入	99.74	99.39	99.93	99.70	99.72	99.90		中高收入	3.47	6.48	13.16	13.83	11.75	23.81
	中低收入	99.87	99.66	99.57	99.93	99.86	99.90		高等收入	4.43	10.98	24.25	21.28	17.59	27.91
蔬菜	中等收入	100.00	99.32	99.43	99.70	99.79	99.69		低等收入	36.57	43.79	37.05	50.15	60.25	58.21
	中高收入	99.87	99.73	99.93	99.48	99.79	99.69		中低收入	40.49	44.34	43.99	56.05	62.34	65.78
	高等收入	99.81	99.80	99.71	99.63	99.73	99.90	蛋类	中等收入	49.26	52.52	57.44	63.08	65.27	71.58
	低等收入	6.49	7.78	10.52	14.57	20.98	35.78		中高收入	54.76	54.98	64.09	66.14	70.86	75.01
	中低收入	7.46	6.48	12.23	19.28	32.71	45.10		高等收入	61.46	62.07	70.67	69.83	72.10	77.48
水果	中等收入	9.57	10.44	18.53	26.46	35.28	53.00		低等收入	25.13	24.15	26.04	26.16	29.71	31.37
	中高收入	12.66	13.44	24.46	33.56	37.80	53.46	鱼肉	中低收入	26.29	25.44	29.33	32.51	37.18	45.36
	高等收入	14.13	19.78	33.05	37.64	44.47	54.95	水产	中等收入	35.65	34.24	35.77	40.58	44.77	50.80
	低等收入	54.88	60.30	59.23	65.32	70.70	75.51	品	中高收入	39.85	38.47	40.63	44.25	49.76	49.00
畜肉	中低收入	56.75	59.21	64.52	72.20	79.11	84.97		高等收入	49.39	49.05	50.07	51.01	50.17	56.80
	中等收入	68.72	74.83	74.68	81.39	82.53	88.25								

表 3－3　**1997～2011 年中国城乡居民教育分层的食物消费量变化**　单位：克/人·天

种类	受教育水平	1997 年	2000 年	2004 年	2006 年	2009 年	2011 年	种类	受教育水平	1997 年	2000 年	2004 年	2006 年	2009 年	2011 年
谷物	小学及以下	479.21	441.21	458.49	433.69	416.03	420.28		高中	134.01	143.81	146.40	151.50	158.11	158.82
	初中	480.44	446.18	454.42	418.05	428.03	437.02		本科及以上	137.54	146.68	148.77	152.90	159.25	162.22
	高中	419.30	400.24	402.76	379.87	373.11	379.28	禽肉	小学及以下	143.69	148.89	158.33	160.16	162.26	164.36
	本科及以上	351.58	354.55	353.69	334.96	366.25	310.16		初中	153.59	155.17	162.37	161.91	167.98	170.90
豆类	小学及以下	135.23	150.73	156.98	174.43	168.37	145.09		高中	150.90	160.01	167.91	165.40	169.74	172.55
	初中	132.75	152.11	156.37	177.58	173.32	149.96		本科及以上	155.83	162.75	168.09	171.78	173.36	174.22
	高中	127.44	139.44	167.42	174.48	175.77	145.46	奶类	小学及以下	175.63	160.43	228.06	210.99	215.73	202.34
	本科及以上	140.23	138.77	155.50	165.48	161.08	145.20		初中	124.37	196.45	221.86	240.92	239.89	205.77
蔬菜	小学及以下	372.86	398.37	390.17	377.77	357.56	320.48		高中	144.57	200.64	214.59	216.24	229.34	214.88
	初中	365.41	378.88	367.80	355.30	350.71	318.62		本科及以上	184.50	197.73	238.14	227.62	224.69	219.33
	高中	336.94	351.99	343.41	339.39	329.34	297.88	蛋类	小学及以下	72.27	89.19	85.30	83.65	84.71	76.15
	本科及以上	352.00	306.87	314.75	329.69	316.45	273.44		初中	78.78	92.82	83.89	89.08	84.05	76.97
水果	小学及以下	182.54	254.93	192.78	264.42	237.77	230.88		高中	78.05	85.17	85.96	80.82	88.29	74.59
	初中	195.88	269.30	189.73	274.77	241.12	233.78		本科及以上	80.42	91.31	92.55	93.44	83.25	79.77
	高中	173.53	251.82	192.26	275.00	273.09	223.76	鱼肉水产品	小学及以下	145.26	166.71	168.90	187.56	170.61	152.27
	本科及以上	215.58	275.46	216.19	292.42	295.50	242.38		初中	146.24	171.66	178.01	187.23	174.41	159.16
畜肉	小学及以下	123.16	131.74	129.68	132.76	140.80	143.53		高中	139.20	170.07	167.65	165.68	173.34	149.85
	初中	129.57	135.32	137.21	136.98	141.17	152.76		本科及以上	157.19	172.47	177.76	193.93	172.56	161.11

表 3－4 1997～2011 年中国城乡居民收入分层的食物消费量变化

单位：克/人·天

种类	收入水平	1997 年	2000 年	2004 年	2006 年	2009 年	2011 年	种类	收入水平	1997 年	2000 年	2004 年	2006 年	2009 年	2011 年
谷类	低等收入	476.28	437.96	466.71	443.26	436.77	428.69	畜肉	中高收入	97.28	118.62	111.31	120.56	109.31	107.93
	中低收入	492.05	451.31	480.32	438.82	413.36	404.04		高等收入	113.54	124.24	120.04	129.30	120.97	110.62
	中等收入	465.28	432.34	435.09	397.73	388.79	358.99	禽肉	低等收入	17.63	17.96	23.13	18.65	30.08	30.25
	中高收入	452.28	426.01	429.19	389.31	398.87	387.87		中低收入	17.98	21.71	20.39	22.36	32.01	40.36
	高等收入	450.57	409.78	396.05	379.57	399.23	357.16		中等收入	25.52	25.99	32.18	32.13	40.42	45.36
豆类	低等收入	73.98	76.86	84.67	88.99	91.83	84.94		中高收入	33.52	35.26	38.63	38.43	43.43	49.84
	中低收入	77.59	80.24	88.30	96.48	106.01	92.60		高等收入	38.67	43.36	42.12	47.82	43.46	53.42
	中等收入	76.40	92.56	96.75	107.38	110.55	99.31	奶类	低等收入	2.01	5.26	2.63	3.53	2.93	10.45
	中高收入	78.13	92.30	99.42	118.03	117.44	106.17		中低收入	2.31	2.94	6.89	9.30	13.51	27.10
	高等收入	81.08	94.52	110.30	118.73	121.89	101.10		中等收入	3.96	8.78	21.80	21.22	22.15	54.21
蔬菜	低等收入	366.29	377.21	404.02	368.07	346.44	312.64		中高收入	4.44	12.78	28.87	30.49	27.00	52.94
	中低收入	372.70	397.58	393.53	375.50	350.03	313.26		高等收入	6.33	20.68	52.33	47.42	41.14	62.00
	中等收入	364.61	387.63	363.11	356.44	345.64	307.74	蛋类	低等收入	29.96	38.52	31.95	43.11	50.57	44.10
	中高收入	360.86	368.82	345.99	342.57	337.42	315.67		中低收入	32.79	41.60	37.26	48.11	53.76	48.64
	高等收入	370.81	367.14	343.71	346.80	342.79	300.42		中等收入	38.95	44.29	49.20	52.23	51.98	53.03
水果	低等收入	11.99	25.37	19.74	44.68	55.18	91.57		中高收入	45.02	49.06	53.53	53.87	57.56	58.38
	中低收入	15.74	19.68	23.38	54.90	79.57	102.84		高等收入	48.93	56.17	61.38	61.39	57.11	59.95
	中等收入	18.15	29.84	36.95	81.14	83.76	115.08	鱼类水产品	低等收入	35.39	37.27	44.58	44.36	49.95	46.63
	中高收入	22.92	39.74	47.13	95.53	82.68	120.39		中低收入	42.63	44.41	51.26	62.57	66.37	69.18
	高等收入	24.70	47.52	63.99	106.51	105.04	123.86		中等收入	52.28	56.64	60.92	73.78	73.91	75.09
畜肉	低等收入	65.59	79.02	78.02	85.89	91.47	88.59		中高收入	57.51	66.82	70.33	78.06	84.92	77.59
	中低收入	68.90	80.04	82.59	95.63	102.95	96.95		高等收入	73.77	79.58	83.40	92.46	87.11	87.86
	中等收入	86.97	104.95	98.75	108.15	107.19	100.87								

类和水果的消费量随收入增加呈递增趋势，而且消费量在相邻收入组间有显著差异。豆类消费中，消费量的组内增长趋势主要反映在中高收入人群，低收入群体豆类消费量的增长缓慢。因此，1997～2011 年，低中高收入群体的豆类消费量差距略有扩大，2009 年低收入群体的豆类消费量分别比中等收入群体和高收入群体的消费量低了 20 克和 30 克。水果消费中，消费量的组内增长趋势和组间增长趋势均十分显著。1997 年，低、中、高收入群体的水果消费量分别是 12 克、18 克和 22 克，2011 年分别增加至 90 克、110 克和 120 克，低、中、高收入群体水果消费量的差距经历从扩大到缩小的变化过程。

动物性食物的消费量均表现出随收入增加递增的趋势。肉类消费中，低、中、高收入群体的消费量均表现出增长趋势，但是中、低收入群体的消费量增速快于高收入群体的肉类消费量增速，因此不同收入群体的消费量差异逐渐缩小。分品种来看，畜肉和禽肉消费，相邻收入群体的消费量差异越来越不显著，2011 年，低、中、高收入群体的畜肉消费量分别在 90 克、100 克和 110 克左右，禽肉消费量分别在 30 克、35 克和 40 克左右；低、中、高收入群体的鱼肉等水产品消费量有显著性差异，低收入群体的消费量仅为高收入群体的一半左右。蛋奶类消费中，蛋类消费量在相邻收入组间的差异逐渐缩小，奶类消费量在低、中、高收入组仍具有显著性差异。蛋类消费中，低收入群体和高收入群体的人均消费量差距从 20 克缩小到 10 克以内；奶类消费中，低收入群体的消费量始终在较低水平，中高收入群体的消费量有显著增加。

3.2.4 食物消费量和膳食推荐量的比较

1997～2011 年，无论是低收入人群还是高收入人群，谷类和蔬菜类食物的消费量均下降，而动物性食物的消费量随收入增加显著提高，尤其是在中低收入群体中表现明显。这暗示着随着收入水平的提高，食物消费结构可能向不健康的方向发展。为了将食物消费和健康相联系，需要再次引入《中国居民膳食指南》中的基于健康目标的膳食推荐量。《中国居民膳食指南》是在均衡营养的理论基础上制定的，不仅考虑了我国居民食物消费习惯、营养状况的特点，而且借鉴了其他国家的经验，为我国居民食物消费的选择提供了科学的指导和建议，有助于构建科学合理的食物消费结构，促进人民的营养和健康状况得到改善。膳食平衡宝塔根据膳食指南的原则，提出了一个营养上比较理想的膳食模式：第一层是谷类，每人每天谷类的推荐摄入量是 250～400 克；第二层是蔬菜和水果，每人每天推荐摄入量分别是300～500克和200～400克；第三层是鱼、禽、肉、蛋等动物性，每人每天推荐摄入50～70克的畜禽肉类、50～100克的鱼虾类和25～50克的蛋类；第四层是奶类、豆类和坚果食物，每人每天推荐摄入300克的奶及奶制品，30～50克的大豆类和坚果食品。

首先，比较不同受教育水平组的食物消费量和膳食平衡宝塔的推荐摄入量，可以发现，植物性食物中，蔬菜消费量逐渐从在推荐量范围内降低至推荐量下限以下，而且不同受教育水平群体均表现出相同的趋势（见图3－10）；1997年和2004年水果类食物的消费量在小学及以下、初中和高中群体中未达到推荐量的下限，但是不同受教育水平群体消费量呈现增加趋势，且最终均超过推荐量的下限（见图3－11）；不同受教育水平群体

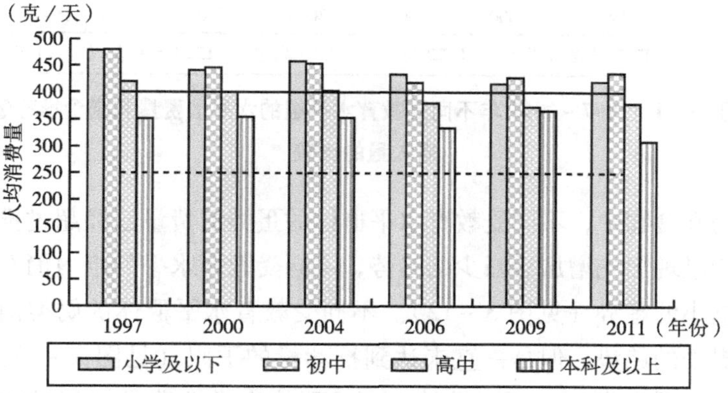

图3－9　1997～2011年不同受教育水平组的谷物消费量和膳食推荐量摄入量的比较

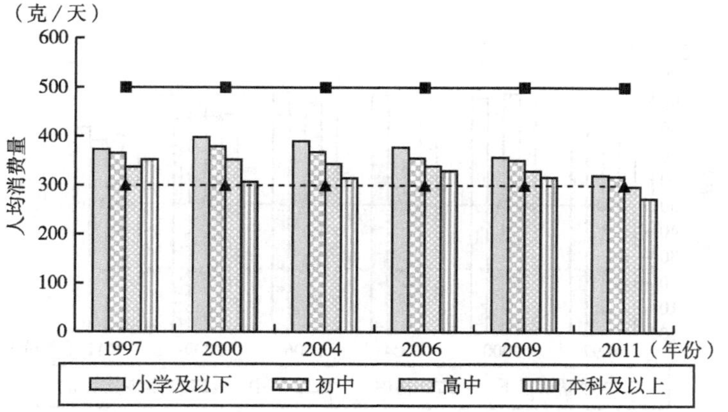

图3－10　1997～2011年不同受教育水平组的蔬菜消费量和膳食推荐量摄入量的比较

的谷类食物消费量不断下降，1997～2011年，小学及以下和初中群体消费量均超过推荐量上限，到2011年，本科及以上群体下降至接近推荐量的下限，需要警惕其进一步的下降（见图3－9）。

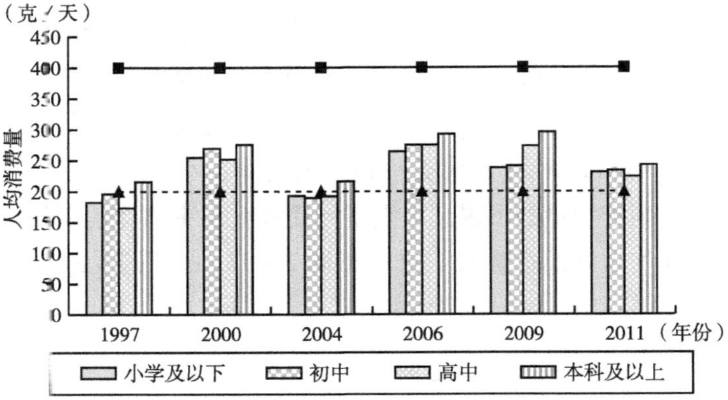

图3－11　1997～2011年不同受教育水平组的水果消费量和膳食推荐量摄入量的比较

动物性食物中，不同受教育水平群体的蛋类消费量已经超过推荐摄入量，且均呈现出先增加后减少的趋势，不同受教育水平的组内消费量差距呈现出缩小的趋势（见图3－12）。不同受教育水平群体的奶类消费虽然呈现出提高的趋势，但是一直未达到推荐量的下限（见图3－13）。肉类变化情况与蛋类类似，不同受教育水平群体肉类消费量均超过推荐摄入量，也呈现出先提高后下降的趋势，且不同受教育水平群体之间的消费量差异在逐渐缩小逐渐接近推荐量上限（见图3－14）。

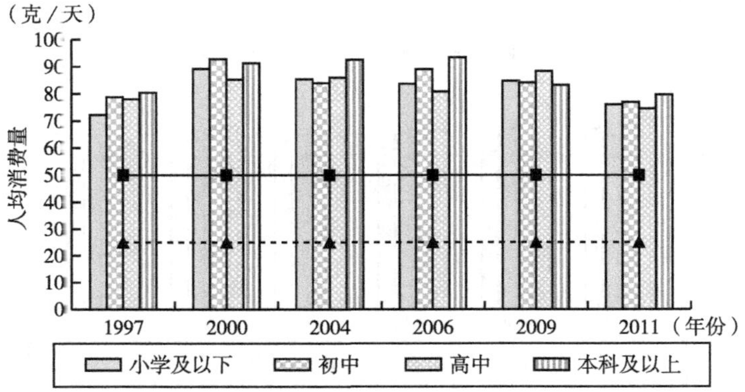

图3－12　1997～2011年不同受教育水平组的蛋类消费量和膳食推荐量摄入量的比较

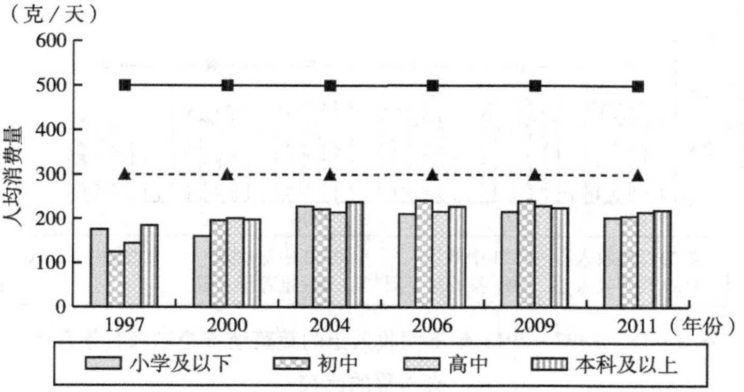

图3－13　1997～2011年不同受教育水平组的奶类消费量和膳食推荐量摄入量的比较

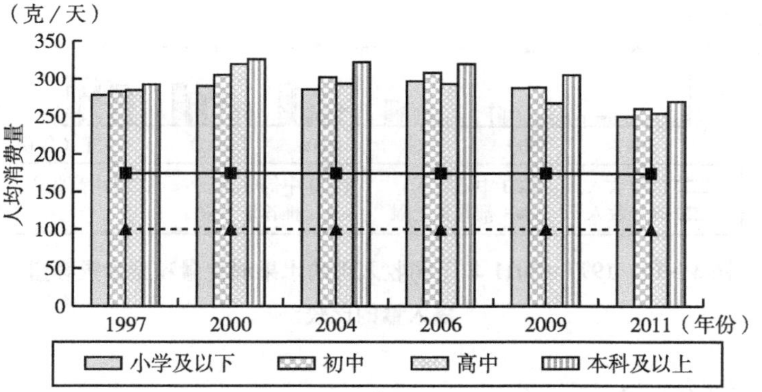

图3－14　1997～2011年不同受教育水平组的肉类消费量和膳食推荐量摄入量的比较

其次，比较不同收入组的食物消费量和膳食平衡宝塔的推荐摄入量，可以发现，植物性食物中，蔬菜消费量逐渐从在推荐量范围内降低至推荐量下限以下，而且低、中、高收入群体均表现出相同的趋势（见图3－15）；水果类食物的消费量始终未达到推荐量的下限，但是低、中、高收入群体消费量均保持不断增加，逐步接近推荐量的下限（见图3－16）；不同收入群体的谷类食物消费量不断下降，1997～2004年，低、中、高收入群体消费量均超过推荐量上限，到2011年，除低收入群体以外，中高收入群体谷类消费量已下降至推荐范围内，但需要警惕其进一步的下降（见图3－17）。

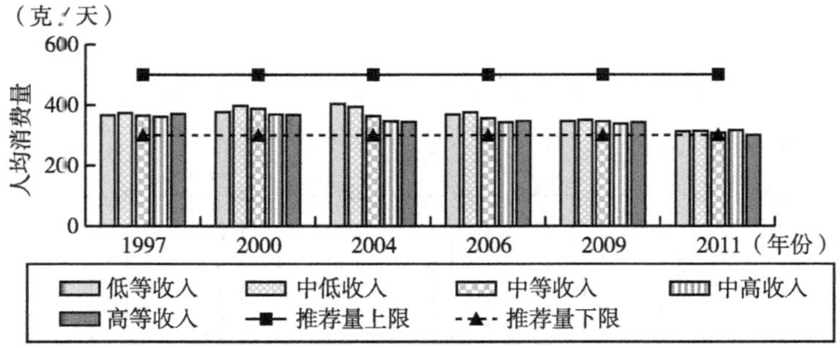

图 3-15　1997~2011 年不同收入组的蔬菜消费量和膳食推荐量摄入量的比较

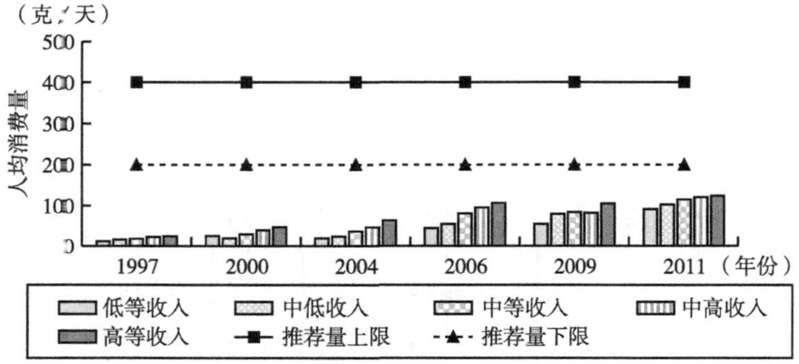

图 3-16　1997~2011 年不同收入组的水果消费量和膳食推荐量摄入量的比较

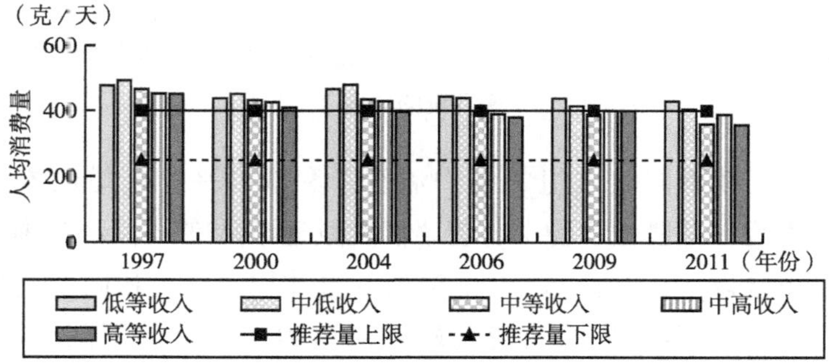

图 3-17　1997~2011 年不同收入组的谷物消费量和膳食推荐量摄入量的比较

动物性食物中，各收入群体的蛋类消费量已经超过推荐摄入量，而且低收入群体的增加趋势最为显著，从 1997 年仅有推荐量的一半，逐渐增加至接近推荐量，甚至略超过推荐量，虽然中高收入群体的消费量增长缓慢，但是从 2000 年始终保持在推荐量以上的消费水平（见图 3-18）。肉类变化情况与蛋类类似，低收入群体肉类消费量增长迅速，逐渐接近推荐量上限，中高收入群体消费量增长缓慢，但始终保持在推荐量上限以上的消费水平（见图3－19）。

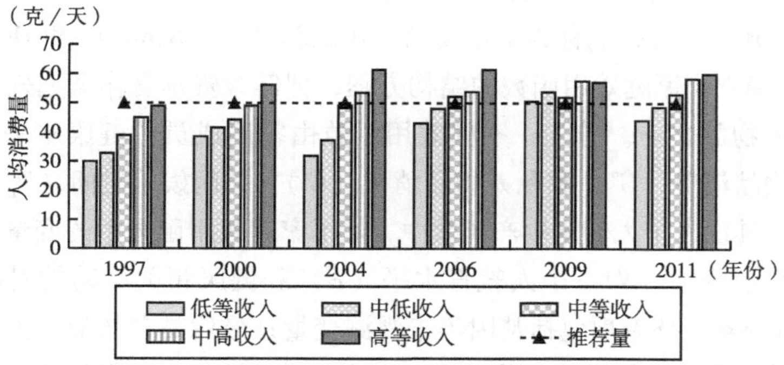

图3－18　1997～2011年不同收入组的蛋类消费量和膳食推荐量摄入量的比较

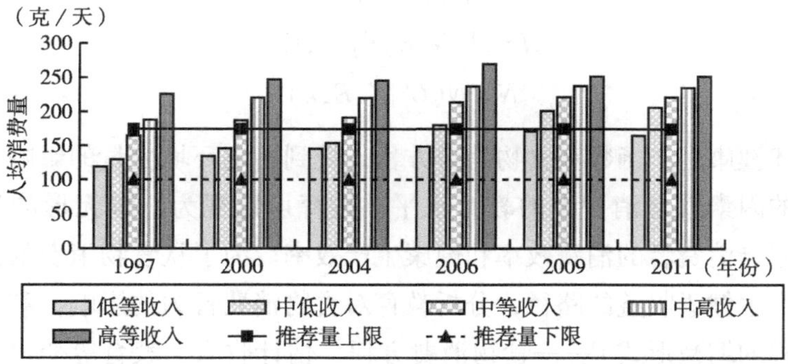

图3－19　1997～2011年不同收入组的肉类消费量和膳食推荐量摄入量的比较

3.3　教育水平和收入对食物消费的影响

根据前面的统计分析，可以认为收入提高改变了我国城乡居民的传统膳食模式，但也暗示收入提高并不一定带来食物消费结构改善和营养健康。那么，教育水平作为衡量社会经济地位的另一重要变量，与不同种类食物的消费数量有何种关系？教育水平是否以及在哪一发展阶段发挥改善食物消费结构的作用？

3.3.1 理论基础

根据 Becker（1965）所提出的家庭生产函数，生产和消费是一个统一的过程，消费者进行产品消费的目的不在于产品本身而是要实现更为基础的目标，Berker 将他们称为基本物品。在此基础上，Behrman 和 Deolalikar（1988）建立了家庭效用函数的结构方程，把健康资本看作家庭效用函数中的基本物品之一。首先，家庭效用函数由家庭成员的健康水平（H），纯公共物品消费（C^p）和私人物品消费（C^i），休闲娱乐时间（T_L）等因素决定；其次，个人健康生产函数中，除了家庭效用函数中的变量（Ω），还有食物消费量（N）、个人教育水平（E）和健康相关活动的时间投入（T_H）等要素，残差项包括基因等未观测变量；最后是食物消费方程，私人物品消费在这里特定为食物消费，在这里考察社会人口和经济变量对食物消费的影响。

$$U = U(H, C^p, C^i, T_L, \delta) \quad (3-1)$$

$$H = H(N, E, T_H, \mu, \Omega) \quad (3-2)$$

$$N = N(C^i, X, E, \varepsilon) \quad (3-3)$$

上述健康生产函数和食物消费方程，受到特定环境变量的影响，其中最重要的因素就是消费者的教育水平。教育可以视为一种无形的生产技术，会影响消费者的消费效率和健康生产效率。为了从食物消费的角度探究教育产生健康收益的路径，分析教育对食物消费行为的影响，利用上述结构方程的缩减形式①——食物消费方程，估计收入、教育等变量对食物消费量的边际影响，具体形式是：

$$N_{ij} = \beta_0 + \beta_1 I_i + \beta_2 E_i + \beta_3 X_{i3} + \cdots + \beta_K X_{iK} + \varepsilon_{ij}, \quad i = 1, \cdots, N, j = 1, \cdots, 9 \quad (3-4)$$

其中，N_{ij}是第 i 个个体的第 j 种食物消费量，I 表示家庭人均可支配收入，E 表示个人教育水平，X 表示影响食物消费数量的其他社会人口和经济因素。

3.3.2 计量模型

在食物消费量数据中，某些种类食物存在很多消费量为零的样本。如

① 在没有高质量数据进行结构模型估计时，缩减形式在经验研究中占据重要位置（肖金川等，2014）。

果不存在测量误差问题的前提下，“零消费”意味着消费者在一定约束条件下遵循效用最大化作出的理性选择。在实证分析中如果忽略“零消费”的样本，利用普通最小二乘法进行估计，会导致样本选择性误差。因此借鉴 Haines（1988）的方法，采用“两阶段”模型对食物消费行为进行精确估计。

两阶段模型将消费者的食物消费行为分为两个阶段。

第一阶段，人们决定是否消费某类食物，采用随机效应 Probit 模型估计某类食物的消费概率，建立如下计量模型：

$$Y_i = X_i\theta_i + \alpha + \varepsilon_i, \varepsilon_i \sim N(0,1) \tag{3-5}$$

其中，X_i为第 i 个个体的特征变量，如果$Y_i > 0$，表示消费该类食物；反之，则表示没有消费该类食物。方程（3－5）假设某类食物消费量 Y_i 是否为正值由可以观测的相关变量X_i和不可以观测的变量 α 共同决定，ε_i 是误差项。

第二阶段，在消费的前提下，决定消费量的多少是关于食物消费量的线性方程，采用面板数据随机效应模型估计某类食物的消费数量。因变量采用对数形式来处理可能存在偏度的问题。

$$\text{Log}(Y_i \mid Y_i > 0) = X_i\delta_i + \alpha + \mu_i, \mu_i \sim N(0, \sigma_\mu^2) \tag{3-6}$$

在食物消费的数量分析中，还需要注意的是，各类食物之间存在预算约束的相关性，也就是说，各类食物消费数量方程的误差项之间可能存在相关性，那么将这些方程进行联合估计有可能提高估计的效率。但是，对多方程系统进行联合估计的缺点是，如果某个方程的误差较大，则系统估计会将这一方程的误差项代入其他方程中，进而“污染”整个方程系统。所以选择单一方程估计或者系统估计，存在“有效性”和“稳健性”的权衡（陈强，2014）。本节在第二阶段分析时采用单一方程估计和系统方程估计的方法。

两阶段模型将食物消费决策视为有先后顺序并且相互独立的过程，通过两部分模型分别计算各变量对各类食物消费概率和消费数量的弹性值或者偏弹性值。第一阶段模型的因变量是 9 类食物种类的消费选择，0 表示没有消费，1 表示有消费；第二阶段的因变量是 9 类食物种类的消费数量并取自然对数。由于谷物消费概率基本达到 100%，因此对谷类食物只进行第二阶段模型回归。两阶段模型自变量的定义和解释如表 3－5 所示。

表 3-5　　中国城乡居民食物消费模型的相关变量说明

变量	定义	赋值
个人特征：性别	女性=1，男性=0	0~1
年龄	18 岁及以上	18~100
婚姻状况	已婚=1，未婚=0	0~1
民族	汉族=1，其他=0	0~1
BMI	体重（kg）/身高^2（m）	13~68
体力劳动强度	轻度，中度，中度（参照）	0~1
受教育年数	模型中取自然对数	0~19
家庭特征：家庭人均收入	模型中取自然对数	0~395285
家庭规模	人/户	1~13
居住城乡	城镇=1，农村=0	0~1
居住地区	北京、上海、江苏、山东、河南（对照）、湖北、湖南、广西、贵州、重庆、辽宁、黑龙江	0~1
城镇化指数	综合反映城镇化水平	1~106
九类食物居民消费价格指数	模型中取自然对数	

3.3.3　实证结果

3.3.3.1　食物消费两阶段模型分析

按照两阶段模型，根据已有数据资料，对中国居民谷类、豆类、蔬菜类、水果类、畜肉类、禽肉类、奶类、蛋类和鱼肉水产品类的消费两阶段模型进行参数估计（见表 3-6、表 3-7 和表 3-8）。

表 3-6　　各类食物两阶段模型的估计结果

变量	谷类	豆类		蔬菜	
	GLS（2）	Probit（1）	GLS（2）	Probit（1）	GLS（2）
女性	-0.1916*** (0.0045)	-0.0404*** (0.0157)	-0.0812*** (0.0095)	0.0884 (0.0810)	-0.0789*** (0.0060)
年龄	-0.0034*** (0.0002)	-0.0004 (0.0007)	-0.0004 (0.0004)	-0.0042 (0.0033)	-0.0002 (0.0003)
已婚	0.0346*** (0.0060)	0.0896*** (0.0217)	-0.0067 (0.0132)	0.1773* (0.1033)	0.0474*** (0.0084)

续表

变量	谷类	豆类		蔬菜	
	GLS (2)	Probit (1)	GLS (2)	Probit (1)	GLS (2)
汉族	-0.0182 *** (0.0072)	0.0217 (0.0277)	-0.1107 *** (0.0145)	-0.0021 (0.1284)	0.0791 *** (0.0104)
BMI	0.0029 *** (0.0008)	0.0095 *** (0.0022)	-0.0006 (0.0016)	0.0077 (0.0117)	0.0016 * (0.0009)
轻度体力劳动	-0.1425 *** (0.0054)	0.2466 *** (0.0196)	-0.0847 *** (0.0121)	-0.1428 (0.1021)	-0.1414 *** (0.0075)
中度体力劳动	-0.0870 *** (0.0060)	0.1829 *** (0.0228)	-0.0695 *** (0.0139)	0.0906 (0.1420)	-0.0734 *** (0.0086)
LN（教育年数）	-0.0330 *** (0.0034)	0.0403 *** (0.0119)	-0.0034 (0.0074)	-0.0597 (0.0646)	-0.0135 *** (0.0047)
LN（家庭人均收入）	-0.0156 *** (0.0024)	0.0678 *** (0.0090)	-0.0039 (0.0056)	0.0162 (0.0484)	0.0095 *** (0.0034)
家庭规模	0.0053 *** (0.0015)	0.0415 *** (0.0055)	-0.0362 *** (0.0035)	0.0814 * (0.0339)	-0.0036 * (0.0021)
城镇化指数	-0.0017 *** (0.0001)	0.0020 *** (0.0003)	0.0013 *** (0.0002)	0.0004 (0.0016)	-0.0006 *** (0.0001)
LN（居民消费价格指数）	0.0257 *** (0.0096)	0.0594 ** (0.0304)	0.0581 *** (0.0187)	0.1715 (0.1565)	-0.0600 *** (0.0105)
城镇	-0.0646 *** (0.0050)	0.1421 *** (0.0179)	-0.0657 *** (0.0105)	0.2350 ** (0.0989)	0.0346 *** (0.0068)
省份虚拟变量	有	有	有	有	有
截距	6.5087 *** (0.0442)	-1.6103 *** (0.1476)	4.7915 *** (0.0909)	1.6049 ** (0.7532)	5.8407 *** (0.0527)
wald chi2		2394.110		35.9400	
对数似然比		-23777.358		-590.7499	
样本量	38299	38299	38299	36586	36586

注：①本表汇报的是随机效应模型的估计结果；②*、**、***分别表示10%、5%和1%的显著性水平；③括号内为聚类稳健标准差。

表 3-7　　各类食物两阶段模型的估计结果（续一）

变量	水果		奶类		蛋类	
	Probit（1）	GLS（2）	Probit（1）	GLS（2）	Probit（1）	GLS（2）
女性	0.2202*** (0.0191)	0.0092 (0.0141)	0.2211*** (0.0293)	-0.0263 (0.0186)	-0.0023 (0.0166)	-0.0723*** (0.0075)
年龄	-0.0005 (0.0008)	-0.0037*** (0.0006)	0.0092*** (0.0012)	0.0006 (0.0007)	-0.0014** (0.0007)	-0.0006** (0.0003)
已婚	0.1072*** (0.0268)	0.0262 (0.0214)	-0.0763** (0.0395)	-0.0587*** (0.0248)	0.0934*** (0.0227)	0.0004 (0.0108)
汉族	0.1470*** (0.0342)	0.0454* (0.0284)	0.2429*** (0.0637)	0.0273 (0.0455)	0.0386 (0.0288)	-0.0192 (0.0154)
BMI	-0.0014 (0.0025)	0.0037** (0.0018)	-0.0157*** (0.0039)	0.0022 (0.0023)	0.0039* (0.0023)	0.0004 (0.0010)
轻度体力劳动	0.3301*** (0.0239)	-0.1490*** (0.0222)	0.7721*** (0.0483)	-0.1496*** (0.0532)	0.3341*** (0.0202)	-0.0548*** (0.0100)
中度体力劳动	0.1008*** (0.0280)	-0.1460*** (0.0271)	0.4529*** (0.0554)	-0.0917* (0.0578)	0.2145 (0.0234)	-0.0534*** (0.0117)
LN（教育年数）	0.1191*** (0.0150)	0.0093 (0.0126)	0.3290*** (0.0260)	-0.0026 (0.0166)	0.0208* (0.0125)	-0.0187*** (0.0060)
LN（家庭人均收入）	0.2011*** (0.0113)	0.0194*** (0.0091)	0.3008*** (0.0188)	0.0481*** (0.0146)	0.1404*** (0.0093)	-0.0018 (0.0047)
家庭规模	-0.0343*** (0.0068)	-0.0190*** (0.0059)	-0.1264*** (0.0125)	0.0043 (0.0103)	-0.0178*** (0.0056)	-0.0385*** (0.0028)
城镇化指数	0.0000 (0.0004)	0.0015*** (0.0003)	-0.0007 (0.0005)	0.0013*** (0.0005)	0.0039*** (0.0003)	-0.0005*** (0.0002)
LN（消费价格指数）	1.3492*** (0.0386)	0.1825*** (0.0302)	-0.4563*** (0.1372)	0.3502*** (0.0965)	0.3434*** (0.0353)	-0.0532*** (0.0167)
城镇	0.4279*** (0.0212)	0.0165 (0.0159)	0.7935*** (0.0335)	0.1157*** (0.0280)	0.1263*** (0.0188)	-0.0117 (0.0084)
省份虚拟变量	有	有	有	有	有	有
截距	-9.8203*** (0.1943)	4.2276*** (0.1553)	-3.9053*** (0.6154)	2.9218*** (0.4669)	-2.8218*** (0.1596)	4.8252*** (0.0757)
wald chi2	5461.6800		2631.8500		4587.0900	
对数似然比	-17752.924		-8464.6621		-22543.675	
样本量	38299	38299	38299	38299	38299	38299

注：①本表汇报的是随机效应模型的估计结果；②*、**、***分别表示10%、5%和1%的显著性水平；③括号内为聚类稳健标准差。

表3-8　　　　各类食物两阶段模型的估计结果（续二）

变量	畜肉		禽肉		鱼肉水产品	
	Probit（1）	GLS（2）	Probit（1）	GLS（2）	Probit（1）	GLS（2）
女性	-0.0874*** (0.0202)	-0.1735*** (0.0078)	-0.0844*** (0.0178)	-0.1116*** (0.0143)	-0.0922*** (0.0187)	-0.1163*** (0.0126)
年龄	-0.0061*** (0.0008)	-0.0040*** (0.0003)	-0.0080*** (0.0007)	-0.0017*** (0.0006)	-0.0080*** (0.0008)	-0.0028*** (0.0005)
已婚	0.1847*** (0.0274)	0.0423*** (0.0109)	0.1128*** (0.0252)	0.0158 (0.0205)	0.2399*** (0.0256)	0.0340* (0.0187)
汉族	-0.2021*** (0.0352)	-0.0138 (0.0124)	-0.0694** (0.0321)	-0.0860*** (0.0290)	-0.0011 (0.0339)	-0.0575** (0.0272)
BMI	0.0156*** (0.0028)	0.0075*** (0.0012)	0.0116*** (0.0023)	0.0083*** (0.0021)	0.0099*** (0.0024)	0.0047*** (0.0018)
轻度体力劳动	0.5668*** (0.0243)	-0.0277*** (0.0100)	0.3053*** (0.0230)	-0.0383** (0.0199)	0.3427*** (0.0226)	-0.0845*** (0.0163)
中度体力劳动	0.4509*** (0.0288)	-0.0227** (0.0114)	0.2014*** (0.0263)	-0.0598*** (0.0217)	0.2486*** (0.0258)	-0.0535*** (0.0183)
LN（教育年数）	0.1046*** (0.0143)	-0.0083* (0.0062)	0.0346** (0.0142)	-0.0189* (0.0130)	-0.1443*** (0.0147)	-0.0267*** (0.0104)
LN（家庭人均收入）	0.2556*** (0.0109)	0.0265*** (0.0047)	0.1897*** (0.0109)	-0.0085 (0.0089)	0.2140*** (0.0105)	0.0135* (0.0078)
家庭规模	0.0363*** (0.0069)	-0.0325*** (0.0028)	0.0553*** (0.0062)	-0.0391*** (0.0049)	0.0231*** (0.0064)	-0.0631*** (0.0048)
城镇化指数	0.0051*** (0.0004)	-0.0001 (0.0002)	0.0017*** (0.0003)	-0.0006** (0.0003)	0.0034*** (0.0003)	0.0004* (0.0002)
LN（消费价格指数）	0.1696*** (0.0369)	-0.1079*** (0.0145)	0.1915*** (0.0336)	-0.0219 (0.0274)	-0.1279*** (0.0515)	-0.0162 (0.0365)
城镇	0.3842*** (0.0241)	0.0252*** (0.0085)	0.2893*** (0.0196)	-0.0530*** (0.0160)	0.3669*** (0.0211)	-0.0591*** (0.0134)
省份虚拟变量	有	有	有	有	有	有
截距	-3.9027*** (0.1829)	4.9882*** (0.0727)	-4.3894*** (0.1695)	5.1943*** (0.1449)	-2.9705*** (0.2304)	5.0994*** (0.1709)
wald chi2	5374.7400		4319.7300		5380.9100	
对数似然比	-15518.1760		-17470.4800		-20630.5650	
样本量	38299	38299	38299	38299	38299	38299

注：①本表汇报的是随机效应模型的估计结果；②*、**、***分别表示10%、5%和1%的显著性水平；③括号内为聚类稳健标准差。

本节重点关注的是收入和教育水平对食物消费选择和消费数量的影响。从对各类食物消费选择的影响来看，收入和教育水平具有“协同”的效果。也就是说，家庭人均收入水平的提高和个人教育水平的提高，都对豆类、水果类、畜肉类、禽肉类、奶类和蛋类的消费产生正向影响。因为在实证模型中收入和教育变量均取对数，因变量也取对数，所以两变量估计系数即为弹性。比较弹性的大小可以发现，收入弹性普遍高于教育水平的弹性，说明在食物选择时，收入增加促进消费概率的作用更加明显。从对各类食物消费数量的影响来看，收入和教育水平具有“拮抗”的效果，尤其表现在对动物性食物消费量的影响上。比较弹性大小，家庭人均收入水平提高1%，畜肉类、奶类和鱼肉水产品的消费量分别提高0.0265%、0.0484%和0.0135%；个人教育水平提高1%，畜肉类、禽肉类、蛋类和鱼肉水产品的消费量分别下降0.0083%、0.0189%、0.0187%和0.0267%。

在第二阶段食物消费数量的分析中，考虑到各类食物消费数量方程可能存在误差项的相关性，采用系统方程的估计方法进行分析，并在模型中控制时间效应（见表3－9、表3－10）。结果表明，与单方程估计结果类似的是，相比于男性，女性对畜肉类和禽肉类的消费数量分别下降22.21%和13.18%。年龄每增加1岁，消费者对畜肉的消费量下降0.91%，但是年龄对禽肉、鱼肉水产品等白肉类的影响并不显著。因此，在系统方程的估计结果中，性别和年龄同样对畜肉的消费数量影响更大。家庭规模的扩大仍然增加了消费者的谷物消费数量，但是结果并不显著；家庭规模对肉类消费量的影响主要表现在禽肉和鱼类等水产品，即家庭中每增加1口人，禽肉和鱼肉水产品的消费数量分别显著下降8.70%和9.95%。城镇化指数的提高仍然显著提高了对健康有益食物——奶类和禽肉的消费数量，城镇化指数每提高1%，两类食物的消费数量分别增加0.33%和0.40%。劳动强度对谷类和动物性食物的消费数量有显著影响。劳动轻度提高显著增加了消费者对谷物的消费数量，与高强度劳动者相比，轻度和中度劳动者对谷类的消费数量分别下降41.53%和28.59%。劳动轻度提高显著降低了消费者对动物性食物，尤其是白肉和奶类的消费数量，与高强度劳动者相比，轻度劳动者对禽肉的消费数量增加42.82%；与高强度劳动者相比，中度劳动者对鱼肉的消费数量增加44.13%；与高强度劳动者相比，轻度和中度劳动者对奶类的消费数量增加45.24%和46.40%。收入和教育水平对食物消费数量的影响仍然具有“拮抗”作用，尤其在对动物性食物消费数量的影响上。比较弹性大小，家庭人均收入水平每提高1%，畜肉和蛋类的消费数量分别增加0.0313%和0.0348%；个人教育水平提高1%，畜肉和蛋类的消费数量分别下降0.059%和0.0036%，而且教育水平提高显著提高了平均消费水平显著低于膳食指南标准的两种食物——水果和牛奶的消费数量。因此，比较单一方程估计和系统方程估计的估计结果，绝大多数变量的符号方向一致，主要是对标准差的调整，系统方程的估计结果提高了估计的效率，为了兼顾“稳健性”和“有效性”，本节保留两种估计方法的结果。

表3－9　　各类食物第二阶段的系统估计结果

变量	谷类	豆类	蔬菜	水果	奶类
女性	－0.2955*** (0.0377)	－0.0028 (0.0731)	－0.1057** (0.0444)	0.0673 (0.0530)	0.0396 (0.0445)
年龄	－0.0031** (0.0015)	0.0062** (0.0029)	0.0025 (0.0018)	－0.0022 (0.0021)	0.0027* (0.0018)
已婚	0.0428 (0.0606)	－0.3165*** (0.1176)	0.0864 (0.0714)	－0.0734 (0.0853)	－0.0979 (0.0715)
汉族	0.0493 (0.1339)	－0.1604 (0.2596)	0.2454* (0.1578)	－0.3422* (0.1886)	－0.1971 (0.1579)
BMI	0.0004 (0.0050)	－0.0142 (0.0096)	－0.0062 (0.0059)	0.0112* (0.0070)	0.0086 (0.0059)
轻度体力劳动	－0.4153*** (0.1295)	－0.1650 (0.2511)	－0.2063 (0.1529)	0.0272 (0.1826)	－0.4524*** (0.1527)
中度体力劳动	－0.2859** (0.1402)	0.0373 (0.2718)	－0.0794 (0.1652)	0.0046 (0.1975)	－0.4640*** (0.1653)
LN（教育年数）	－0.0861** (0.0437)	－0.0083 (0.0848)	0.0394 (0.0515)	0.1032* (0.0616)	0.1156** (0.0515)
LN（家庭人均收入）	0.0287 (0.0294)	0.0432 (0.0568)	0.0292 (0.0345)	0.0361 (0.0414)	0.0055 (0.0343)
家庭规模	0.0040 (0.0180)	－0.0362 (0.0349)	－0.0277 (0.0212)	－0.0301 (0.0254)	0.0102 (0.0212)
城镇化指数	0.0008 (0.0010)	0.0014 (0.0020)	－0.0012 (0.0014)	－0.0013 (0.0016)	0.0040*** (0.0013)
LN（消费价格指数）	0.0140 (0.2467)	0.0423 (0.4704)	－0.0423 (0.4000)	0.2952 (0.3480)	0.2860 (0.4443)

续表

变量	谷类	豆类	蔬菜	水果	奶类
城镇	0.0117 (0.0582)	-0.0439 (0.1128)	0.0057 (0.0686)	0.1665 ** (0.0819)	0.1636 *** (0.0686)
省份虚拟变量	有	有	有	有	有
年份虚拟变量	有	有	有	有	有
常数项	6.5313 (24.7051)	-12.0325 (57.5992)	18.4284 (50.0145)	18.4077 (39.3452)	17.1513 (22.1747)
chi2	160.54	41.70	58.63	61.08	121.82
样本量	38299	38299	36586	38299	38299

注：①本表汇报的是系统估计似不相关回归的估计结果；② *、**、*** 分别表示 10%、5%和 1%的显著性水平；③括号内为标准差。

表 3-10　　各类食物第二阶段的系统估计结果（续）

变量	蛋类	畜肉	禽肉	鱼肉
女性	-0.0400 (0.0433)	-0.2221 *** (0.0586)	-0.1318 ** (0.0576)	-0.0551 (0.0679)
年龄	0.0018 (0.0017)	-0.0091 *** (0.0023)	-0.0028 (0.0023)	-0.0019 (0.0027)
已婚	-0.0045 (0.0696)	0.1100 (0.0942)	-0.0198 (0.0927)	0.0002 (0.1091)
汉族	0.2768 * (0.1540)	0.4471 ** (0.2082)	0.3647 * (0.2048)	0.5259 ** (0.2412)
BMI	0.0049 (0.0057)	0.0036 (0.0077)	0.0079 (0.0076)	0.0129 (0.0090)
轻度体力劳动	-0.3957 *** (0.1489)	-0.2357 ** (0.2013)	-0.4282 ** (0.1981)	-0.3516 (0.2334)
中度体力劳动	-0.3951 *** (0.1612)	-0.3070 (0.2180)	-0.2757 (0.2144)	-0.4413 * (0.2525)
LN（教育年数）	-0.0036 (0.0502)	-0.1335 ** (0.0679)	-0.0590 (0.0668)	0.1029 (0.0787)
LN（家庭人均收入）	0.0348 (0.0338)	0.0313 (0.0456)	-0.1192 *** (0.0448)	-0.0067 (0.0528)
家庭规模	-0.0275 (0.0207)	-0.0372 (0.0280)	-0.0870 *** (0.0275)	-0.0995 *** (0.0324)

续表

变量	蛋类	畜肉	禽肉	鱼肉
城镇化指数	-0.0002 (0.0012)	0.0015 (0.0016)	0.0033 ** (0.0016)	0.0013 (0.0019)
LN（消费价格指数）	-0.0604 (0.2340)	-0.7669 *** (0.2630)	-0.4712 * (0.2583)	0.4646 (0.4786)
城镇	-0.0237 (0.0669)	0.0539 (0.0905)	0.2149 *** (0.0890)	-0.0506 (0.1048)
省份虚拟变量	有	有	有	有
年份虚拟变量	有	有	有	有
常数项	48.4362 ** (25.6492)	-48.0971 (34.3666)	-61.2238 * (33.7682)	34.5135 (38.7246)
chi2	48.90	66.99	71.56	90.30
样本量	38299	38299	38299	38299

注：①本表汇报的是系统估计似不相关回归的估计结果；②*、**、***分别表示10%、5%和1%的显著性水平；③括号内为标准差。

3.3.3.2 收入、教育水平对食物消费数量的动态影响

为了进一步回答“收入增加和教育水平提高，谁会促进食物消费结构向健康的方向发展”这一问题，本节将食物分为植物性食物和动物性食物。根据我国城乡居民的平均消费现状，动物性食物中畜肉和蛋类消费增长较快，而且如果这两类食物摄入过多，会导致饱和脂肪酸和胆固醇摄入过多，从而引起健康问题。因此，本节选取植物性食物、畜肉和蛋类，分析收入和教育水平对其消费数量的动态影响（见表3-11和表3-12）。在收入对食物消费数量的统计分析中，已经观察到肉类消费中，低、中、高收入群体的消费量均表现出增长的趋势，但是中低收入群体的消费量增长速度快于高收入群体的肉类消费量增速，而且不同收入群体的消费量差异逐渐缩小。因此，推断收入对食物消费数量尤其是对动物性食物的消费数量并不是呈线性变化的，在收入和教育的不同分位数上考察变量弹性的动态变化时，在前面模型的基础上，加入收入平方项，其他解释变量与两阶段模型相同：

$$N_{ij} = \beta_0 + \beta_1 I_i + \beta_2 I_i^2 + \beta_3 E_i + \beta_4 X_{i3} + \cdots + \beta_{K+1} X_{iK} + \varepsilon_{ij},$$
$$i = 1, \cdots, N, j = 1, 2, 3 \qquad (3-7)$$

测算不同食物组在不同收入分位数上的动态收入弹性和不同教育水平分位数上的动态教育弹性，可以得到以下几点具有参考价值的结果。

第一，收入增加改变了我国居民传统食物消费结构。首先，收入增加提高了消费者对动物性食物的需求。从畜肉的收入弹性来看，收入增加显著提高了消费者畜肉的消费数量；从蛋类的收入弹性来看，收入增加对蛋类消费数量有正向影响，但是多数年份并不显著。其次，2000 年之后，我国居民收入增长对植物性食物消费需求增加并不敏感，甚至大多年份植物性食物消费数量的收入弹性为负值，收入增加减少了消费者对植物性食物的需求。越来越多的科学研究表明，以植物性食物为主的传统膳食模式可以弥补欧美等发达国家高能量、高脂肪和低膳食纤维膳食模式的缺陷，对预防心脑血管疾病、糖尿病等慢性非传染性疾病有益。但现实状况是我国居民肉类消费仍然以畜肉为主，而且畜肉平均消费水平已经超过膳食推荐量，由于畜肉的脂肪含量较高，饱和脂肪酸较多，不利于心脑血管病、超重、肥胖等疾病的预防。因此收入增长通过增加动物性食物消费需求，减少植物性食物需求，进而引发的食物消费结构的改变，使得消费者摄入过多动物性饱和脂肪酸和胆固醇而缺乏膳食纤维的概率增加，给自身健康带来重大风险。

第二，教育水平的提高改善了我国居民的食物消费结构，而且对动物性食物和植物性食物的调节作用有明显的时期效应。首先，教育水平提高对食物消费结构的改善在初期表现为对动物性食物需求的抑制作用。从教育水平对畜肉消费需求的影响来看，教育弹性和收入弹性符号相反，教育、收入对动物性食物的作用表现出“拮抗”的效果。也就是说，随着教育水平的提高，消费者畜肉的消费需求下降；从教育水平对蛋类消费需求的影响来看，教育弹性也为负值，说明教育水平提高降低蛋类消费量，但是这一结果在 2004 年之后并不显著。从食物和健康的关系来看，虽然蛋类的营养价值较高，蛋黄中维生素和矿物质含量丰富，且种类较为齐全，所含卵磷脂具有降低血胆固醇的作用，但蛋黄中的胆固醇含量较高，不宜过多食用，正常成人每日可吃一个（鸡）蛋。我国居民蛋类平均消费量早已超过合理膳食推荐量，所以教育对蛋类消费需求的抑制对饮食健康有正向作用。其次，教育水平提高对植物性食物需求增加的促进作用开始显现。1997 ~ 2006 年的结果显示，随着教育水平的提高，消费者对植物性食物的需求并没有表现出增加的趋势，2009 年开始，教育水平提高对植物性食物的正向影响逐渐表现出来，2011 年教育水平提高对植物性食物需求增加影响显著。其可能的原因是，营养健康信息和膳食指南越来越重视倡导消费者提高植物性食物的摄入比例和膳食纤维对维持健康的重要作用；本书认为教育水平较高的消费者能够更好地接收和实践营养健康信

表 3－11　　1997～2011 年收入分层和教育分层下食物消费数量的收入弹性和教育弹性

种类	年份	收入分位数					教育水平				
		10%	25%	50%	75%	90%	小学	初中	高中	大学	研究生
畜肉	1997	0. 0536 *** (0. 0207)	0. 0774 *** (0. 0208)	0. 1031 *** (0. 0258)	0. 1270 *** (0. 0333)	0. 1470 *** (0. 0406)	−0. 0114 ** (0. 0049)	−0. 0156 ** (0. 0069)	−0. 0177 ** (0. 0078)	−0. 0193 ** (0. 0085)	−0. 0197 ** (0. 0087)
	2000	0. 0048 (0. 0204)	0. 0069 (0. 0193)	0. 0089 (0. 0240)	0. 0105 (0. 0309)	0. 0122 (0. 0387)	−0. 0115 ** (0. 0057)	−0. 0141 ** (0. 0070)	−0. 0160 ** (0. 0079)	−0. 0179 ** (0. 0089)	−0. 0179 ** (0. 0089)
	2004	0. 0731 ** (0. 0363)	0. 0688 *** (0. 0273)	0. 0629 ** (0. 0287)	0. 0567 (0. 0409)	0. 0498 (0. 0580)	0. 0014 (0. 0071)	0. 0017 (0. 0087)	0. 0019 (0. 0098)	0. 0021 (0. 0107)	0. 0022 (0. 0112)
	2006	0. 0999 *** (0. 0290)	0. 1119 *** (0. 0234)	0. 1233 *** (0. 0262)	0. 1329 *** (0. 0346)	0. 1415 *** (0. 0450)	−0. 0072 (0. 0062)	−0. 0088 (0. 0077)	−0. 0100 (0. 0087)	−0. 0112 (0. 0097)	−0. 0114 (0. 0099)
	2009	0. 0670 *** (0. 0232)	0. 0629 *** (0. 0206)	0. 0572 *** (0. 0225)	0. 0515 * (0. 0284)	0. 0460 (0. 0357)	−0. 0022 (0. 0054)	−0. 0027 (0. 0067)	−0. 0030 (0. 0075)	−0. 0033 (0. 0082)	−0. 0034 (0. 0084)
	2011	0. 0239 (0. 0227)	0. 0233 (0. 0194)	0. 0224 (0. 0227)	0. 0215 (0. 0296)	0. 0206 (0. 0375)	−0. 0173 *** (0. 0059)	−0. 0182 *** (0. 0062)	−0. 0226 *** (0. 0077)	−0. 0231 *** (0. 0079)	−0. 0237 *** (0. 0081)

续表

种类	年份	收入分位数					教育水平				
		10%	25%	50%	75%	90%	小学	初中	高中	大学	研究生
蛋类	1997	-0.0235 (0.0244)	-0.0022 (0.0254)	0.0221 (0.0323)	0.0443 (0.0415)	0.0624 (0.0500)	-0.0157** (0.0067)	-0.0193** (0.0083)	-0.0218** (0.0094)	-0.0238** (0.0103)	-0.0244** (0.0106)
	2000	-0.0187 (0.0246)	-0.0331 (0.0221)	-0.0481* (0.0276)	-0.0606* (0.0362)	-0.0727* (0.0464)	-0.0153** (0.0066)	-0.0189** (0.0082)	-0.0214** (0.0093)	-0.0239** (0.0104)	-0.0239** (0.0104)
	2004	0.0682* (0.0431)	0.0719** (0.0319)	0.0751* (0.0351)	0.0776* (0.0493)	0.0797 (0.0684)	-0.00002 (0.0082)	-0.00002 (0.0100)	-0.00003 (0.0113)	-0.00003 (0.0124)	-0.00003 (0.0129)
	2006	0.0299 (0.0299)	0.0323 (0.0241)	0.0345 (0.0271)	0.0363 (0.0364)	0.0379 (0.0488)	-0.0061 (0.0063)	-0.0075 (0.0078)	-0.0090 (0.0093)	-0.0094 (0.0098)	-0.0097 (0.0101)
	2009	-0.0521* (0.0289)	-0.0351 (0.0225)	-0.0126 (0.0232)	0.0081 (0.0318)	0.0278 (0.0431)	0.0046 (0.0054)	0.0057 (0.0066)	0.0064 (0.0074)	0.0071 (0.0083)	0.0071 (0.0083)
	2011	-0.0008 (0.0211)	0.0152 (0.0185)	0.0316 (0.0222)	0.0464* (0.0291)	0.0581* (0.0358)	-0.0061 (0.0056)	-0.0070 (0.0065)	-0.0080 (0.0074)	-0.0081 (0.0076)	-0.0083 (0.0083)

注：①本表汇报的是截面数据模型的弹性估计结果；②*、**、*** 分别表示 10%、5% 和 1% 的显著性水平；③括号内为标准差。

表 3-12　　1997~2011 年收入分层和教育分层下食物消费数量的收入弹性和教育弹性（续）

种类	年份	收入分位数					教育水平				
		10%	25%	50%	75%	90%	小学	初中	高中	大学	研究生
植物性食物	1997	0.0231*** (0.0064)	0.0239*** (0.0060)	0.0243*** (0.0075)	0.0246*** (0.0102)	0.0248*** (0.0130)	-0.0065*** (0.0015)	-0.0089*** (0.0020)	-0.0101*** (0.0023)	-0.0108*** (0.0024)	-0.0113*** (0.0025)
	2000	0.0065 (0.0066)	0.0035 (0.0059)	0.0004 (0.0075)	-0.0022 (0.0100)	-0.0049 (0.0128)	-0.0044*** (0.0016)	-0.0060*** (0.0022)	-0.0068*** (0.0025)	-0.0074*** (0.0028)	-0.0076*** (0.0028)
	2004	0.0120 (0.0107)	-0.0101 (0.0078)	-0.0342*** (0.0083)	-0.0600*** (0.0124)	-0.0850*** (0.0178)	-0.0026 (0.0018)	-0.0035 (0.0025)	-0.0040 (0.0029)	-0.0043 (0.0031)	-0.0044 (0.0032)
	2006	0.0135 (0.0093)	0.0051 (0.0075)	-0.0046 (0.0084)	-0.0140 (0.0116)	-0.0224 (0.0153)	-0.0035* (0.0019)	-0.0048* (0.0026)	-0.0054* (0.0029)	-0.0060* (0.0032)	-0.0062* (0.0034)
	2009	0.0004 (0.0078)	-0.0041 (0.0068)	-0.0092 (0.0074)	-0.0145 (0.0096)	-0.0192* (0.0123)	0.0002 (0.0017)	0.0002 (0.0021)	0.0003 (0.0024)	0.0003 (0.0026)	0.0003 (0.0027)
	2011	0.0057 (0.0079)	-0.0096 (0.0067)	-0.0261*** (0.0081)	-0.0400*** (0.0107)	-0.0529*** (0.0137)	0.0034** (0.0018)	0.0042** (0.0022)	0.0052** (0.0026)	0.0053** (0.0028)	0.0054** (0.0028)

注：①本表汇报的是截面数据模型的弹性估计结果；②*、**、*** 分别表示 10%、5% 和 1% 的显著性水平；③括号内为标准差。

息。因此，现阶段，教育水平提高对食物消费结构的改善可以概括为抑制动物性食物消费增加和促进植物性食物消费增长的“双管齐下”的作用。

第三，收入增长和教育水平提高对我国居民膳食行为影响的群体效应有所不同。其主要表现在低收入群体的动物性食物尤其是畜肉类的消费需求增加，对收入增长的敏感程度显著高于中高收入群体；中低教育水平群体的动物性食物消费需求抑制对教育水平提高的敏感程度显著低于高等教育水平。这说明我国低收入群体和低等受教育群体面临的膳食和健康风险更大，这部分群体更容易因收入提高显著增加动物性食物的消费需求，而且由于教育水平较低，教育难以发挥对食物消费结构的调节作用，因此更容易受到由于收入增长对膳食健康的负向冲击。

第4章　教育水平与居民营养摄入状况的关系

营养水平决定于食物消费的数量和结构，根据第3章的分析，我国城乡居民食物消费结构已经发生巨大变化，因此，居民的营养结构也发生深刻变化，即营养变迁的深入发生。目前，我国居民普遍脂肪摄入量过多，平均膳食脂肪供能比达到32.9%，超过《中国居民膳食指南》推荐的25%～30%的合理上限。营养结构的变化已经产生一系列影响，其中最显著的是超重和肥胖问题。超重肥胖率上升给公共健康带来严重威胁，这不仅导致公共医疗成本增加的直接影响，而且还带来了社会劳动生产效率下降等间接问题。第3章已经证实教育水平提高对食物消费结构的调节作用，那么，从与健康更为直接相关的营养摄入的角度，教育能否发挥调节作用？本章研究使用的数据是根据《食物成分表》，将食物消费量转换为营养素摄入量，选取与健康息息相关的热量、脂肪、蛋白质、碳水化合物、膳食纤维和胆固醇进行分析。

4.1　中国城乡居民营养状况的变化趋势

4.1.1　主要营养素摄入量

1995～2020年我国城市居民的热量、碳水化合物和蛋白质的摄入量均呈现出上升的趋势，我国农村居民的热量、碳水化合物和蛋白质的摄入量均呈现下降趋势（见表4－1）。具体来看，就热量摄入量而言，1995年城市和农村居民热量摄入水平差距较大，分别为1244.67卡和2108.49卡。在这之后城市居民热量摄入量呈现逐步上升的趋势，而农村居民热量摄入量呈现波动下降的趋势。2020年城市居民热量摄入平均值升至1657.02卡左右，农村居民则降至1847.79卡，农村居民热量摄入水平略高于城镇居民。就碳水化合物摄入量而言，城市居民的摄入量呈现上升趋势，农村居民碳水化合物摄入量总体呈现下降趋势。1995年，城市和农村居民碳水化合物摄入量分别为177.12克和374.42克，城乡差距较大，至2020年，城市和农村居民碳水化合物摄入量分别为222.42克和268.68克，虽然农村居民碳水化合物摄入量仍然较高，但是城乡居民的摄入量的差异逐渐缩小。就蛋白质摄入量而言，城乡居民的摄入量也呈现出相反的发展趋势。1995年城市和农村居民蛋白质摄入量分别为51.62克和88.61克，2020年城市居民蛋白质摄入量增至70.57克，农村居民蛋白质摄入量减少至76.24克，农村居民蛋白质摄入量始终高于城镇居民。

表4－1　1995～2020年中国城乡居民主要营养素摄入量的变化趋势

地区	年份	营养素摄入量					
		热量（卡）	碳水化合物（克）	蛋白质（克）	脂肪（克）	膳食纤维（克）	胆固醇（毫克）
城市	1995	1244.67	177.12	51.62	41.41	19.87	212.79
	2000	1231.08	164.62	50.32	45.48	18.15	248.21
	2005	1301.70	163.19	53.59	52.28	17.53	258.97
	2010	1304.25	165.63	55.02	51.02	17.99	259.06
	2015	1593.49	206.96	66.20	61.18	21.88	275.58
	2020	1657.02	222.42	70.57	59.85	23.52	326.14
农村	1995	2108.49	374.42	88.61	40.04	40.59	81.48
	2000	2141.19	369.29	89.84	45.18	40.03	114.67
	2005	1867.47	313.46	79.90	42.17	34.02	125.81
	2010	1689.24	275.73	71.55	41.64	29.89	132.11
	2015	1708.18	250.97	70.46	54.34	27.03	200.30
	2020	1847.79	268.68	76.24	59.88	28.83	264.01

随着动物性食物消费量的增加，城乡居民的脂肪摄入量呈现波动上升的趋势，农村居民脂肪摄入量的增加幅度较大。1995～2020年城镇居民脂肪摄入量波动中小幅增加，1995年城市居民脂肪摄入量为41.41克，至2020年脂肪摄入量增至59.85克，涨幅44.5%；农村居民脂肪摄入量波动幅度较大，1995～2000年摄入量逐年增加，2000～2010年摄入量逐年递减，之后再次呈现上升趋势。至2020年，农村居民脂肪摄入量59.88克，与城市居民摄入量几乎持平，而且农村居民脂肪摄入量反超的趋势已

经显现。

随着大众对健康饮食越来越重视，膳食纤维和胆固醇成为营养专家和消费者日益关注的两类营养素。就膳食纤维摄入量而言，1995～2020年城市居民摄入量逐年递增，而农村居民摄入量呈现下降趋势。城市居民的摄入量从1995年的19.87克上升至2020年的23.52克，农村居民的摄入量从1995年的40.59克下降至2020年的28.83克。就胆固醇摄入量而言，城乡居民摄入量均呈上升趋势，农村居民胆固醇摄入量的增加幅度较大。1995年城市居民胆固醇摄入量212.79毫克，至2020年涨至326.14毫克，涨幅53.3%；农村居民的胆固醇摄入量从1995年的81.48毫克上涨至2020年的264.01毫克，涨幅高达224%，使城乡居民胆固醇摄入量的差距快速减小。

4.1.2 热量来源

人体每天所需热量的主要来源是三大营养素：碳水化合物、蛋白质和脂肪①。各类营养素均来源于每日的膳食，为了提供数量及质量适宜的营养素，需要科学合理地安排每日膳食。在总热量摄入量适宜的情况下，三种宏量营养素的摄入比例也要合适。如果某一种营养素供能比过高或过低，可能产生相应的营养不足或营养过量的健康危害。

为本章提供参考依据的标准有两个：一是世界卫生组织（WHO）根据营养目标提出的人群平均摄入量范围（见表4－2）；二是《中国居民膳食营养素参考摄入量（2017）》提出的针对不同年龄、性别的热量、脂肪、蛋白质等营养素的每日推荐摄入量（Recommended Nutrient Intake，RNI）（见表4－3）。每日推荐摄入量是指能够满足某一特定群体中绝大多数（97%～98%）个体需要量的摄入水平，长期摄入RNI水平的营养素，既能满足个体对该营养素的需要，也能保持健康和维持组织中有适当的储备。每日推荐量可以作为个体每天摄入某类营养素的目标值。《中国食物与营养发展纲要（2014～2020年）》提出，到2020年，全国人均每日摄入热量2200～2300千卡，谷类食物供能比不低于50%，脂肪供能比不高于30%；人均每日蛋白质摄入量78克，其中优质蛋白质比例占45%以上。

---

① 计算碳水化合物、蛋白质、脂肪提供热量占总热量的比例时采用中国食物成分表中的热量折算系数：碳水化合物和蛋白质为4千卡/克，脂肪为9千卡/克。

表 4－2　世界卫生组织建议各营养素的人群平均摄入量范围

营养素	平均摄入水平	
	下限	上限
碳水化合物总量/总热量	55% 总热量	75% 总热量
蛋白质总量/总热量	10% 总热量	15% 总热量
脂肪总量/总热量	15% 总热量	30% 总热量
膳食纤维	27 克/天	40 克/天

注：下限值是预防营养缺乏的最低摄取量，上限值是预防慢性疾病的摄取量上限。

表 4－3　成人热量和蛋白质的推荐摄入量及碳水化合物和脂肪供能比

体力活动	热量 RNI（卡）		蛋白质 RNI（克）		碳水化合物占热量百分比（%）	脂肪占热量百分比（%）
	男	女	男	女		
轻度体力劳动	2075	1688	65	55	50～65	20～30
中度体力劳动	2400	1963	65	55	50～65	20～30
重度体力劳动	2900	2375	65	55	50～65	20～30

资料来源：《中国居民膳食营养素参考摄入量（2017）》

1995～2020 年，我国城市居民碳水化合物供能比呈现先降后升的发展趋势，农村居民碳水化合物供能比总体呈现下降趋势（见图 4－1）。城市居民的碳水化合物供能比 1995 年略高于 WHO 建议的供能比下限值（55%），2000 年下降但高于膳食指南中建议的 50% 水平，虽然 2005 年开始城市居民的碳水化合物供能比逐年上升，但始终低于 WHO 建议的供能比下限值。农村居民的碳水化合物供给热量的比例下降幅度较大，1995 年农村居民碳水化合物供能比为 71%，在 WHO 标准范围内，但高于膳食指南中建议的 65%，之后农村居民的碳水化合物供能比一直下降，至 2020 年农村居民碳水化合物供能比同时在 WHO 和膳食指南规定的标准范围内。

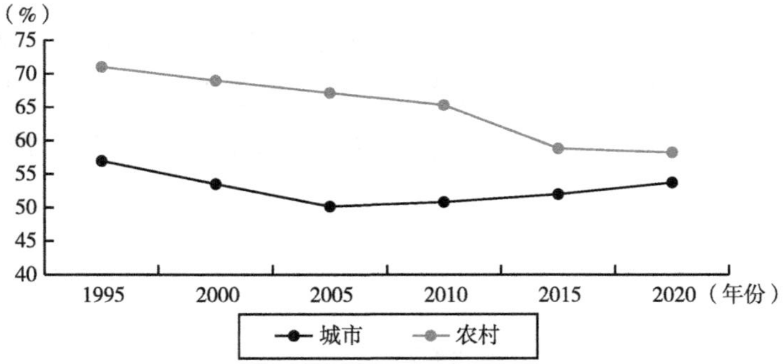

图 4－1　1995～2020 年中国城乡居民碳水化合物供能比的变化趋势

1995～2020年，城乡居民蛋白质供能比比较稳定，整体均超出了WHO的推荐范围（见图4－2）。1995～2020年，中国城市居民脂肪供能比呈现先升后降的变化趋势，农村居民的脂肪供能比总体呈上升趋势（见图4－3）。至2020年，城市居民脂肪供能比达到32.5%，超出WHO和膳食指南的推荐范围，农村居民脂肪供能比达到29.2%，尚处于WHO和膳食指南的标准范围内，但按照目前的增速，也将超出标准范围。可见我国居民脂肪摄入水平偏高，增长趋势的发展速度令人担忧。

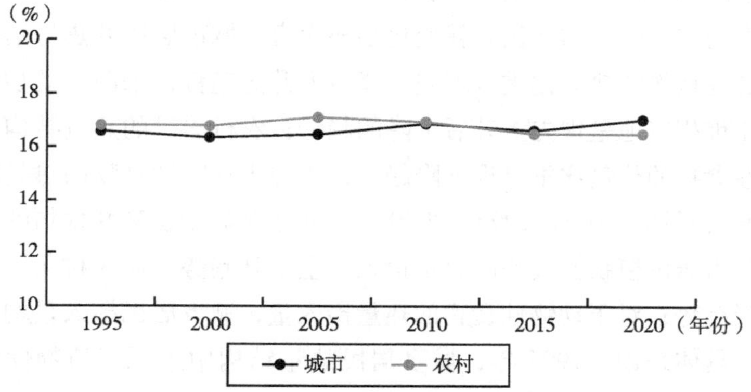

图4－2　1995～2020年中国城乡居民蛋白质供能比的变化趋势

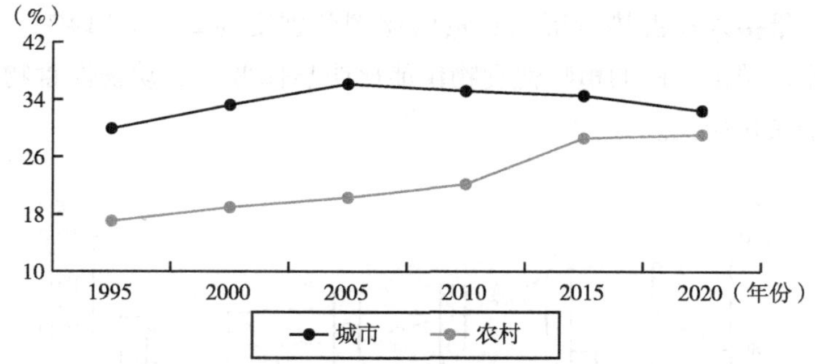

图4－3　1995～2020年中国城乡居民脂肪供能比的变化趋势

4.2　中国城乡居民营养结构的变化趋势

为了进一步考察热量、蛋白质和脂肪的动物性和植物性的来源，本节根据食物成分表中的各类食物的营养成分进行折算。首先，需要对食物进行分类，根据来源不同，可以将食物划分为植物性食物和动物性食物。植物性食物包括谷物、薯类、豆类、蔬菜、水果、植物油脂等；动物性食物主要包括各种畜禽肉类、水产品、蛋类、奶类、动物油脂等。其次，利用《食物成分表》将食物摄入量换算成营养素摄入量。延续第3章的研究对象，本章选取进行食物和营养素折算的食物品种包括谷物、豆类、蔬菜、水果、畜禽肉类、奶类、蛋类和水产品。

4.2.1 热量结构

从中国城乡居民的热量结构看，来源于植物性食物的热量在城乡居民的膳食中均占有较大的比例。就变化趋势而言，城市居民的热量结构中来源于植物性食物的热量比重呈现先下降后上升的趋势，来源于动物性食物的热量比重相应地呈现先上升后下降的趋势；农村居民的热量结构中来源于植物性食物的热量比重呈现下降趋势，来源于动物性食物的热量比重则逐年递增（见图4-4）。1995~2020年，对于来源于植物性食物的热量摄入量，城市居民植物性食物的热量摄入量呈上升趋势，而农村居民的摄入量呈下降趋势；对于动物性食物的热量摄入量，城乡居民摄入量均呈现上升趋势。具体来说，1995年，城乡居民热量结构中来源于植物性食物的热量摄入量占热量摄入总量的比例分别是84%和96%，到2020年，两者比例分别变为77%和86%，相应地，城乡居民热量结构中来源于动物性食物的热量摄入量占热量摄入总量的比例分别变为23%和14%。与农村居民相比，城镇居民的植物性食物供能比明显偏低，而动物性食物供能比显著高于农村居民。

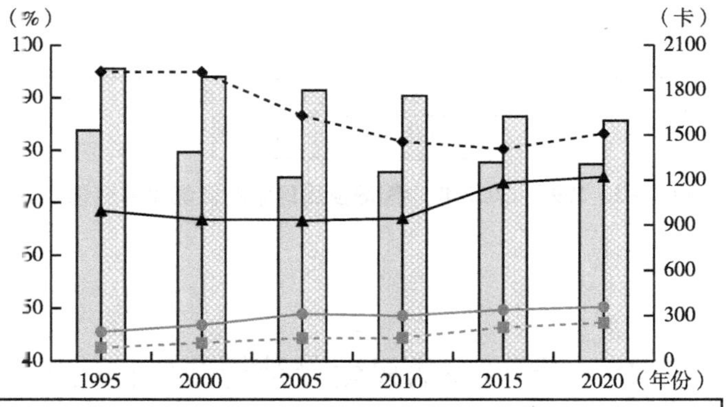

图4-4 1995~2020年中国城乡居民热量结构的变化趋势

4.2.2 蛋白质结构

从蛋白质的结构看，植物性食物仍是我国城乡居民蛋白质的主要来源，但随着动物性食物摄入量的提高，蛋白质的动物性食物来源的比例逐渐增加（见图4－5）。1995～2020年，城市和农村居民动物性蛋白质摄入量都在增加，城市居民植物性蛋白质摄入量增加而农村居民呈现下降的趋势。具体来说，1995年，城市居民动植物性蛋白质摄入量占蛋白质摄入总量的比例分别是32%和68%，农村居民动植物性蛋白质摄入量占蛋白质摄入总量的比例分别是9%和91%，到2020年，城市居民蛋白质摄入量中两者比例分别变为41%和59%，农村居民变为28%和72%。城市居民来源于动植物蛋白质的摄入量接近1∶1的比例，与农村居民相比，城镇居民的蛋白质构成中植物性食物比重显著低于农村，而动物性食物比重显著高于农村。尽管农村居民来源于动物性食物的蛋白质比重显著增加，但农村居民的动植物蛋白质摄入量仍严重失衡。

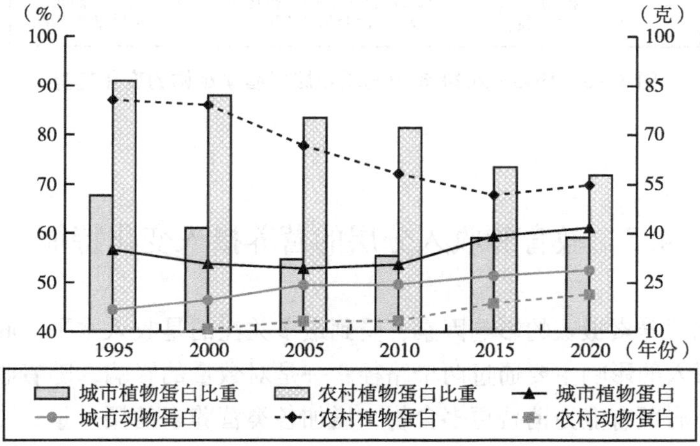

图4－5 1995～2020年中国城乡居民蛋白质结构的变化趋势

4.2.3 脂肪结构

从脂肪的食物来源构成看，植物性食物是我国城乡居民脂肪的主要来源，但占比呈现下降趋势（见图4－6）。1995～2020年，城市和农村居民动植物性脂肪摄入量均呈上升趋势，且增幅较大。具体来说，城市居民动物性脂肪摄入量从1995年的13.12克增长至2020年的23.01克，涨幅达75.4%；农村地区居民动物性脂肪摄入量从1995年6.33克增加至2020年的17.21克，涨幅达172.1%。就动植物性脂肪占比而言，城市居民来源于植物性食物的脂肪占比从1995年的68%下降至2020年的62%；来源于动物性食物的脂肪占比从32%增长至38%，增长了6个百分点。农村居民来源于植物性食物的脂肪占比从1995年的84%下降至2020年的71%；而来源于动物性食物的脂肪占比则从16%增加至29%，增加了13个百分点。因此农村居民动物性脂肪占比增加最为显著。

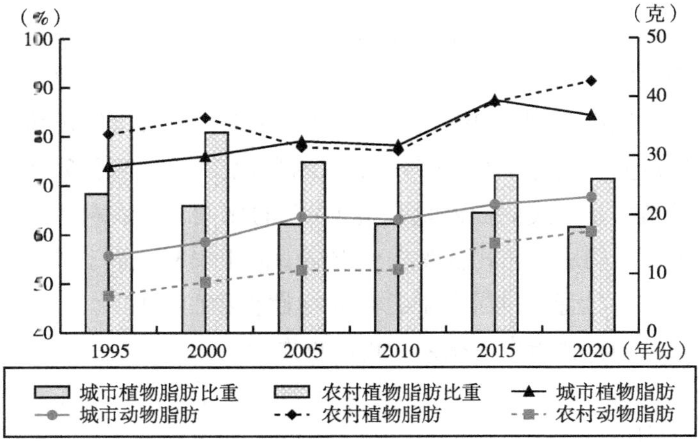

图4-6　1995～2020年中国城乡居民脂肪结构的变化趋势

4.3　教育和收入分层的营养摄入变化特征

研究营养素摄入的影响因素，受到最多关注的是收入水平。收入对居民营养摄入的影响主要通过两个路径：一是对数量的影响，随着收入水平的提高，居民有能力消费更多食物，增加各类营养素的摄入量；二是对结构的影响，居民消费食物的预算约束放松，对食物的关注因素可能转向口感和档次等，对加工程度高、价格水平高的享受型食物消费倾向更大，但是这些食物很可能营养价值与原来相同甚至有可能比原来低，如西式快餐、油炸食品等，不一定是对健康有利的食物。因此，收入提高未必会带来营养状况的改善（刘扬、邹伟，2011）。

本章选取教育水平作为影响营养素摄入的另一个重要因素。食物是最重要的外环境因素，是机体与外环境物质能量交换的主要渠道，对健康有至关重要的影响，当体内出现营养素缺乏、过剩或比例不适当等原因时，就可能引起各种慢性疾病和健康损伤，而教育水平高的消费者更清楚这种膳食和疾病相关关系（Teisl et al.，1999）。有关提倡合理膳食、减少与膳食有关疾病的营养信息日益增多。不论是大众媒体层面的广播电视节目，还是政府层面出版的膳食指南，包装食品强制的食品营养标签和健康声称，都是重要的营养健康信息来源，这些信息可以改变消费者的食物消费行为，促进合理膳食。但是大众对营养健康信息的接收和使用具有异质性，重要的影响因素是教育水平，它影响信息的搜寻、理解和应用能力，两者呈现明显的正相关关系（Barreiro-Hurlé et al.，2010）。因此本章假设教育水平和膳食知识以及营养健康信息的搜寻和理解能力正相关，利用教育水平作为“信息效率”的代理变量，分析教育水平对个人营养素摄入的影响，从营养摄入的角度捕捉教育对膳食改善的证据。本节研究继续使用CHNS个人膳食调查数据，根据《食物成分表》，将食物消费量转换为营养素摄入量，选取与健康息息相关的热量、脂肪、蛋白质、碳水化合物、膳食纤维和胆固醇进行分析。

4.3.1 教育分层下营养素摄入量的变化特征

首先，对教育水平与主要营养素摄入量的关系展开基本描述（见表4－4）。随着教育水平的提高，我国居民对蛋白质和脂肪的摄入量均呈现出增加的趋势，对热量的摄入量呈现出减少的趋势。与收入分层情况类似的是，教育水平与来源于动物性食物和植物性食物的营养素之间的关系并不完全相同。从表4－4可以看出，来源于植物性食物的热量和蛋白质的摄入量随着教育水平的提高表现出减少的趋势，而来源于植物性食物的脂肪摄入量随着教育水平提高表现出增加的趋势。因此，随着教育水平的提高，来源于动物性食物的主要营养素摄入量普遍增加。

表4－4　　　　教育水平与主要营养素摄入量的关系

年份	教育分层	植物热量（千卡）	动物热量（千卡）	植物蛋白质（克）	动物蛋白质（克）	植物脂肪（克）	动物脂肪（克）
1997	小学及以下	1818.75	230.49	54.95	15.06	10.23	18.13
	初中	1800.29	316.07	54.96	20.96	10.92	24.72
	高中	1558.82	415.79	48.38	28.97	10.17	31.73
	本科及以上	1538.92	353.46	48.28	23.04	11.34	27.63
2000	小学及以下	1710.92	267.11	52.61	16.88	10.69	21.20
	初中	1726.14	356.53	53.19	23.24	11.61	27.92
	高中	1566.82	459.22	48.30	31.44	12.25	35.01
	本科及以上	1496.54	429.59	45.38	29.48	9.64	32.68

续表

年份	教育分层	植物热量（千卡）	动物热量（千卡）	植物蛋白质（克）	动物蛋白质（克）	植物脂肪（克）	动物脂肪（克）
2004	小学及以下	1679.81	259.08	50.88	17.60	10.68	19.74
	初中	1675.96	341.37	51.08	23.42	11.82	25.83
	高中	1494.83	418.59	46.43	30.28	11.53	30.76
	本科及以上	1339.81	437.57	42.06	35.64	11.82	29.07
2006	小学及以下	1619.62	300.18	48.47	19.74	10.26	22.97
	初中	1556.26	380.25	47.20	25.04	11.79	28.84
	高中	1412.77	418.43	43.23	29.29	11.82	30.59
	本科及以上	1313.37	507.26	39.39	38.95	12.90	35.00
2009	小学及以下	1477.04	329.91	44.93	21.39	10.09	25.23
	初中	1498.24	384.37	46.26	26.20	11.23	28.67
	高中	1329.09	426.06	41.07	31.08	11.40	30.21
	本科及以上	1295.17	494.90	39.52	37.73	12.43	34.24
2011	小学及以下	1240.63	301.47	39.43	20.42	9.69	22.47
	初中	1230.76	379.94	39.74	26.93	11.74	27.67
	高中	1078.27	444.78	35.03	32.80	11.97	31.36
	本科及以上	947.15	467.63	30.25	36.75	11.32	31.26

注：本章选取进行食物和营养成分折算的食物品种包括：谷物、豆类、蔬菜、水果、畜禽肉类、奶类、蛋类和水产品，所以各类总量小于 CHNS 汇报数值。

4.3.2 收入分层下营养素摄入量的变化特征

利用 1997～2011 年 CHNS 平均数据，就收入与主要营养素摄入量的关系展开描述性统计分析。随着家庭人均收入的增加，我国居民对蛋白质和脂肪的摄入量均呈现出增加的趋势，对热量的摄入量呈现减少趋势。收入与来源于动物性食物和植物性食物的营养素之间的关系并不完全相同。从表 4－5 可以看出，随着收入水平的提高，消费者摄入来源于植物性食物的热量和蛋白质表现出减少的趋势，而摄入来源于植物性食物的脂肪增加，但是增加幅度较小而且有一定波动性。因此，随着收入的增长，来源于动物性食物的主要营养素表现出增长趋势，而且增长幅度较为明显。

表4－5　　　　　　收入水平与主要营养素摄入量的关系

年份	收入分层	植物热量（千卡）	动物热量（千卡）	植物蛋白质（克）	动物蛋白质（克）	植物脂肪（克）	动物脂肪（克）
1997	低等收入	1953.91	155.00	59.34	9.99	10.83	12.23
	中低收入	1921.34	221.99	58.34	14.21	10.70	17.43
	中等收入	1737.74	305.12	51.92	19.79	9.59	24.11
	中高收入	1672.27	345.45	51.42	23.83	10.45	26.48
	高等收入	1545.43	442.17	47.83	30.80	10.85	33.76
2000	低等收入	1831.84	203.95	55.25	13.00	10.29	16.12
	中低收入	1763.56	277.94	53.47	17.54	10.70	22.04
	中等收入	1686.21	358.92	51.77	22.10	11.04	28.79
	中高收入	1591.63	393.26	49.53	26.04	11.72	30.45
	高等收入	1508.76	482.86	47.35	33.13	12.11	36.62
2004	低等收入	1774.59	197.75	53.49	12.72	10.23	15.44
	中低收入	1748.24	276.23	52.08	18.84	10.83	21.18
	中等收入	1684.95	331.14	51.43	22.40	11.96	25.32
	中高收入	1522.75	382.11	47.14	26.50	11.88	28.63
	高等收入	1409.11	463.71	43.92	34.78	11.30	33.14
2006	低等收入	1687.28	262.28	49.81	16.08	9.66	20.70
	中低收入	1662.60	295.44	48.89	19.50	10.15	22.58
	中等收入	1565.73	390.63	47.57	25.26	11.48	29.94
	中高收入	1375.52	425.65	42.15	29.81	11.50	31.22
	高等收入	1359.68	486.52	42.37	35.20	12.97	34.86
2009	低等收入	1526.36	292.49	46.36	18.40	10.44	22.78
	中低收入	1500.82	358.28	45.69	23.57	10.19	27.35
	中等收入	1470.43	391.21	44.61	26.13	10.71	29.75
	中高收入	1360.83	403.81	42.02	28.78	11.18	28.94
	高等收入	1351.35	446.69	42.33	33.00	12.06	31.50
2011	低等收入	1291.18	278.25	40.72	18.39	9.38	21.22
	中低收入	1244.76	341.97	39.10	23.80	10.71	25.39
	中等收入	1168.53	398.45	37.72	28.52	11.64	28.46
	中高收入	1101.35	428.17	36.06	31.52	11.64	30.10
	高等收入	1055.35	454.55	34.73	34.06	12.24	31.45

注：本章选取进行食物和营养成分折算的食物品种包括：谷物、豆类、蔬菜、水果、畜禽肉类、奶类、蛋类和水产品，所以各类总量小于CHNS汇报数值。

4.3.3 教育和收入分层下营养结构的变化特征

根据营养学知识，来源于动物性的蛋白质是优质蛋白质，来源于植物性食物的脂肪是不饱和脂肪酸，如果优质蛋白质与不饱和脂肪所占比重有所增加，则说明蛋白质与脂肪两大营养素的内部结构趋于合理（刘华、胡雪枝，2013）。上述单因素描述性分析结果显示，就蛋白质摄入结构而言，随着收入和教育水平的提高，动物性蛋白质摄入量增加而植物性蛋白质摄入量减少，因此可以简单推断收入提高和教育水平提高对蛋白质结构改善都有正向影响。就脂肪摄入结构而言，随着收入和教育水平的提高，动物性脂肪和植物性脂肪的摄入量都增加，因此收入、教育水平提高对脂肪结构改善有待进一步分析。根据动物性蛋白质是优质蛋白质、植物性脂肪是优质脂肪，本节在收入和教育分层下，分析动物性食物提供蛋白质比和植物性食物提供脂肪比的变化特征。

4.3.3.1 收入、教育水平和动物性食物提供蛋白质比

从图4－7可见，在收入分层后，动物性食物供给蛋白质的占比因收入水平的改善不断增加，但增长的速率呈放缓趋势。经教育分层后，由动物性食物供给的蛋白质比重随消费者受教育水平的提高而逐渐上升，但上升的速率在不同学历范围内有所差异，相较于初中以下学历，在初中以上学历范围内，优质蛋白质比重的增速明显更快。因此，收入改善及教育水平提高都会促进蛋白质内部结构的优化。

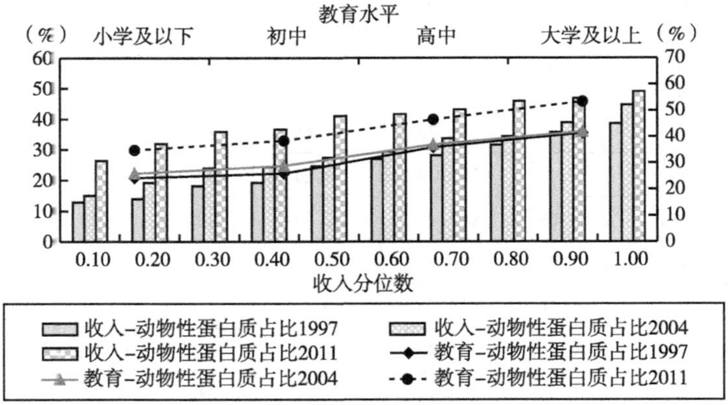

图4－7 收入、教育水平与蛋白质结构的关系

4.3.3.2 收入、教育水平和植物性食物提供脂肪比

从图4－8可见，经收入分层后，植物性食物供给的脂肪占比随收入水平上升而呈下降趋势，但下降的速率放缓。经教育分层后，植物性食物

供给的脂肪占比随着教育水平的提高呈现先降后升的变化趋势。1997 年，植物性脂肪的比重呈现明显的下降趋势，在小学及以下、初中、高中和本科及以上范围内的占比分别为 47%、39%、28% 和 26%，而 2004 年，植物性脂肪的比重在高中及以上学历范围内呈上升趋势，至 2011 年，植物性脂肪占比在四个学历层次范围内的比重分别为 36%、28%、25% 和 29%，呈现明显的先降后升的变化趋势。因此，收入水平的改善并不能对优化脂肪结构产生积极影响，反而会产生消极作用；消费者受教育水平的提高逐渐对改善脂肪内部结构产生正向影响，这一点在第 3 章食物消费的分析中已经可以预见。

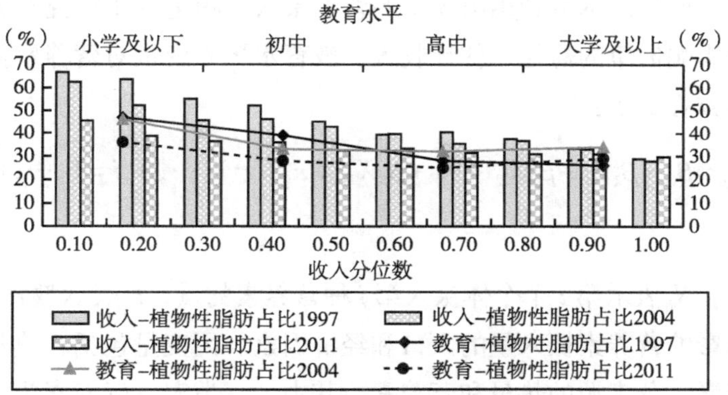

图 4–8　收入、教育水平与脂肪结构的关系

4.4　教育、收入对营养摄入的影响

经以上单因素分析发现，收入水平与动物性食物提供的蛋白质比重呈正相关关系，但与植物性食物提供的脂肪比重呈负相关关系；消费者受教育水平的提高有利于增加动物性蛋白质的占比，但与植物性脂肪的比重呈现先负相关再正相关的关系。然而，营养素摄入总量的增加不一定意味着营养结构得到了改善，关于收入水平和教育水平对营养结构改善的具体影响还有待深入研究，能影响营养素摄入量的其他因素也需要进一步分析。对此，本节通过实证研究寻求答案。

4.4.1　模型和变量

结构模型和缩减模型可用于估算营养素的需求弹性。结构模型假定食物和营养之间存在一个固定的转换因子，在估算出各类食物的需求弹性的基础上，利用转换因子推算出营养素需求弹性。这种估算方法存在内生性问题，因未考虑到营养成本的变动，估算出的营养素需求弹性往往偏高。缩减模型不存在上述内生性问题，估算时直接利用食物消费数据计算出营养素需求数据，再与相关解释变量进行回归，回归存在的偏误更小。因此，本节利用缩减模型实证分析收入、教育等变量对营养素需求的影响。

在 Becker 家庭生产函数模型下，消费者从市场上购买物品或服务，再结合自身时间生产出能发挥效用的消费品。在此模型下，营养素摄入就是消费者利用购买的食物和时间生产出的“消费品”，是健康生产函数中重要的投入变量。本节利用第 3 章的营养摄入方程进一步探究营养摄入视角下教育影响健康的途径，估计收入、教育水平等变量对营养素摄入的弹性，具体方程如下：

$$N_{ij} = \beta_0 + \beta_1 E_i + \beta_2 X_{i2} + \cdots + \beta_K X_{iK} + \varepsilon_{ij}, i = 1, \cdots, N, j = 1, \cdots, 10 \tag{4-1}$$

其中，N_{ij}表示第 i 个个体摄入第 j 种营养素的量，E 表示教育水平，X 表示其他影响营养素摄入量的人口和经济因素。因变量包括：热量，三类宏量营养素、分来源的热量和营养素。其中，三类宏量营养素为碳水化合物、蛋白质及脂肪，热量按来源分为动物性食物的热量和植物性食物的热量，蛋白质和脂肪也均按照植物性食物来源和动物性食物来源分类。模型自变量的定义和解释如表 4－6 所示。

表 4－6　　　中国城乡居民营养摄入模型的相关变量说明

变量	定义	赋值
个人特征：性别	女性＝1，男性＝0	0～1
年龄	18 岁及以上	18～100
婚姻状况	已婚＝1，未婚＝0	0～1
民族	汉族＝1，其他＝0	0～1
BMI	体重（kg）/身高^2（m）	13～68
体力劳动程度	轻度，中度，中度（参照）	0～1
受教育年数		0～19
家庭特征：家庭人均收入		0～395285
家庭规模	人/户	1～13
居住城乡	城镇＝1，农村＝0	0～1

续表

变量	定义	赋值
居住地区	北京、上海、江苏、山东、河南（对照）、湖北、湖南、广西、贵州、重庆、辽宁、黑龙江	0 ~ 1
城镇化指数	综合反映城镇化水平	1 ~ 106

4.4.2 主要营养素摄入量的影响因素分析

表4－7展示了利用CHNS1997－2011年城乡居民营养摄入数据估计出的各变量的弹性，热量、碳水化合物、蛋白质和脂肪的需求收入弹性分别是0.0005、－0.0098、0.0119和0.0088，除对热量的影响不显著外，收入对碳水化合物、蛋白质和脂肪的摄入量均有显著影响，说明收入水平显著影响营养素摄入弹性。具体来看，脂肪的收入弹性最大，热量、碳水化合物和蛋白质均缺乏收入弹性。

热量、碳水化合物、蛋白质和脂肪的需求教育弹性分别是－0.0119、－0.0282、0.0199和0.0394，且均在统计意义上显著，说明居民受教育水平显著影响营养素摄入弹性。个体受教育水平的提高对热量和碳水化合物摄入量的影响显著为负，对蛋白质和脂肪摄入量的影响显著为正，可能是因为受教育水平高的居民营养健康意识更强，更注重营养结构的合理性，偏好控制热量摄入水平并提高对蛋白质的摄入量。在人均收入水平一定的情况下，家庭规模对居民热量摄入量、蛋白质摄入量和脂肪摄入量的影响均显著为负，原因可能是家庭内部的年龄结构因家庭规模的增大而更复杂，鉴于家庭食物具有公共品的性质，需要满足整个家庭成员饮食需求，反而在一定程度上抑制了个体对营养素的摄入量。

个体的饮食偏好和食物消费数量均受自身体质影响，有研究发现，从长期看体重状况应与热能的摄取呈正相关关系。然而，因体重状况难以被观测，多数研究忽视了体重状况的影响，使营养收入弹性的估计结果存在误差。为提高估计结果的准确性，本章以个体BMI指数代表体重状况作为控制变量，BMI指数的回归系数显著为正，说明BMI对蛋白质摄入量和脂肪摄入量有积极影响。回归结果显示，性别、年龄和体力劳动强度的变化也会影响个体的营养素摄入量。其中，相较于男性，女性对热量、碳水化合物、蛋白质和脂肪的摄入量显著较低；年龄的升高对各类营养素的摄入量也具有负向影响，尤其降低了个体对热量的摄入水平，这也符合传统观点“老来瘦”的养生理念；体力劳动强度显著影响个体对热量、碳水化合物和蛋白质的摄入量，尤其抑制了个体对能量供给主要来源——碳水化合物的摄入量。

与社会经济发展密切相关的城镇化指数对居民营养素摄入量也具有显著影响。城镇化指数对热量和碳水化合物的摄入量具有显著的负影响，对脂肪摄入量的影响显著为正。从地区来看，相较于农村地区居民，城镇居民摄入的蛋白质和脂肪更多，也侧面印证了城镇化水平对个体蛋白质、脂肪摄入量的积极影响。鉴于地区间文化背景、消费习惯等存在差异，所有模型都对地区变量予以控制。

表 4-7　主要营养素摄入量的变量弹性值

变量	热量	碳水化合物	蛋白质	脂肪
女性	-0.0909*** (0.0044)	-0.0817*** (0.0020)	-0.0820*** (0.0022)	-0.0788*** (0.0137)
年龄	-0.2209*** (0.0128)	-0.1870*** (0.0075)	-0.1568*** (0.0087)	-0.0524 (0.0355)
已婚	0.0255*** (0.0083)	0.0196*** (0.0044)	0.03934*** (0.0049)	0.0191 (0.0271)
汉族	0.0004 (0.0057)	0.0062 (0.0055)	0.0302*** (0.0055)	-0.0255** (0.0120)
BMI	0.0198 (0.0217)	0.0029 (0.0121)	0.0934*** (0.0151)	0.1015* (0.0630)
体力劳动_轻度	-0.0251*** (0.0027)	-0.0555*** (0.0023)	-0.0135*** (0.0025)	-0.0005 (0.0057)
体力劳动_中度	-0.0066*** (0.0010)	-0.0162*** (0.0008)	-0.0041*** (0.0009)	-0.0003 (0.0021)
受教育年数	-0.0119* (0.0064)	-0.0282*** (0.0045)	0.0199*** (0.0047)	0.0394*** (0.0158)
家庭人均收入	0.0005 (0.0023)	-0.0098*** (0.0015)	0.0119*** (0.0019)	0.0088* (0.0051)
家庭规模	-0.0494*** (0.0070)	-0.0071 (0.0050)	-0.0290*** (0.0051)	-0.1163*** (0.0163)
城镇	0.0021 (0.0029)	-0.0161*** (0.0015)	0.0189*** (0.0019)	0.0165* (0.0091)
城镇化指数	-0.0668*** (0.0131)	-0.2232*** (0.0089)	0.0052 (0.0088)	0.2595*** (0.0321)
样本量	38306	38306	38306	38306

注：①本表汇报的是随机效应模型的弹性估计结果；②*、**、***分别表示10%、5%和1%的显著性水平；③括号内为聚类稳健标准差。

4.4.3 主要营养素摄入结构的影响因素分析

家庭的食物消费能力受家庭收入水平的约束，随着收入水平的提高，居民食物消费时的可选择性增强，食物消费的结构也随之变化，进而影响了营养摄入的结构。

表4-8展示了主要营养素摄入结构的变量弹性值，收入水平对各类营养素摄入量均具有显著影响，但各类营养素的收入弹性依旧较低，且来源于植物性食物的营养素收入弹性要普遍低于来源于动物性食物的营养素收入弹性，说明消费者对动物性食物的消费需求受收入水平影响的力度更大，来源于动物性食物的营养素对收入的变化也更敏感。具体来看，来源于植物性食物的热量摄入量的收入弹性显著为负，而来源于动物性食物的收入弹性显著为正，说明收入改善利于增加从动物性食物中摄入的热量，抑制了从植物性食物中摄取的热量水平；就蛋白质营养素而言，植物性蛋白质的收入弹性为-0.0153，动物性蛋白质的收入弹性为0.0412，说明动物性蛋白质的摄入量随收入水平的提高而显著增加，即优质蛋白质的占比逐渐上升，蛋白质的结构得以优化；与热量和蛋白质不同，收入水平的提高同时增加了来源于植物性食物和动物性食物脂肪的摄入量，两者的收入弹性分别是0.01和0.0226，说明相较之下，动物性食物脂肪的摄入量对收入的变化更敏感，动物性食物提供的脂肪占比也因此上升，所以收入改善对优化脂肪结构具有一定的负向影响。

表4-8　　主要营养素摄入结构的变量弹性值

变量	植物性热量	动物性热量	植物性蛋白质	动物性蛋白质	植物性脂肪	动物性脂肪
女性	-0.0802*** (0.0024)	-0.0865*** (0.0047)	-0.0782*** (0.0026)	-0.0821*** (0.0049)	-0.0807*** (0.0059)	-0.0934*** (0.0053)
年龄	-0.1809*** (0.0086)	-0.1877*** (0.0178)	-0.1443*** (0.0094)	-0.1801*** (0.0205)	-0.0947*** (0.0201)	-0.2160*** (0.0198)
已婚	0.0287*** (0.0050)	0.0662*** (0.0105)	0.0242*** (0.0055)	0.0901*** (0.0105)	0.0361*** (0.0120)	0.0582*** (0.0120)
汉族	0.0185*** (0.0063)	-0.0507*** (0.0140)	0.0608*** (0.0068)	-0.0063 (0.0129)	0.0710*** (0.0130)	-0.0739*** (0.0166)
BMI	0.0125 (0.0145)	0.1992*** (0.0384)	0.0313** (0.0160)	0.2105*** (0.0356)	0.1805*** (0.0404)	0.2113*** (0.0418)

续表

变量	植物性热量	动物性热量	植物性蛋白质	动物性蛋白质	植物性脂肪	动物性脂肪
体力劳动_轻度	-0.0611 *** (0.0026)	0.0510 *** (0.0051)	-0.0576 *** (0.0029)	0.0556 *** (0.0052)	-0.0425 *** (0.0061)	0.0492 *** (0.0058)
体力劳动_中度	-0.0176 *** (0.0009)	0.0148 *** (0.0018)	-0.0162 *** (0.0010)	0.0146 *** (0.0018)	-0.0089 *** (0.0023)	0.0151 *** (0.0021)
受教育年数	-0.0341 *** (0.0052)	0.1070 *** (0.0107)	-0.0311 *** (0.0056)	0.1249 *** (0.0123)	0.0207 * (0.0129)	0.0882 *** (0.0119)
家庭人均收入	-0.0158 *** (0.0017)	0.0321 *** (0.0037)	-0.0153 *** (0.0019)	0.0412 *** (0.0044)	0.0100 ** (0.0045)	0.0226 *** (0.0039)
家庭规模	-0.0065 (0.0057)	-0.0937 *** (0.0110)	0.0009 (0.0063)	-0.0933 *** (0.0116)	-0.0553 *** (0.0125)	-0.0890 *** (0.0127)
城镇	-0.0189 *** (0.0017)	0.0687 *** (0.0038)	-0.0119 *** (0.0019)	0.0804 *** (0.0040)	0.0139 *** (0.0045)	0.0613 *** (0.0042)
城镇化指数	-0.2109 *** (0.0101)	0.4126 *** (0.0196)	-0.2096 *** (0.0107)	0.4637 *** (0.0205)	0.0991 *** (0.0235)	0.3790 *** (0.0219)
样本量	38306	38306	38306	38306	38306	38306

注：①本表汇报的是随机效应模型的弹性估计结果；②*、**、*** 分别表示 10%、5% 和 1% 的显著性水平；③括号内为聚类稳健标准差。

教育水平对来源于动植物性食物的营养素摄入量的影响方向与收入水平一致，说明其他因素不变的情况下，教育水平的提高也会促使消费者更偏好消费动物性食物。具体而言，消费者受教育水平的提高减少了来源于植物性食物的热量并增加了来源于动物性食物的热量；利于提高优质蛋白质在总蛋白质摄入量的占比，优化蛋白质的结构。由于教育对营养摄入的改善作用可能需要在一定的摄入水平或教育水平上才能显现（Variyam，2003），对于教育对脂肪结构是否有改善作用还需深入研究。

性别、年龄、家庭规模、BMI 指数等变量对个体营养素结构的影响与对主要营养素摄入量的影响总体一致，而体力劳动强度和城镇化水平对个体营养素结构的影响与对主要营养素摄入量的影响存在差异。随着体力劳动强度的增加，个体倾向于选择来源于植物性食物的营养素，减少了对来源于动物性食物营养素的需求，可能是因为谷物等植物性食物含有丰富的供能营养素——碳水化合物，更能满足高劳动强度者对能量的需求。由于体力劳动强度对来源于植物性食物的热量和蛋白质的影响显著为负，且比对来源于动物性食物的热量和蛋白质的影响要大，所以体力劳动强度对热量和蛋白质的需求弹性总体为负值。城镇化水平的提高减少了消费者对来源于植物性食物的热量和蛋白质的摄入量，增加了对来源于动物性食物的热量和蛋白质的摄入量，而植物性食物在总热量中的占比更大，所以城镇化水平提高对总热量摄入的抑制作用主要是由于消费者对植物性食物热量需求的减少。

4.5 基于分位数回归的进一步分析

本节继续分析教育水平对营养素摄入量的影响。上述研究和已有大部分研究在估计教育对营养素摄入量的影响时，往往假设教育对营养素摄入的影响在整个摄入量分布上是同质的。本节在估计影响时放松上述假设，在营养素摄入量的不同分位数上估计变量的边际影响，并判断在不同分位数上教育水平的边际影响是否相同。

由于不同的营养素摄入水平对应的健康风险也不同，较低或较高的营养素摄入水平下，个体摄入的营养素含量也可能不足或偏高，健康风险也相对更高，因此在营养素摄入量的不同分位数上估计教育的边际影响很有意义。表4－9展示了不同分位数上主要营养素的摄入量，可见各营养素在不同分位数上的摄入量存在较大差异。根据《中国居民膳食营养素摄入参考量》（2011年版）中推荐的标准摄入量，轻度体力劳动者中男性热量摄入的标准是2400千卡，女性则是2100千卡，在50分位数的位置，热量摄入量在标准范围内，但在低分位数和高分位数的位置上，热量摄入存在明显的过低或过高现象，蛋白质的摄入量也存在类似情况。可见，分位数回归相比均值回归更能全面地反映教育水平等因素对营养素摄入量的边际影响。为重点刻画教育水平等社会经济变量在不同营养素分布水平上的边际影响，本节采用分位数回归的方法进行分析，以探究特征变量对营养素摄入影响的结构性。

表4－9 1997～2011年不同分位数的主要营养素摄入量描述性统计

年份	营养素	摄入量分位数					均值
		10	25	50	75	90	
1997	热量	1609.42	1921.78	2306.65	2743.59	3206.61	2378.28
	脂肪	26.69	40.41	60.16	85.60	113.58	67.49
	蛋白质	44.85	55.04	67.58	83.11	99.57	70.74
	膳食纤维	5.63	7.24	10.22	15.18	22.23	12.78
	胆固醇	0.00	40.00	175.50	364.33	579.25	239.80

续表

年份	营养素	摄入量分位数					均值
		10	25	50	75	90	
2000	热量	1510.01	1834.76	2235.93	2685.45	3144.34	2295.46
	脂肪	29.73	45.49	66.30	94.20	124.15	73.17
	蛋白质	42.47	52.00	65.23	80.44	97.35	68.10
	膳食纤维	5.38	7.22	10.11	14.93	21.72	12.70
	胆固醇	0.00	63.33	198.75	390.50	629.08	274.05
2004	热量	1450.55	1784.13	2196.20	2651.35	3113.80	2258.31
	脂肪	27.65	43.81	65.38	91.66	121.55	71.39
	蛋白质	40.91	51.18	64.63	81.01	98.91	68.37
	膳食纤维	5.48	7.28	9.89	13.95	19.72	11.78
	胆固醇	0.00	80.00	219.00	409.50	641.17	288.31
2006	热量	1415.56	1758.80	2173.06	2641.58	3142.25	2235.10
	脂肪	29.42	45.70	68.53	95.33	123.50	73.79
	蛋白质	40.13	50.75	64.68	81.47	99.39	67.93
	膳食纤维	5.46	7.29	10.09	14.06	19.10	11.78
	胆固醇	26.67	110.67	248.24	431.77	638.70	307.55
2009	热量	1415.17	1725.40	2125.17	2567.42	3033.98	2185.10
	脂肪	34.72	50.74	70.40	95.33	121.47	76.32
	蛋白质	41.69	51.21	64.07	80.16	97.06	67.31
	膳食纤维	5.60	7.42	10.04	13.82	19.36	11.77
	胆固醇	46.67	131.93	260.70	430.67	625.00	309.95
2011	热量	1176.08	1476.23	1861.51	2324.16	2841.45	2003.60
	脂肪	32.77	47.74	67.07	91.27	118.42	79.01
	蛋白质	38.24	48.56	62.19	78.25	95.66	65.62
	膳食纤维	5.41	7.60	10.85	15.17	20.73	12.29
	胆固醇	48.00	128.67	255.00	422.23	610.50	305.92

4.5.1 分位数回归原理

营养素摄入的两端容易出现营养摄入不足或过量的问题，存在较高的健康风险，使用传统的 OLS 回归方法则难以分析出各因素对营养素摄入分布的影响。Koenker 和 Bassett（1978）提出的分位数回归方法能在考虑个体差异的基础上识别出差异分布，进而获得对各特征变量影响的结构性认识，避免了上述问题。分位数回归假设因变量条件分布的分位数是自变量的线性函数，进而构造因变量的分位数回归，估算出教育水平等自变量对营养素摄入在不同分位数上的影响，得出更深入且全面的分析结果。

为表示在给定 X 的情况下，营养素摄入量与分位点 θ 对应的条件分位数，本章建立如下分位数回归模型：$Quantil(N_i | X_i) = X_i\beta_\theta$，其中 X 为方程（4－1）中的自变量，β_θ为系数向量，通过最小化绝对离差来实现，即：

$$\beta_\theta = arg\ min\left\{ \sum_{i,Y_i \geqslant X_i\beta} \theta | N_i - X_i\beta | + \sum_{i,N_i < X_i\beta} (1-\theta) | N_i - X_i\beta | \right\} \tag{4－2}$$

Bootstrap 密集算法通过有放回的抽样方法获得样本的置信区间，进而得到参数的估计值，是常用于估计分位数回归方程系数β_θ的方法。本章选取因变量第 10 个、第 25 个、第 50 个、第 75 个和第 90 个百分位数进行回归，分别代表营养素摄入的低水平、中低水平、中等水平、中高水平和高水平。

4.5.2 面板数据模型的分位数回归方法

面板数据分位数回归将面板数据与分位数回归相结合来估计参数，兼有面板数据和分位数回归的优势，能更好地识别和度量出纯横截面数据和纯时间序列数据难以发现的影响因素，在因变量条件分布的不同分位点上分析各变量间的关系（李群峰，2011）。

考虑面板数据模型：

$$N_{it} = X_{it}'\beta_i + \mu_i + \varepsilon_{it}(\mathrm{i}=1,2,\cdots \mathrm{N};\mathrm{t}=1997,2000,\cdots,2011) \tag{4－3}$$

其中，i 代表不同的样本个体，t 代表不同时期，β_i为待估计参数，μ 表示随机误差项，ε_i代表不同样本不可观测的随机效应。采取分位数回归方法对于上述面板数据模型进行参数估计，需要建立条件分位数方程：

$$Quantil(\tau | \beta(\tau)) = X_i'\beta(\tau) + \mu \tag{4－4}$$

其中，$x_i' = (x_{1i}, x_{2i}, \cdots, x_{ki})'$为解释变量向量，$\beta(\tau) = (\beta_{1i}, \beta_{2i}, \cdots, \beta_{ki})'$是 τ 分位数下的系数向量。当 τ 在（0,1）上变动时，分位数回归在不同分位点上的参数估计值可通过求解加权绝对残差的最小化问题得到。最小化加权绝对残差的表达式为：

$$\hat{\beta} = \text{argmin}\left[\sum_{i=1}^{N} \rho_{\tau j}(N_i - X'_i\beta(\tau) - \alpha_i\right] \tag{4-5}$$

其中，$\rho_{\tau j}$为与各分位数相对应的权重。

4.5.3 实证结果

4.5.3.1 主要营养素摄入量的分位数回归分析

脂肪、膳食纤维和胆固醇与肥胖、高血压等慢性疾病息息相关，因而本节选取这三类营养素进行分位数回归。在不同的营养素摄入水平上，各变量发挥的作用也存在差异，分位数回归更能反映各变量对不同分布上营养素摄入的影响情况。

三种营养素在不同分位数上的收入弹性均显著为正，且缺乏弹性。相较于脂肪和膳食纤维，胆固醇的收入弹性更大，即收入的改善更能影响胆固醇的摄入量。脂肪和膳食纤维的收入弹性最大值分别为 0.0201 和 0.0242，均在 0.75 的分位数上达到最大值，但胆固醇的收入弹性最大值为 0.1573，在 0.1 分位数上达到最值。

性别对三类营养素的摄入量具有显著影响，且男性对脂肪、膳食纤维和胆固醇的摄入量要显著高于女性。对于脂肪和膳食纤维的摄入，性别导致的差异会随着分位数水平的提高而逐渐缩小，但性别导致的男女对胆固醇摄入量的差异会随着分位数水平的提高而增大。即男性和女性对脂肪和膳食纤维的摄入量在低分位数上差异最小，而对胆固醇的摄入量在高分位数上差异最小。年龄也是影响个体营养素摄入水平的重要因素。年龄的增加会降低各分位数上脂肪、膳食纤维和胆固醇的摄入量，但影响的程度存在差异，就脂肪和胆固醇的摄入量而言，年龄在中低分位数上的影响较大，而年龄对膳食纤维摄入的影响在中低分位数上显著为负，在高分位数上却无显著影响。

本节重点分析教育水平对营养素摄入的影响，假设教育通过改善膳食营养的摄入能对健康产生积极影响，那么理论上教育水平的提高能促进膳食纤维摄入量的增加，或者至少在低分位数水平上有正向影响；脂肪和胆固醇的摄入量应随个体受教育水平的提高而降低，或者至少在高分位数上教育水平对两者的摄入有负向的影响。从回归结果来看，虽然教育水平对膳食纤维摄入量在低分位数上的影响为正，但影响不显著；教育水平提高对脂肪和胆固醇摄入量有显著的正影响。虽然回归结果与理论假设不符，教育水平对脂肪和胆固醇摄入的正向作用随着分位数水平的提高被逐渐削弱，即在健康风险较高的摄入区域，教育水平提高对脂肪和胆固醇摄入的促进作用减弱。那么，教育水平对营养素摄入的调节作用是否具有“门槛”效果呢？为解决这一问题，有必要深入分析在教育动态变化下教育水平对营养素摄入量的边际影响。

表 4－10　　主要营养素摄入量分位数回归的变量弹性值

变量	脂肪摄入量分位数				
	0.1	0.25	0.5	0.75	0.9
女性	－0.0726*** (0.0068)	－0.0749*** (0.0045)	－0.0696*** (0.0032)	－0.0643*** (0.0035)	－0.0597*** (0.0038)
年龄	－0.0327 (0.0334)	－0.0688*** (0.0237)	－0.0809*** (0.0186)	－0.0603*** (0.0181)	－0.0364** (0.0198)
已婚	0.0403** (0.0189)	0.0246** (0.0121)	0.0222*** (0.0088)	0.0063 (0.0093)	－0.0059 (0.0111)
汉族	0.0197 (0.0356)	0.0253 (0.0300)	0.0290 (0.0211)	0.0358* (0.0218)	0.0206 (0.0200)
BMI	0.1073** (0.0513)	0.1123*** (0.0405)	0.1367*** (0.0287)	0.1379*** (0.0304)	0.0988*** (0.0244)
体力劳动_轻度	0.0182* (0.0114)	0.0069 (0.0088)	0.0035 (0.0064)	－0.0031 (0.0059)	－0.0033 (0.0061)
体力劳动_中度	0.0042 (0.0042)	0.0068** (0.0030)	0.0049** (0.0020)	0.0033* (0.0019)	0.0027 (0.0019)
受教育年数	0.0683*** (0.0205)	0.0449*** (0.0151)	0.0269** (0.0111)	0.0138 (0.0108)	0.0170* (0.0109)
家庭人均收入	0.0181** (0.0090)	0.0166*** (0.0045)	0.0183*** (0.0049)	0.0201*** (0.0068)	0.0110*** (0.0037)
家庭规模	－0.1171*** (0.0260)	－0.1075*** (0.0198)	－0.1028*** (0.0146)	－0.1049*** (0.0142)	－0.1042*** (0.0118)
城镇	0.0069 (0.0128)	0.0051 (0.0091)	0.0083 (0.0073)	0.0157*** (0.0066)	0.0167*** (0.0060)
城镇化指数	0.3570*** (0.0591)	0.3268*** (0.0442)	0.2516*** (0.0333)	0.1821*** (0.0339)	0.1559*** (0.0315)
R^2	0.0129	0.0132	0.0136	0.0132	0.0129

注：①本表汇报的是随机效应模型的弹性估计结果；②*、**、***分别表示10%、5%和1%的显著性水平；③括号内为标准差。

表 4 - 11　　主要营养素摄入量分位数回归的变量弹性值（续）

变量	膳食纤维摄入量分位数					胆固醇摄入量分位数				
	0. 1	0. 25	0. 5	0. 75	0. 9	0. 1	0. 25	0. 5	0. 75	0. 9
女性	-0. 0483 ***	-0. 0467 ***	-0. 0435 ***	-0. 0406 ***	-0. 0349 ***	-0. 0208 **	-0. 0467 ***	-0. 0515 ***	-0. 0574 ***	-0. 0591 ***
	(0. 0042)	(0. 0034)	(0. 0033)	(0. 0041)	(0. 0061)	(0. 0113)	(0. 0077)	(0. 0060)	(0. 0052)	(0. 0056)
年龄	-0. 0801 ***	-0. 0808 ***	-0. 0681 ***	-0. 0249	0. 0058	-0. 0949 *	-0. 1245 ***	-0. 0920 ***	-0. 0844 ***	-0. 0943 ***
	(0. 0229)	(0. 0206)	(0. 0210)	(0. 0225)	(0. 0369)	(0. 0601)	(0. 0407)	(0. 0360)	(0. 0298)	(0. 0236)
已婚	0. 0714 ***	0. 0621 ***	0. 0487 ***	0. 0281 ***	0. 0156	0. 1651 ***	0. 1321 ***	0. 0881 ***	0. 0857 ***	0. 0748 ***
	(0. 0117)	(0. 0093)	(0. 0102)	(0. 0100)	(0. 0146)	(0. 0303)	(0. 0185)	(0. 0161)	(0. 0134)	(0. 0135)
汉族	0. 0626 ***	0. 0930 ***	0. 1119 ***	0. 1335	0. 1324 ***	0. 1055 *	0. 1290 ***	0. 1562 ***	0. 1248 ***	0. 0882 ***
	(0. 0185)	(0. 0191)	(0. 0199)	(0. 0202)	(0. 0246)	(0. 0653)	(0. 0447)	(0. 0349)	(0. 0299)	(0. 0306)
BMI	0. 1647 ***	0. 2098 ***	0. 1885 ***	0. 1531	0. 1037 **	-0. 0506	0. 2184 ***	0. 2567 ***	0. 1985 ***	0. 2316 ***
	(0. 0392)	(0. 0309)	(0. 0294)	(0. 0379)	(0. 0532)	(0. 0947)	(0. 0716)	(0. 0518)	(0. 0467)	(0. 0510)
体力劳动_轻度	-0. 0738 ***	-0. 0646 ***	-0. 0666 ***	-0. 0702 ***	-0. 0658 ***	0. 1608 ***	0. 1275 ***	0. 0919 ***	0. 0591 ***	0. 0297 ***
	(0. 0083)	(0. 0070)	(0. 0069)	(0. 0073)	(0. 0099)	(0. 0245)	(0. 0168)	(0. 0135)	(0. 0103)	(0. 0106)
体力劳动_中度	-0. 0187 ***	-0. 0163 ***	-0. 0189 ***	-0. 0200 ***	-0. 0180 ***	0. 0350 ***	0. 0325 ***	0. 0287 ***	0. 0184 ***	0. 0110 ***
	(0. 0028)	(0. 0021)	(0. 0023)	(0. 0025)	(0. 0030)	(0. 0080)	(0. 0055)	(0. 0043)	(0. 0034)	(0. 0040)
受教育年数	0. 0156	0. 0059	-0. 0012	-0. 0026	0. 0003	0. 2817 ***	0. 2016 ***	0. 1546 ***	0. 0866 ***	0. 0501 ***
	(0. 0133)	(0. 0117)	(0. 0128)	(0. 0146)	(0. 0203)	(0. 0387)	(0. 0279)	(0. 0225)	(0. 0169)	(0. 0149)

续表

变量	膳食纤维摄入量分位数					胆固醇摄入量分位数				
	0. 1	0. 25	0. 5	0. 75	0. 9	0. 1	0. 25	0. 5	0. 75	0. 9
家庭人均收入	0. 0180 ** (0. 0082)	0. 0184 *** (0. 0035)	0. 0160 *** (0. 0042)	0. 0242 *** (0. 0040)	0. 0188 * (0. 0110)	0. 1573 *** (0. 0464)	0. 1069 *** (0. 0159)	0. 0698 *** (0. 0112)	0. 0461 *** (0. 0133)	0. 0311 *** (0. 0064)
家庭规模	-0. 0236 (0. 0164)	-0. 0373 ** (0. 0168)	-0. 0379 ** (0. 0176)	-0. 0128 (0. 0179)	-0. 0083 (0. 0348)	0. 0833 * (0. 0524)	-0. 0168 (0. 0307)	-0. 1347 *** (0. 0225)	-0. 1666 *** (0. 0195)	-0. 1678 *** (0. 0172)
城镇	0. 0031 (0. 0078)	0. 0037 (0. 0075)	0. 0060 (0. 0079)	0. 0081 (0. 0088)	0. 0161 (0. 0110)	0. 0791 ** (0. 0340)	0. 0569 *** (0. 0202)	0. 0337 *** (0. 0127)	0. 0205 ** (0. 0104)	0. 0286 *** (0. 0100)
城镇化指数	-0. 1087 ** (0. 0451)	-0. 1376 *** (0. 0402)	-0. 1358 *** (0. 0432)	-0. 1461 *** (0. 0508)	-0. 1282 ** (0. 0664)	1. 6142 *** (0. 1270)	1. 0772 *** (0. 0828)	0. 6215 *** (0. 0640)	0. 4354 *** (0. 0481)	0. 3044 *** (0. 0493)
R^2	0. 0215	0. 0222	0. 0234	0. 0246	0. 0251	0. 0977	0. 1035	0. 1084	0. 1094	0. 1061

注：①本表汇报的是随机效应模型的弹性估计结果；②*、**、***分别表示10%、5%和1%的显著性水平；③括号内为标准差。

4.5.3.2 教育水平动态变化的分位数回归分析

鉴于摄入量分布的两端存在较大的健康风险，有必要在不同分布的基础上深入分析教育动态变化下教育水平对营养素摄入的调节作用，这不仅利于证明条件均值回归可能存在低估或模糊结果的问题，也能发现教育的“门槛”效果。对此，本节分析教育动态变化下教育水平对营养素摄入的边际影响，假设教育水平和营养素摄入量具有非线性关系，在原始模型上加入教育水平的平方项：

$$N_{ij}=\beta_0+\beta_1E_i+\beta_2E_i^2+\beta_3X_{i2}+\cdots+\beta_{K+1}X_{iK}+\varepsilon_{ij},$$
$$i=1,\cdots,N,j=1,\cdots,M \tag{4-6}$$

依据此公式，教育水平对脂肪、膳食纤维和胆固醇的边际影响为 $\hat{\beta}_1+2\hat{\beta}_2E$，可以估算教育水平动态变化在不同分位数下对营养素摄入的边际影响。根据营养学知识，如果教育有利于改善膳食营养的摄入，那么脂肪摄入量、动物性脂肪摄入量以及胆固醇量均会随着个体受教育水平的提高而下降，植物性脂肪和膳食纤维的摄入量则随着教育水平的提高而增加。

从表 4-12 的结果可见，教育水平的提高对脂肪摄入量的影响呈现先正后负的态势。在 0.1 分位数上，教育水平对脂肪的摄入量没有显著影响，可能是因为低分位数上的脂肪摄入量尚未对健康造成威胁；在 0.25、0.5、0.75 和 0.9 分位数上，高中及以上学历有利于抑制个体对脂肪的摄入量；因为高分位数上的脂肪摄入过量，对健康的威胁更大，相同教育水平下，教育在高分位数上对脂肪摄入量的抑制作用要显著强于在中低分位数水平下的抑制作用。

从教育水平对脂肪摄入结构的影响来看，教育水平对植物性脂肪摄入的影响呈现由负转正的变化趋势，对动物性脂肪的影响变化则相反，且教育水平对动物性脂肪摄入的抑制作用更强。就植物性脂肪摄入而言，教育水平在低分位数上的正向作用不显著，在中高分位数上，初中及以上学历的范围内，植物性脂肪的摄入量随着教育水平的提高而增加。这可能是因为植物性脂肪在低分位数上存在的健康风险更高，此时教育的调节作用有限。从动物性脂肪摄入来看，教育水平在低分位数上没有产生消极影响，但在高分位数水平，教育水平的提高对动物性脂肪摄入量产生了显著的负向影响，且在初中及以上学历范围内，教育的边际影响随着分位数和教育水平的提高而逐渐加强。因此，教育水平对脂肪结构的影响主要表现为抑制了动物性脂肪的摄入，对植物性脂肪摄入的正向影响仍不十分明朗。

表 4-12　　教育水平动态变化对营养素摄入不同分布的边际影响

教育水平	因变量	摄入量分位数					因变量	摄入量分位数				
		0.10	0.25	0.50	0.75	0.9		0.10	0.25	0.50	0.75	0.9
小学	脂肪	0.3438***	0.3911***	0.3627***	0.3650***	0.3349***	膳食纤维	0.0093***	0.0034	-0.0177	-0.0264	-0.0348
		(0.1245)	(0.0967)	(0.1153)	(0.1476)	(0.1378)		(0.0084)	(0.0117)	(0.0190)	(0.0329)	(0.0663)
初中		0.1980*	0.0407	-0.0147	-0.1750	-0.0755		0.0135*	0.0112	0.0129	0.0300	0.0546
		(0.1546)	(0.0834)	(0.1300)	(0.1738)	(0.1924)		(0.0085)	(0.0124)	(0.0154)	(0.0329)	(0.0566)
高中		0.0522	-0.3097***	-0.3921**	-0.7150***	-0.4859*		0.0177	0.0190	0.0435**	0.0864**	0.1440*
		(0.2161)	(0.1210)	(0.1868)	(0.2454)	(0.3356)		(0.0149)	(0.0192)	(0.0233)	(0.0502)	(0.0959)
本科		-0.1422	-0.7769***	-0.8953***	-1.4350***	-1.0331**		0.0233	0.0294	0.0843**	0.1616**	0.2632*
		(0.3154)	(0.2014)	(0.2851)	(0.3658)	(0.5505)		(0.0254)	(0.0311)	(0.0403)	(0.0817)	(0.1685)
研究生		-0.2394	-1.0105***	-1.1469***	-1.7950***	-1.3067**		0.0261	0.0346	0.1047**	0.1992**	0.3228*
		(0.3681)	(0.2454)	(0.3378)	(0.4301)	(0.6608)		(0.0308)	(0.0374)	(0.0495)	(0.0986)	(0.2069)
小学	植物性脂肪	0.0000	-0.0155*	-0.0166	-0.0309	0.0027	胆固醇	1.8310***	3.0410***	0.5306	4.6599***	3.8988***
		(0.0085)	(0.0095)	(0.0349)	(0.0385)	(0.0866)		(0.2587)	(0.4268)	(0.6730)	(0.8830)	(1.1532)
初中		0.0042	-0.0005	0.0236	0.0495*	0.0867		2.1340***	3.2384***	-0.5272	3.9045***	3.7902***
		(0.0086)	(0.0109)	(0.0408)	(0.0385)	(0.1396)		(0.4392)	(0.5519)	(0.7360)	(1.0210)	(1.4034)
高中		0.0084	0.0145	0.0638	0.1299***	0.1707		2.4370***	3.4358***	-1.5850*	3.1491**	3.6816**
		(0.0124)	(0.0174)	(0.0526)	(0.0540)	(0.2142)		(0.7012)	(0.8240)	(1.1082)	(1.5904)	(2.2035)
本科		0.0140	0.0345	0.1174*	0.2371***	0.2827		2.8410***	3.6990***	-2.9954**	2.1419	3.5368
		(0.0195)	(0.0281)	(0.0726)	(0.0841)	(0.3217)		(1.0765)	(1.2531)	(1.7530)	(2.5329)	(3.4925)
研究生		0.0168	0.0445*	0.1442**	0.2907***	0.3387		3.0430***	3.8306***	-3.7006**	1.6383	3.4644
		(0.0234)	(0.0338)	(0.0834)	(0.1006)	(0.3767)		(1.2680)	(1.4778)	(2.0961)	(3.0290)	(4.1673)

续表

教育水平	因变量	摄入量分位数					因变量	摄入量分位数				
		0. 10	0. 25	0. 50	0. 75	0. 9		0. 10	0. 25	0. 50	0. 75	0. 9
小学	动物性脂肪	0. 1446 *** (0. 0199)	0. 1697 *** (0. 0286)	0. 2062 *** (0. 0699)	0. 2224 ** (0. 1237)	0. 2410 * (0. 1520)						
初中		0. 2220 *** (0. 0092)	0. 1487 *** (0. 0377)	−0. 0264 (0. 0654)	−0. 1760 (0. 1459)	−0. 2810 ** (0. 1480)						
高中		0. 2994 *** (0. 0414)	0. 1277 ** (0. 0647)	−0. 3390 *** (0. 0934)	−0. 5744 *** (0. 2042)	−0. 8030 *** (0. 2057)						
本科		0. 4026 *** (0. 0754)	0. 0997 (0. 1059)	−0. 7558 *** (0. 1499)	−1. 1056 *** (0. 3022)	−1. 4990 *** (0. 3211)						
研究生		0. 4542 *** (0. 0918)	0. 0857 (0. 1272)	−0. 9642 *** (0. 1809)	−1. 3712 *** (0. 3545)	−1. 8470 *** (0. 3846)						

注：①本表及上表汇报的是随机效应模型的系数估计结果；②*、**、***分别表示10%、5%和1%的显著性水平；③括号内为标准差，作者根据估计系数的方差和协方差联合计算而得。

从教育水平对膳食纤维摄入的影响来看，在中高分位数上，教育水平对膳食纤维的摄入具有显著的正向作用，但在中低分位数上，教育水平的正向作用并不显著。从胆固醇摄入来看，仅在中分位数上，初中及以上学历范围内，教育水平提高利于减少个体对胆固醇的摄入量。虽然在低分位数和高分位数上，教育水平的边际影响均为正，但低分位数上，教育水平的提高对胆固醇摄入量的边际影响递增，高分位数水平上，教育水平的提高对胆固醇摄入量的边际影响递减，间接证明了教育水平提高能抑制个体对胆固醇的摄入量。

第5章　教育水平与居民膳食质量水平的关系

著名的维多利亚宣言提出健康生活方式的四大基石，即“合理膳食、适当运动、戒烟限酒、心理平衡”，其中合理膳食居于首位。“饮食者，人之命脉也”是明代医药学巨匠李时珍对膳食营养的健康作用所做的高度概括。随着生活水平的提高，我国居民营养状况由营养不足转向营养失衡，与膳食不合理紧密相关的肥胖、慢性非传染性疾病越来越普遍。如何引导居民合理膳食是当前社会一大难题。为了弥补单一食物因素或者单一营养素对衡量膳食结构合理程度的片面性，本章从膳食整体的角度对消费者膳食结构进行评价，即膳食总体质量评价，以期获得更多教育对膳食行为改善作用的证据。

5.1　膳食质量评价方法

传统的以单一营养素为基础的膳食评价方法，仅能反映出膳食状况中的某一个方面，而难以反映多种营养素间的复杂相互作用（段若男等，2014）。为了克服单一营养素的局限性，研究人员从不同角度出发构建了多种复合指标，对膳食质量进行评估。

5.1.1　以营养素为基础的膳食指数

（1）平均充足率（Mean Adequacy Ratio，MAR）。

MAR是基于美国1986年版的推荐膳食营养素供给量（RDA）建立的膳食指数（Madden and Yoder，1971），包含了10种关键营养素，如热量、蛋白质、钙、铁、磷、维生素A、维生素B1、维生素B2、维生素C、尼克酸。其计算依据为：当每种营养素的摄入量达到100%的RDA水平或以上，该营养素的充足率为1，而MAR则是这10种营养素充足率的平均值，如果所有营养素的充足率都为1，那么MAR为100。

（2）营养质量指数（Nutritional Quality Index，NQI）。

NQI基于德国、奥地利和瑞士营养科研机构联合发布的营养素参考值建立（Gedrich、Karg，2001），包括更广泛的35种营养素，如蛋白质、胆固醇、饱和脂肪、单不饱和脂肪酸、膳食纤维等，用于评估个体特定营养素摄入量达到推荐量的程度。NQI的计算更为复杂，首先需要获得每种营养素摄入质量分值（intake quality score，IQS）。对于那些摄入量不应该超过推荐量的营养素，如脂肪和胆固醇，NQI+会通过其IQS的倒数平均数获得；而对于摄入量不应该低于推荐量的营养素，如蛋白质、碳水化合物、膳食纤维，NQI－同样通过其IQS的倒数平均数获得。最终，所有营养素IQS的倒数平均数构成了总膳食质量指数。随着时间的推移，NQI还进一步发展成综合营养质量指数（overall nutritional quality index，ONQI），用于进行更全面的膳食整体性精确评价。

（3）食物营养丰富指数（nutrient-rich foods index，NRF）。

NRF是美国华盛顿大学教授Drewnowski在2009年创立的一种食物营养价值评价方法，着重于营养素摄入层面。该指数以100 kcal（418 kJ）作为基本单位，并根据每日推荐补充营养素百分比的算术平均值减去限制营养素的最大百分比的算术平均值对食物营养进行评价。一般来说，含有较多限量营养素的食物NRFn.3（n.3表示n个推荐补充营养素，3个限量营养素）值为负数，而含有较多推荐补充营养素的食物NRFn.3值则为正数；NRFn.3值越高，说明该食物含有越多的推荐补充营养素，宜鼓励适当多摄入，反之则谨慎摄入或限制摄入（Iii and Keast et al.，2009）。

（4）营养平衡分数（nutrient balance score，NBS）。

该指数是依据美国农业部食品成分数据库（第27版），基于能量角度制定的最新衡量，可用于评估食物和膳食组合的整体营养质量，并以美国官方食物指南（MyPlate）的7天样本菜单形式说明了2000卡路里的食物模式，能够衡量每个国家营养平衡状况的得分。NBC包括三个具体指标，合格指数（QI）、不合格指数（DI）和营养素平衡（NB）。QI和DI分别由27种基本营养素和6种与负面健康结果相关的营养素的含量确定，营养素平衡（NB）则提供了食品中合格营养素相对含量的关键信息。其中QI和DI能够被标准化为能量含量，有利于对膳食组合营养质量作出有效评价。在 NBC 评价方法下，拥有更高营养价值的膳食组合可以表现以下三个方面：首先，QI 值更接近统一，表明营养密度与能量密度能更好平衡；其次，DI 值低于 1.0，表明不合格营养素的可接受消费水平较低；最后，NB 值的增加，表示食物的互补性能更好地提供合格营养素。营养平衡概念（NBS）代表了一种新的营养分析方法，体现了膳食营养质量评价从对单个食物营养评估到对多种食物营养评估的转变（Fern et al.，2015）。

5.1.2 以食物为基础的膳食指数

（1）理想膳食模式（Desirable Dietary Pattern，DDP）。

DDP 是一种基于食物种类的膳食评价方法（李丹、常颖，1992），它将膳食划分为多个食物类别，包括谷类、块根茎类、豆类、水果和蔬菜、食用油脂、动物性食物、坚果、糖类和饮料等。通过将供能百分比与营养权重系数相乘，DDP 为每个食物类别分配分值，各项分值之和为总的理想膳食模式评分，并将总分限定为 100 分。较接近 100 分的得分表示膳食质量较好，而低于 70 分的得分则表示膳食质量较差。这种方法通过定量化评估不同食物类别的摄入量，可以帮助人们更好地了解他们的膳食结构，以及哪些食物类别需要加强或减少摄入。

（2）中国膳食平衡指数（Diet Balance Index，DBI）。

DBI 是根据中国居民膳食特点构建的以食物组为指标的膳食评价方法（何宇纳等，2005），该指数以中国居民膳食指南以及平衡膳食宝塔中各类食物推荐量为依据，共包括 8 个指标，用于反映膳食的不足和过量摄入情况。DBI 的总分越接近 0，表示膳食质量越好和越平衡；如果分值向负方向远离 0，那么表示存在摄入不足问题；分值向正方向远离 0，则表示存在摄入过量问题。此外，DBI 还使用正端分、负端分和膳食质量距三个指标来反映不同膳食模式的摄入不足、摄入过量和问题的严重程度，可以根据三个指标不同的分值水平，组合定义出 9 种不同的膳食模式。这使得 DBI 能够更全面地评估膳食质量，不仅关注过量摄入的问题，还关注不足摄入的问题，有助于指导人们更健康地选择食物。

何宇纳等（2018）对中国膳食平衡指数进行了重要修订，这一修订基于 2016 年中国营养学会的最新膳食指南和平衡膳食宝塔的最新数据。新的 DBI－2016 细化了评估膳食平衡的指标体系，同样包括 8 个关键指标，涵盖了谷类食物、蔬菜水果、奶类及大豆类、动物性食物、食物种类和饮水量等要素。相较于早期版本 DBI－2007，DBI－2016 在指标的选择上进行了适当的调整，将调味品和酒精饮料拆分为调味品和纯能量食物两个独立的指标，调味品包括食用盐和添加糖，纯能量食物包括酒精饮料和食用油，进一步提高了评估的准确性和适用性。此外，DBI－2016 指标的取值定义也更为细致，除低能量水平（1600kcal 以下）的谷类摄入量外，其他的指标取值间隔均为 1 分，使其能够更精确地反映不同人群的膳食情况，可广泛用于不同人群的膳食评估。

5.1.3 混合膳食指数

（1）膳食质量指数（Diet Quality Index，DQI）。

DQI 是一种用于评估膳食质量的重要工具，最初根据 1994 年美国食品和营养公告中的推荐量建立。它的核心包括 8 个关键指标，涵盖了膳食的关键要素，如总脂肪、饱和脂肪、蛋白质、胆固醇、钠、钙、谷类和豆类、水果和蔬菜（Patterson et al.，1994）。每个指标都被分为三个等级（0、1、2），用于反映膳食质量的水平为达标、一般或是差，总分范围为 0～16，其中分数越低表示膳食质量越好。随着时间的推移，DQI 在 1999 年根据美国膳食指南的适度、多样、均衡原则和膳食金字塔的推荐量进行了修订，演变为 DQI－R。DQI－R 共由 10 个指标构成，包括 5 种重要营养素——总脂肪、饱和脂肪酸、胆固醇、铁、钙；3 类食物——谷类、蔬菜和水果；以及膳食适宜度和多样性（Haines and Popkin，1999）。总分范围也相应扩大至 0～100，其中低分反映出膳食质量较差，而高分则反映出膳食质量较好。除此之外，为满足不同国家和不同人群的膳食需求，还产生了特定的 DQI 版本，例如，适用于我国人群膳食质量评价的中国 DQI、用于不同国家膳食质量比较的国际膳食质量指数，以及适用于学龄前儿童的膳食质量指数等。这些特定版本的 DQI 有助于更精确地评估不同群体的膳食质量，并为膳食改进和营养政策制定提供了有力支持。

（2）健康饮食指数（Healthy Eating Index，HEI）。

HEI 的建立最早可以追溯到 1995 年，该指数包括 5 组食物（谷类、肉类、奶类、蔬菜、水果）、4 类营养素（总脂肪、饱和脂肪、胆固醇、钠）以及食物种类共 10 个元素（Kennedy et al.，1995）。每个元素被赋予相同的权重，通过 0～10 的评分来反映膳食的质量，总分范围是 0～100 分，得分大于 80 分表示“良好膳食”，51～80 分表示“需要改善的膳食”，低于 50 分表示“不良膳食”。随着时间的推移，HEI 经历了多次修订，如基于 2005 年版美国居民膳食指南修订的 HEI－2005（Guenther et al.，2008），以及基于 2010 年版美国居民膳食指南修订的 HEI－2010（Guenther et al.，2013）。HEI－2010 包括 12 个元素，其中 9 个反映摄入充足的元素，3 个反映摄入适量的元素，使其更具细化和全面性。为了满足不同地区和人群的膳食需求，研究人员建立了一系列新的 HEI，如与营养慢性病相关的交替健康饮食指数、青少年健康饮食指数以及芬兰儿童健康饮食指数、中国健康膳食指数等。

（3）中国儿童膳食指数（Chinese Children Dietary Index，CCDI）。

CCDI 是一种用于评价中国学龄儿童膳食质量的方法，建立于《中国居民膳食指南（2007）》和《中国居民膳食营养素参考摄入量（2013）》（DRIs）的基础之上。CCDI 的评估共包含 16 个指标，涵盖了食物/食物组、营养素和健康饮食促进行为三个部分（Cheng et al.，2016），具体而言包括：谷类、蔬菜、水果、奶及奶制品、豆类及其制品、肉类、水产品、蛋类、饮水量、含糖饮料，维生素 A、脂肪酸、膳食纤维，食物多样性以及同父母和（外）祖父母共进晚餐的次数。2016 年新版《中国居民膳食指南》发布后，乔田等（2019）依据其修订了新版 CCDI－2016，指标构成与 CCDI 基本相同，每个指标以膳食指南推荐能量摄入水平与食物摄入范围为基础并均赋值 10 分，故 CCDI－2016 赋分范围为 0～160 分，得分越高表示整体实际膳食摄入与推荐摄入水平越接近，即整体质量越好。

5.1.4 各类膳食指数的比较

虽然以营养素为基础的膳食质量指数能够获得比较全面的膳食信息，但是需要由熟悉营养学和统计学知识的专业人员进行计算，过程十分复杂，并且 MAR 易掩盖个别营养素的极度缺乏情况，因此在应用上存在一定的局限。另外，NRF 能够更加精确地评价营养质量并捕捉变异性，但缺乏系统的论证。NBS 作为最新的营养平衡评价法，能够评价多种膳食组合的营养质量，并且可以从国家尺度进行评价，但却缺少衔接健康的指标，难以分析其对健康的直接影响。以食物和食物种类为基础的 DDP 评分体系中未考虑能量摄入，对于总能量摄入较低的人群，若其各类食物的能量分配很合理，仍然可以得到较高分数，这样可能会对营养干预产生误导。DQI 综合了食物和营养摄入，但其更多的是为监测群体膳食质量设计的，不适用于个体膳食质量的评价。鉴于以上分析，DBI 和 HEI 是可行的指标选择，但 HEI 是基于美国居民膳食指南的膳食质量评价指标，由于中美居民饮食习惯等方面的差异，直接套用 HEI 的指标可能会存在结果偏差。因此本章最终选择基于中国居民膳食指南的指标——膳食平衡指数（DBI）评价我国居民膳食结构的合理性，可以同时反映营养不足和营养过剩两方面的问题及程度。DBI 均为食物组指标，没有营养素指标，避免了以营养素为基础的膳食质量评价方法的烦琐计算，能快速评价个体的膳食营养状况，并量化膳食问题的程度，利于人群间比较（代璇、何更生，2009）。

5.2 中国膳食平衡指数的测算

中国膳食平衡指数（Diet Balance Index，DBI）是针对我国居民的膳食特点和问题设计的评价工具，能够同时反映膳食摄入不足和摄入过量的问题。DBI 的构建基于中国居民膳食指南和平衡膳食宝塔，根据膳食指南的选择构成指标，同时按照膳食宝塔中各类食物的推荐量来确定各指标的取值。本章数据年限选取为 1997 年和 2011 年，而 DBI-2016 与 DBI-2007 相比指标构成有所改变，DBI-2016 由谷类食物、蔬菜水果、奶类及大豆类、动物性食物、纯能量食物、调味品、食物种类和水 8 个指标构成。表 5-1 和表 5-2 分别描述了 DBI-2007 和 DBI-2016 的指标构成，与前者相比，DBI-2016 新增了添加糖作为调味品的一类，并将酒精、饮料与食用油三者合为纯能量食物指标。中国居民膳食指南（2016）中第 2 和第 6 条没有在 DBI-2016 中反映。

表 5-1　DBI-2007 的指标构成及所对应的中国居民膳食指南条目

膳食指南	DBI 指标
1. 食物多样，谷类为主，粗细搭配	食物种类、谷类摄入量
2. 多吃蔬菜、水果和薯类	蔬菜水果摄入量
3. 常吃奶类、豆类或其制品	奶类、豆类摄入量
4. 经常吃适量鱼、禽、蛋、瘦肉	动物性食物摄入量
5. 减少烹调油用量，吃清淡少盐膳食	油脂、盐摄入量
6. 食不过量，天天运动，保持健康体重	

续表

膳食指南	DBI 指标
7. 三餐分配要合理，零食要适当	
8. 每天足量饮水，合理选择饮料	饮水量
9. 如饮酒应限量	酒精摄入量
10. 吃新鲜卫生的食物	

表 5－2　DBI－2016 的指标构成及所对应的中国居民膳食指南条目

	膳食指南（2016）	DBI－16 指标
1	食物多样，谷类为主	食物种类、谷类摄入量
2	要积极主动地保持健康体重	
3	多吃蔬菜、水果、乳制品和大豆	蔬菜、水果、奶类、豆类摄入量
4	经常吃适量鱼、禽、蛋和瘦肉	动物性食物摄入量
5	限制食盐、食用油、添加糖和酒精摄入量	盐、油脂、糖、酒精、饮用水摄入量
6	养成健康的饮食习惯，避免食物浪费	

5.2.1　中国膳食平衡指数

根据《中国居民膳食指南 2007》中的核心条目，选择指标构建中国膳食平衡指数（DBI－2007），并且根据平衡膳食宝塔和膳食指南中各类食物、水和饮酒量的推荐量定义各个指标的取值方法。表 5－1 描述了膳食指南的核心条目与所对应的 DBI－2007 的指标。DBI－2007 由 7 个指标构成，包括谷类、蔬菜水果、动物性食物、奶类大豆类、酒精和调味品、食物种类和饮水量。膳食指南中第 6、第 7、第 10 条没有在 DBI－2007 中反映。

DBI－2007 中各类指标的取值方法见表 5－3。当指标达到推荐量时，其取值为 0。在膳食指南中强调“多吃”或“常吃”的食物，相应指标的取值将为负数，用于评价摄入不足的程度。相反，如果膳食指南强调“少吃”的食物，相应指标的取值将为正数，用于评价摄入过量的程度。对于那些膳食指南建议“适量”摄入的食物，相应指标的取值则包括正数和负数，以同时反映摄入不足和摄入过量的情况。DBI－2007 对各单项指标采用了分段取值方法。具体地，根据平衡膳食宝塔的推荐量，对每个指标的分值进行了定义。如果个体的摄入量为0或低于摄入量的下限，则相应指标的取值为-12。当个体的摄入量达到推荐量时，相应指标的取值为0。对于谷类、调味品和酒精，如果个体的摄入量超过了摄入量的上限，相应指标的取值为12；而对于动物性食物，其取值为8。基于平衡膳食宝塔中7个不同能量水平拥有的不同食物推荐量，每个指标也相应地按照7个能量水平分别设定取值标准。食物种类包括12种，即米类、面类、粗粮及薯类、大豆、浅色蔬菜（每百克蔬菜中含胡萝卜素<500μg）、深色蔬菜（每百克蔬菜中含胡萝卜素≥500μg）、水果、畜肉、禽肉、鱼虾类、奶类、蛋类。大豆类食物最低限量值是5克，其他食物的最低限量值是25克。每种食物达到或超过最低限量值则值取为0，低于最低限量值则取值为-1。

5.2.2 本章研究的测算方法

本章参考何宇纳等（2009）方法，将研究对象设定为年龄在18~59岁的个体，其平均每日能量摄入量在6700~12540千焦。由于CHNS数据库中对食用油的记录非常有限，且调味品的数据是家庭层次的消费数据，基于数据可得性，本章进行了必要的数据调整，因此在计算DBI指标时并未考虑调味品、食用油以及饮水量。食物种类包括以下9类食物，其中米及制品、面及制品、玉米、杂粮和淀粉类统一为谷类食物，深色蔬菜、浅色蔬菜统一为蔬菜。

DBI-2007包括以下四个指标：总分（DBI_TS）、正端分（DBI_HBS）、负端分（DBI_LBS）和膳食质量距（DBI_DQD）。各个指标取值为0时表示最好的情况，分值占总分值比例低于20%表示比较适宜，20%~40%表示低度，40%~60%表示中度，60%以上表示高度。四个指标的具体解释如下：总分（DBI_TS）是所有指标分值的累加和，可以反映总体膳食质量的平均水平，其分值介于-57~20。总分正值表示膳食趋向于摄入过量，负值则表示膳食趋向于摄入不足，然而总分为0并不一定表示膳食平衡，可能是由于膳食摄入过量和摄入不足之间相互抵消。正端分（DBI_HBS）是所有指标中的正分累加和，可以反映膳食中摄入过量的程度，其分值范围从0到20。正端分取值为0表示不存在摄入过量问题，分数越高表示膳食摄入过量问题越严重。负端分（DBI_LBS）是所有指标中的负分绝对值的累加和，能够反映膳食中摄入不足的程度，其分值介于0~57。负端分取值为0表示不存在摄入不足的问题，分数越高表示膳食摄入不足问题越严重。膳食质量距（DBI_DQD）是每个指标分值的绝对值的累加和，综合反映一个特定膳食中的问题，分值范围为 0～57。取值为 0 表示不存在膳食失衡问题，分数越高则表示存在的膳食失衡问题越严重，可能包括同时存在摄入过量和摄入不足的情况。需要注意的是，总分（DBI_TS）并不作为评价膳食质量的独立指标，因为它中和了膳食摄入不足和膳食摄入过量的问题。基于此，本章仅选择正端分（DBI_HBS）、负端分（DBI_LBS）和膳食质量距（DBI_DQD）作为评价居民膳食质量的指标，以更准确地分析膳食摄入不足和膳食摄入过量的问题。

DBI－2016 指标分值的计算仍采用 DBI－2007 分值的计算方法，即包括：总分（total score，TS）、正端分（high bound score，HBS）、负端分（low bound score，LBS）和膳食质量距（diet quality distance，DQD）。同样，各个指标分值为 0 表示最好的情况，低于 20% 总分值表示比较适宜，20%～40% 总分值表示低度，40%～60% 总分值表示中度，高于 60% 总分值表示高度。四个指标分别是：（1）正端分：将所有指标中的正分相加的绝对值，反映膳食中摄入过量的程度。分值范围是 0～44，分数越高表示膳食摄入过量问题越严重。（2）负端分：将所有指标中的负分相加的绝对值，分值范围是 0～72。如果没有饮水量数据，分值范围为 0～60，1～12 为较适宜，13～24 为低度摄入不足，25～36 中度摄入不足，36 分以上为高度摄入不足。（3）总分：是所有指标分值的累加和，可以反映总体膳食质量的平均水平，其分值介于－72～44。总分正值表示膳食趋向于摄入过量，负值则表示膳食趋向于摄入不足，如果总分为 0 也不一定表示膳食平衡，可能是由于膳食过量和膳食不足之间相互抵消。（4）膳食质量距：是每个指标分值的绝对值的累加和，综合反映一个特定膳食中的问题，分值范围为 0～96，取值为 0 表示不存在膳食失衡问题。中国营养学会于 2016 年发布了新版的《中国居民膳食指南》，同时修订了其中的平衡膳食宝塔推荐量，将原有的 7 个能量水平增加至 11 个，并对不同能量水平下的建议摄入量作出了相应调整，因此 DBI－2016 的取值整体有所变动，表 5－4 为 DBI－2016 的指标及具体取值方法。

综合考虑 CHNS 的数据类型，DBI－2016 在本章的研究中并不适用，因此选择 DBI－2007 进行中国膳食平衡指数的构建。

表 5-3 **DBI-2007 的指标及取值方法**

DBI 指标	分值范围	食物亚组	分值范围	6700KJ	7550KJ	8350KJ	9200KJ	10050KJ	10900KJ	11700KJ
谷类食物	-12~12	谷类食物	-12~12	0~49g=-8 200~250g=0 >500g=12	0~25g=-10 225~275g=0 >525g=12	<25g=-12 275~325g=0 >575g=12	<25g=-12 275~325g=0 >575g=12	<75g=-12 325~375g=0 >625g=12	<125g=-12 375~425g=0 >675g=12	<175g=-12 425~475g=0 >725g=12
蔬菜水果	-12~0	蔬菜	-6~0	≥300g=0 150~299g=-2 1~149g=-4 0g=-6	≥300g=0 150~299g=-2 1~149g=-4 0g=-6	≥350g=0 175~349g=-2 1~175g=-4 0g=-6	≥400g=0 200~399g=-2 1~199g=-4 0g=-6	≥450g=0 225~449g=-2 1~224g=-4 0g=-6	≥500g=0 250~499g=-2 1~249g=-4 0g=-6	≥500g=0 250~499g=-2 1~249g=-4 0g=-6
		水果	-6~0	≥200g=0 100~199g=-2 1~99g=-4 0g=-6	≥200g=0 100~199g=-2 1~99g=-4 0g=-6	≥300g=0 150~299g=-2 1~149g=-4 0g=-6	≥300g=0 150~299g=-2 1~149g=-4 0g=-6	≥400g=0 200~399g=-2 1~199g=-4 0g=-6	≥400g=0 200~399g=-2 1~199g=-4 0g=-6	≥500g=0 250~499g=-2 1~249g=-4 0g=-6
奶类和豆类	-12~0	奶类	-6~0	≥300g=0，摄入量每减少 50g，分值减 1						
		豆类	-6~0	≥30g=0 15~29g=-2 1~14g=-4 0g=-6	≥30g=0 15~29g=-2 1~14g=-4 0g=-6	≥40g=0 20~39g=-2 1~19g=-4 0g=-6	≥40g=0 20~39g=-2 1~19g=-4 0g=-6	≥40g=0 20~39g=-2 1~19g=-4 0g=-6	≥50g=0 25~49g=-2 1~24g=-4 0g=-6	≥50g=0 25~49g=-2 1~24g=-4 0g=-6

续表

DBI 指标	分值范围	食物亚组	分值范围	6700KJ	7550KJ	8350KJ	9200KJ	10050KJ	10900KJ	11700KJ
动物性食物	-12~8	肉禽类	-4~4	0g = -4 1~25g = -2 25~75g = 0 75~125g = 2 >125g = 4	0g = -4 1~25g = -2 25~75g = 0 75~125g = 2 >125g = 4	0g = -4 1~25g = -2 25~75g = 0 75~125g = 2 >125g = 4	0g = -4 1~50g = -2 50~100g = 0 101~150g = 2 >150g = 4	0g = -4 1~50g = -2 50~100g = 0 101~150g = 2 >150g = 4	0g = -4 1~50g = -2 50~100g = 0 101~150g = 2 >150g = 4	0g = -4 1~50g = -2 50~100g = 0 101~150g = 2 >150g = 4
		水产品	-4~0	<20g = -4 20~29g = -3 30~39g = -2 40~49g = -1 ≥50g = 0	<20g = -4 20~29g = -3 30~39g = -2 40~49g = -1 ≥50g = 0	<30g = -4 30~44g = -3 45~59g = -2 60~74g = -1 ≥75g = 0	<30g = -4 30~44g = -3 45~59g = -2 60~74g = -1 ≥75g = 0	<30g = -4 30~44g = -3 45~59g = -2 60~74g = -1 ≥75g = 0	<40g = -4 40~59g = -3 60~79g = -2 80~99g = -1 ≥100g = 0	<40g = -4 40~59g = -3 60~79g = -2 80~99g = -1 ≥100g = 0
		蛋类	-4~4	>75g = 4；51~75g = 2；25~50g = 0；1~24g = -2；0g = -4						
调味品和酒精	0~12	酒精	0~4	男性：≤25g = 0；26~50g = 1；51~75g = 2；76~100 = 3；>100g = 4 女性：≤15g = 0；15~30g = 1；31~45g = 2；46~60 = 3；>60g = 4						
		盐	0~4	≤6g = 0；7~12g = 2；>12g = 4						
		食用油	0~4	0≤25g = 0；26~50g = 2；>50g = 4				0≤30g = 0；30~60g = 2；>60g = 4		
食物种类	-12~0	12 类食物	-12~0	每类食物的进食量大于 25g 计 0 分，否则为 -1（豆类是 5g）						
饮水量	-12~0	饮水量	-12~0	>1200ml = 0，<100ml = -12 饮水量每减少 100ml，分值减 1						

表 5－4　DBI－2016 的指标及取值方法

DBI指标	分值范围	食物亚组	分值范围	4180kJ	5020kJ	5860kJ	6700kJ	7550kJ	8350kJ	9200kJ	10050kJ	10900kJ	11700kJ	12550kJ
谷类食物	－12～12	谷类食物	－12～12	0g＝－12 75～95g＝0 ＞170g＝12	＜15g＝－12 90～110g＝0 ＞185g＝12	0g＝－12 125～175g＝0 ＞250g＝12	＜10g＝－12 175～225g＝0 ＞390g＝12	＜35g＝－12 200～250g＝0 ＞415g＝12	＜5g＝－12 225～275g＝0 ＞495g＝12	＜30g＝－12 250～300g＝0 ＞520g＝12	0g＝－12 275～325g＝0 ＞600g＝12	＜50g＝－12 325～375g＝0 ＞650g＝12	＜75g＝－12 350～400g＝0 ＞675g＝12	＜100g＝－12 375～425g＝0 ＞700g＝12
蔬菜水果	－12～0	蔬菜	－6～0	≥200g＝0 160～199g＝－1 摄入量减40g，评分减少1分 0g＝－6	≥250g＝0 200～249g＝－1 摄入量减少50g，评分减少1分 0g＝－6	≥300g＝0 240～299g＝－1 摄入量减少60g，评分减少1分 0g＝－6		≥400g＝0 320～399g＝－1 摄入量减少80g，评分减少1分 0g＝－6	≥450g＝0 360～449g＝－1 摄入量减少90g，评分减少1分 0g＝－6		≥500g＝0 400～499g＝－1 摄入量减少100g，评分减少1分 0g＝－6			≥600g＝0 480～599g＝－2 摄入量减少120g，评分减少1分 0g＝－60g＝－6
		水果	－6～0	≥150g＝0；120～149g＝－1 摄入量减30g，评分减少1分 0g＝－6			≥200g＝0 100～199g＝－2 摄入量减40g，评分减少1分 0g＝－6		≥300g＝0 150～299g＝－2 摄入量减60g，评分减少1分 0g＝－6		≥350g＝0；280～349g＝－1 摄入量减70g，评分减少1分 0g＝－6		≥400g＝0；320～399g＝－1 摄入量减80g，评分减少1分 0g＝－6	
奶类和豆类	－12～0	奶类	－6～0	≥500g＝0 摄入量每减少100g，分值减1 0g＝－6		≥350g＝0 摄入量每减少70g，分值减1，0g＝－6	≥300g＝0 摄入量每减少60g，分值减1 0g＝－6							
		豆类	－6～0	≥5g＝0 摄入量每减少1g，分值减1， 0g＝－6	≥15g＝0 摄入量每减少3g，分值减1 0g＝－6					≥25g＝0 摄入量每减少5g，分值减1 0g＝－6				

续表

DBI指标	分值范围	食物亚组	分值范围	4180kJ	5020kJ	5860kJ	6700kJ	7550kJ	8350kJ	9200kJ	10050kJ	10900kJ	11700kJ	12550kJ
动物性食物	-12~8	肉禽类	-4~4	0g = -3 1~5g = -2 6~10g = -1 11~20g = 0 21~25g = 1 26~30g = 2 31~35g = 3 >35g = 4	0g = -4 1~5g = -3 6~10g = -2 11~15g = -1 16~35g = 0 36~40g = 1 41~45g = 2 46~50g = 3 >50g = 4	0g = -4 1~10g = -3 11~20g = -2 21~30g = -1 31~50g = 0 51~60g = 1 61~70g = 2 71~80g = -3 >80g = 4		0g = -4 1~15g = -3 16~30g = -2 31~45g = -1 46~55g = 0 56~70g = 1 71~85g = 2 85~100g = 3 >100g = 4		0g = -4 1~20g = -3 21~40g = -2 41~60g = -3 61~90g = 0 91~110g = 1 111~130g = 2 131~150g = 3 >150g = 4;			0g = -4 1~25g = -3 26~50g = -2 51~75g = -1 76~125g = 0 126~150g = 1 151~175g = 2 176~200g = 3 >200g = 4	
		水产品	-4~0	0g = -4 1~4g = -3 5~9g = -2 10~14g = -1 ≥15g = 0	<5g = -4 5~9g = -3 10~14g = -2 15~19g = -1 ≥20g = 0	<10g = -4 10~19g = -3 20~29g = -2 30~39g = -1 ≥40g = 0		<5g = -4 5~19g = -3 20~34g = -2 35~49g = -1 ≥50g = 0		0g = -4 1~24g = -3 25~49g = -2 50~74g = -1 ≥75g = 0			<25g = -4 25~49g = -3 50~74g = -2 75~99g = -1 ≥100g = 0	<50g = -4 50~74g = -3 75~99g = -2 100~124g = -1 ≥125g = 0
		蛋类	-4~4	0g = -4; 1~5g = -3; 6~10g = -2; 11~15g = -1; 16~25g = 0; 26~30g = 1; 31~35g = 2; 36~40g = 3; >40g = 4	<5g = -4; 6~10g = -3; 11~15g = -2; 16~20g = -1; 21~30g = 0; 31~35g = 1; 36~40g = 2; 41~45g = 3; >45g = 4		0g = -4; 1~10g = -3; 11~20g = -2; 21~30g = -1; 31~50g = 0; 51~60g = 1; 61~70g = 2; 71~80g = -3; >80g = 4		0g = -4; 1~15g = -3; 16~30g = -2; 31~45g = -1; 46~55g = 0; 56~70g = 1; 71~85g = 2; 85~100g = 3; >100g = 4					

续表

DBI指标	分值范围	食物亚组	分值范围	4180kJ	5020kJ	5860kJ	6700kJ	7550kJ	8350kJ	9200kJ	10050kJ	10900kJ	11700kJ	12550kJ
纯能量食物	0～12	食用油	0～6	≤20g＝0 21～25g＝1 ＞45g＝6	≤25g＝0 26～30g＝1 ＞50g＝6						≤30g＝0 31～35g＝1 ＞55g＝6			≤35g＝0 36～40g＝1 ＞60g＝6
		酒精	0～6	男性：≤25g＝0 26～40g＝1 26～100克分数增加1，摄入量增加15克＞100克＝6 女性：≤15g＝0 16g＝1 16～25g＝1 评分增加1，摄入量增加10g＞65g＝6										
调味品	0～12	食盐	0～6	＜2g＝0，2～3g＝1 摄入量增加2g，评分增加1，＞12g＝6	＜3g＝0，3～4g＝，摄入量增加2g，评分增加1，＞13g＝6	＜4g＝0，4～5g＝，摄入量增加2g 评分增加1，＞14g＝6	＜6g＝0，6～7g＝，1 摄入量增加2g，评分增加1，＞16g＝6							
		添加糖	0～6	≤25g＝0，26g＝1，摄入量增加5g，评分增加1，＞50g＝6										
食物种类	－12～0	12类食物	－12～0	≥12种食物（大豆为5g）＝0，食物下降1种，得分下降1										
饮水量	－12～0	饮水量	－12～0	＞1200ml＝0，＜100ml＝－12，饮水量每减少100ml，分值减1										

5.3 中国城乡居民膳食平衡指数的变化特征

5.3.1 膳食平衡指数的变化趋势

为了考察我国城乡居民膳食质量的变化趋势，选取1997年和2011年的膳食平衡指数进行分析（见表5－5）。1997年，谷类食物的均值为5.53，几乎所有被调查者均达到膳食推荐量（95.08%）。蔬菜和水果的膳食平衡指数的均值为－7.11，有56.13%的人低于－6，说明蔬菜和水果的摄入量严重小于推荐量。奶类和大豆类的膳食平衡指数的均值为－8.57，有43.33%的被调查者几乎没有摄入。动物性食物的膳食平衡指数的均值为－3.43，大约有62%的被调查者的摄入量低于推荐量。食物种类的均值为－4.57，每天吃到6种以上食物的被调查者占样本总量的47.8%。2011年，谷类食物的膳食平衡指数的均值是5.64，有89.31%的被调查者达到或超过推荐量。蔬菜和水果的均值为－5.40，有33.94%的人低于－6，蔬菜和水果摄入量严重小于推荐量。奶类和大豆类的膳食平衡指数的均值为－7.24，没吃或吃的很少的人占27.63%。动物性食物的膳食平衡指数的均值为0.34，有34.10%的被调查者的摄入量小于推荐量，比1997年的比例减小一半。食物种类的均值为－3.20，分值高于－6，即每天吃到6种以上食物的消费者占总样本的80.94%。

表5－5　1997年和2011年膳食平衡指数各指标人群分布情况　单位：%

分数段	DBI_谷类食物		DBI_蔬菜水果		DBI_奶类豆类		DBI_动物性食物		DBI_食物种类	
	1997年	2011年	1997年	2011年	1997年	2011年	1997年	2011年	1997年	2011年
－12～－11	0.02	0.02	0.04	0.05	43.33	27.63	18.09	2.54		
－10～－9	0.06	0.14	10.66	8.32	0.79	1.28	1.52	0.75		
－8～－7	0.15	0.45	45.43	25.57	2.31	4.41	9.79	4.03	10.22	1.30
－6～－5	0.40	1.33	36.77	25.93	53.42	53.92	7.82	5.67	41.97	17.75
－4～－3	1.21	3.39	3.79	16.38	0.48	2.41	16.72	13.48	40.16	48.45
－2～－1	3.10	5.36	2.21	15.34	0.58	9.31	7.93	7.63	7.47	29.98
0	8.29	10.12	1.10	8.41	0.08	1.02	14.93	18.87	0.17	2.51
1～2	13.62	12.35					7.23	13.30		
3～4	17.80	13.68					9.51	17.37		

续表

分数段	DBI_谷类食物		DBI_蔬菜水果		DBI_奶类豆类		DBI_动物性食物		DBI_食物种类	
	1997 年	2011 年	1997 年	2011 年	1997 年	2011 年	1997 年	2011 年	1997 年	2011 年
5 ~ 6	18.76	10.97					3.67	9.32		
7 ~ 8	15.47	8.72					2.79	7.04		
9 ~ 10	10.08	7.28								
11 ~ 12	11.06	26.19								

通过对比 1997 年和 2011 年我国成年居民膳食平衡指数，可以看出，1997 ~ 2011 年，我国居民膳食结构有一定程度的改善，而且人群膳食失衡程度已经从中高水平下降至中低水平（见表 5 – 6）。膳食平衡指数的负端分从 1997 年的 24.79 下降至 2011 年的 17.93，摄入不足情况明显改善；膳食平衡指数的正端分从 1998 年的 6.64 增加至 2011 年的 8.09，摄入过量问题有所加剧。就具体食物种类而言，蔬菜水果、奶类豆制品的摄入不足和谷物类食物摄入过量问题依然存在，动物性食物已经从摄入不足的状况演变为摄入过量问题，2011 年近半数（47.03%）消费者的动物性食物摄入量超过推荐量。因此，现阶段膳食质量的主要问题已经从摄入不足的膳食摄入量问题转变为部分食物营养摄入不足和部分食物营养摄入过量并存的膳食结构问题。

表 5 – 6　　1997 年和 2011 年膳食平衡指数人群分布情况

年份	指标	平均值	膳食质量分布（%）				
			好	较适宜	低度	中度	高度
1997	摄入不足（DBI_LBS）	24.79	0	2.17	44.11	39.2	14.51
	摄入过量（DBI_HBS）	6.64	7.54	26.58	38.63	24.90	2.36
	膳食失衡（DBI_DQD）	31.44	0	0.33	18.53	39.69	44.75
2011	摄入不足（DBI_LBS）	17.93	0	18.79	60.88	17.85	2.49
	摄入过量（DBI_HBS）	8.09	8.63	22.47	24.30	30.93	13.66
	膳食失衡（DBI_DQD）	26.02	0	3.20	35.91	39.87	21.03

5.3.2 教育分层下膳食平衡指数的变化特征

在教育分层下，处于不同教育梯度上的人群，其谷类食物、蔬菜水果类、奶类豆类食物、动物类食物和食物种类的膳食平衡指数均有显著性差异，而且随着教育水平的提高，各类食物的膳食平衡指数均朝着适宜的方向变化（见表5－7）。比较1997年和2011年的变化幅度，与收入分层类似，奶类豆类、动物性食物的膳食平衡指数随着教育梯度的变化在2011年更加明显，小学及以下学历消费者的动物性食物摄入略有不足，随着教育水平的提高，动物性食物摄入量增加，在初中、高中和本科分组下，动物性食物摄入略有过量。

膳食平衡指数沿着教育梯度逐渐减小，说明膳食质量有所提高。与收入效应类似的是，膳食质量的人群分布也表现出教育梯度的正效应，随着教育水平的提高，分布在高水平不足（过量）的人群比例减少，分布在低水平不足（过量）或者适量的人群比例增加。与1997年相比，2011年教育分层下分布在适宜范围内的人群比例显著提高。

表5－7　　教育分层的膳食平衡指数变化特征

分类	小学及以下		初中		高中		本科及以上	
	1997年	2011年	1997年	2011年	1997年	2011年	1997年	2011年
DBI_谷类食物	6.25 (3.83)	6.90 (4.87)	5.01 (4.02)	5.96 (5.12)	4.35 (4.05)	4.60 (5.27)	2.93 (4.09)	3.80 (5.15)
DBI_蔬菜水果	－7.18 (1.61)	－5.60 (2.78)	－7.14 (1.82)	－5.52 (2.86)	－6.80 (2.08)	－5.22 (2.86)	－6.38 (2.81)	－4.91 (2.93)
DBI_奶类豆类	－3.81 (2.98)	－8.12 (3.09)	－8.46 (2.98)	－7.40 (3.19)	－7.99 (3.01)	－6.61 (3.41)	－7.94 (3.25)	－5.93 (3.52)
DBI_动物性食物	－4.86 (5.70)	－1.23 (5.01)	－2.53 (5.37)	0.18 (4.67)	－0.46 (4.92)	1.32 (4.31)	0.87 (4.26)	2.55 (3.55)
DBI_食物种类	－4.94 (1.36)	－3.84 (1.35)	－4.38 (1.33)	－3.28 (1.39)	－3.73 (1.41)	－2.76 (1.40)	－3.34 (1.38)	－2.25 (1.28)
DBI_LBS	26.56 (7.22)	20.46 (6.95)	23.78 (6.79)	18.29 (6.69)	20.91 (6.39)	16.29 (6.72)	19.54 (6.31)	14.22 (6.20)
适宜	0.86	10.2	2.02	15.75	6.69	25.79	10.36	34.56
低	35.98	58.88	49.69	63.5	61.42	60.23	62.22	58.45

续表

分类	小学及以下		初中		高中		本科及以上	
	1997 年	2011 年	1997 年	2011 年	1997 年	2011 年	1997 年	2011 年
中	42.97	26.34	38.12	18.45	27.16	12.39	25.18	6.99
高	20.18	4.59	10.18	2.3	4.72	1.59	2.22	0.00
DBI_HBS	7.02 (3.59)	8.56 (4.80)	6.28 (3.73)	8.23 (4.91)	6.27 (4.00)	7.62 (4.99)	5.69 (3.96)	7.49 (4.94)
适宜	29.09	26.77	37.9	30	41.93	35.13	48.89	36.63
低	40.18	22.46	38.49	24.04	33.46	26.18	33.33	25.52
中	28.84	37.91	21.6	31.35	19.48	24.71	12.6	25.72
高	1.87	12.87	2.02	14.59	5.12	13.99	5.18	12.16
DBI_DQD	33.59 (8.84)	29.01 (7.98)	30.05 (8.23)	26.51 (7.90)	27.18 (7.69)	23.91 (8.04)	25.24 (6.61)	21.71 (7.47)
适宜	0.24	1.23	0.12	2.31	1.39	4.34	2.22	8.43
低	12.75	24.02	21.43	33.79	32.67	46.05	35.55	50.01
中	35.79	42.58	43.9	42.03	42.33	36.43	48.89	33.74
高	51.29	32.22	34.58	21.85	23.62	13.2	13.32	7.83

5.3.3 收入分层下膳食平衡指数的变化特征

在收入分层下，处于不同收入梯度上的人群，其谷类食物、奶类豆类食物、动物类食物和食物种类的膳食平衡指数均有显著性差异，而且随着收入水平的提高，大部分食物的膳食平衡指数朝着适宜的方向变化，但是蔬菜和水果的膳食平衡指数随着收入梯度变化不明显（见表 5-8）。比较 1997 年和 2011 年的变化幅度，可以看出，奶类豆类、动物性食物的膳食平衡指数沿着收入梯度的变化在 2011 年更加显著，动物性食物从低收入水平的摄入不足增加至中高收入水平的摄入过量。

各项膳食平衡指数沿着收入梯度逐渐减小，因为膳食平衡指数在 0 值是最优状态，所以可以认为随着收入水平的提高，膳食质量有所提高。膳食质量的人群分布也表现出收入梯度的正效应，随着收入提高，分布在高水平不足（过量）的人群比例减少，分布在低水平不足（过量）、适量的人群比例增加。从反映膳食均衡的指标 DBI_DQD 来看，1997 年，我国居民主要分布在膳食中度失衡和高度失衡，收入分层下膳食高度失衡的人群比重分别是 66.15%、46.22%、31.90% 和 21.57%；2011 年，膳食质量有一定程度提高，居民主要分布在膳食低度失衡和中度失衡，收入分层下膳食高度失衡的人群比重分别是 32.70%、22.15%、15.52% 和 13.63%，相同收入分层的膳食失衡程度显著下降。

表 5－8　　　　　收入分层的膳食平衡指数变化特征

分类	低收入		中低收入		中高收入		高收入	
	1997 年	2011 年	1997 年	2011 年	1997 年	2011 年	1997 年	2011 年
DBI_谷类食物	7.06 (3.58)	6.81 (4.81)	6.08 (3.80)	6.18 (5.18)	4.84 (4.08)	5.15 (5.26)	4.11 (3.95)	4.43 (5.21)
DBI_蔬菜水果	-7.36 (1.47)	-5.65 (2.90)	-7.22 (1.53)	-5.38 (2.79)	-7.13 (1.91)	-5.31 (2.87)	-6.72 (2.12)	-5.26 (2.86)
DBI_奶类豆类	-9.09 (2.98)	-8.21 (3.12)	-8.63 (3.01)	-7.48 (3.25)	-8.40 (2.95)	-6.78 (3.28)	-8.16 (2.99)	-6.48 (3.40)
DBI_动物性食物	-6.73 (5.20)	-1.59 (5.00)	-4.38 (5.36)	-0.02 (4.59)	-2.26 (5.15)	1.15 (4.30)	-0.35 (5.09)	1.83 (4.25)
DBI_食物种类	-5.39 (1.21)	-3.88 (1.39)	-4.79 (1.30)	-3.34 (1.37)	-4.30 (1.31)	-2.89 (1.40)	-3.79 (1.38)	-2.66 (1.38)
DBI_LBS	28.95 (6.82)	20.84 (7.19)	25.75 (6.95)	18.32 (6.71)	23.38 (6.44)	16.67 (6.58)	21.09 (6.43)	15.92 (6.50)
适宜	0.25	9.66	0.91	16.58	2.25	23.02	5.24	25.87
低	24.58	56.56	40.45	62.75	50.53	61.05	60.78	62.65
中	45.42	27.91	42.64	18.49	38.89	14.58	28.88	10.42
高	23.75	5.87	15.99	2.17	8.34	1.70	5.07	1.02
DBI_HBS	7.45 (3.46)	8.30 (4.68)	6.81 (3.54)	8.28 (5.06)	6.14 (3.76)	7.98 (4.99)	6.18 (3.95)	7.78 (4.91)
适宜	24.09	27.80	30.80	31.17	40.62	32.13	40.96	33.27
低	39.67	24.38	41.80	20.57	36.80	25.97	36.55	26.26
中	35.09	36.62	25.48	34.21	21.14	26.26	17.90	26.63
高	1.17	11.19	1.92	14.02	1.75	15.63	4.57	13.83
DBI_DQD	36.40 (8.54)	29.15 (8.33)	32.65 (8.60)	26.60 (7.99)	29.52 (7.84)	24.65 (7.82)	27.27 (7.40)	23.70 (7.85)
适宜	0.08	1.11	0.33	2.36	0.17	4.26	0.75	5.03

续表

分类	低收入		中低收入		中高收入		高收入	
	1997 年	2011 年	1997 年	2011 年	1997 年	2011 年	1997 年	2011 年
低	5.76	23.71	13.83	34.03	21.91	41.04	32.63	44.83
中	28	42.4	39.62	41.43	46.06	39.15	45.05	36.5
高	66.15	32.7	46.22	22.15	31.9	15.52	21.57	13.63

注：本表汇报的是分类样本的膳食平衡指数的均值（标准误）和分布（%）。

5.4 中国城乡居民膳食平衡指数的影响因素

5.4.1 膳食平衡指数的影响因素

通过描述性分析和方差分析，1997～2011 年，收入提高、教育水平提高和膳食质量的提高都有正相关关系，那么收入和教育谁对膳食质量提高的解释力更大？两者的作用在不同时期是否发生变化？因此，为了研究我国成年居民膳食质量的影响因素及其动态变化，进一步明确不同因素的影响程度和显著性水平，本节延续第 3 章和第 4 章的计量模型，对 1997 年和 2011 年的样本数据分别进行线性回归。

$$DBI_{ij} = \beta_0 + \beta_1 E_i + \beta_2 X_{i2} + \cdots + \beta_K X_{iK} + \varepsilon_{ij}, i = 1, \cdots, N, j = 1, 2, 3 \tag{5-1}$$

其中，DBI_{ij}是第 i 个个体的第 j 种膳食平衡指数，E 表示教育水平，X 表示影响膳食平衡指数的其他人口和经济因素。模型因变量包括反映膳食摄入不足、膳食摄入过量和膳食失衡的三类膳食平衡指数。需要指出的是，这里没有采用面板数据模型，而是分别采用 1997 年和 2011 年的截面数据模型进行分析，一个重要的考虑是，我国 20 世纪 90 年代至今，经济社会等各方面一直处于变革时期，居民膳食质量状况同样在不断变化，还没有达到均衡状态，因此，分时段的截面回归可以更好地区分各影响因素对膳食质量影响的动态变化；另一个原因是借鉴 Popkin 等（2003）对美国 1965～1996 年膳食质量提高影响因素的分析方法，利用截面数据模型挖掘不同时期的驱动因素。模型自变量的定义和解释见表 5－9。

表5－9　　中国城乡居民膳食平衡指数模型的相关变量说明

变量	定义	赋值
个人特征：性别	女性＝1，男性＝0	0～1
年龄	18岁及以上	18～60
婚姻状况	已婚＝1，未婚＝0	0～1
民族	汉族＝1，其他＝0	0～1
BMI	体重（kg）/身高^2（m）	14～58
体力劳动程度	轻度，中度，中度（参照）	0～1
受教育年数		0～19
家庭特征：家庭人均收入		0～343328
家庭规模	人/户	1～13
居住城乡	城镇＝1，农村＝0	0～1
居住地区	北京、上海、江苏、山东、河南（对照）、湖北、湖南、广西、贵州、重庆、辽宁、黑龙江	0～1
城镇化指数	综合反映城镇化水平	1～106

根据表5－10的模型结果，对于本节重点关注的是教育水平和收入水平的弹性变化，可以发现膳食平衡指数随着教育水平的变化而变动更大。教育表现出显著提高膳食质量的作用，随着教育年数的提高，显著降低对膳食摄入不足、膳食摄入过量和膳食失衡的程度。而且，比较1997年和2011年的弹性值，教育对膳食质量的正向调节作用增强。收入对膳食质量的调节作用主要表现在显著降低膳食摄入不足和膳食失衡的程度，但是收入对膳食摄入过量的影响并不显著。比较1997年和2011年的收入弹性值可以发现，与教育的调节作用不同的是，收入对膳食质量的正向调节作用减弱。

表5－10　　1997和2011年中国城乡居民膳食平衡指数影响因素的弹性值

变量	DBI_LBS		DBI_HBS		DBI_DQD	
	1997年	2011年	1997年	2011年	1997年	2011年
女性	－0.0082**	－0.0283***	－0.0578***	－0.0841***	－0.0187***	－0.0457***
	(0.0039)	(0.0053)	(0.0091)	(0.0086)	(0.0038)	(0.0042)
年龄	0.0237	0.0396	－0.1986***	－0.1575***	－0.0233	－0.0217
	(0.0162)	(0.0285)	(0.0366)	(0.0465)	(0.0154)	(0.0228)

续表

变量	DBI_LBS		DBI_HBS		DBI_DQD	
	1997 年	2011 年	1997 年	2011 年	1997 年	2011 年
已婚	-0.0405 ***	-0.0230	0.0445 **	0.0421	-0.0225 ***	-0.0027
	(0.0090)	(0.0175)	(0.0203)	(0.0313)	(0.0085)	(0.0146)
汉族	0.0379 ***	-0.0143	0.0017	0.0437	0.0302 ***	0.0038
	(0.0107)	(0.0183)	(0.0244)	(0.0285)	(0.0107)	(0.0144)
BMI	-0.0906 ***	0.0150	-0.1139 *	0.0687	-0.0955 ***	0.0317
	(0.0292)	(0.0355)	(0.0691)	(0.0545)	(0.0281)	(0.0257)
体力劳动_轻度	-0.0128 ***	-0.0310 ***	-0.0454 ***	-0.0682 ***	-0.0197 ***	-0.0426 ***
	(0.0035)	(0.0096)	(0.0078)	(0.0149)	(0.0033)	(0.0076)
体力劳动_中度	-0.0040 **	-0.0090 ***	-0.0192 ***	-0.0159 ***	-0.0072 ***	-0.0112 ***
	(0.0020)	(0.0034)	(0.0046)	(0.0055)	(0.0019)	(0.0028)
受教育年数	-0.0516 ***	-0.0749 ***	-0.1114 ***	-0.0597 **	-0.0643 ***	-0.0702 ***
	(0.0092)	(0.0186)	(0.0207)	(0.0305)	(0.0088)	(0.0148)
家庭人均收入	-0.0566 ***	-0.0191 ***	-0.0101	-0.0027	-0.0468 ***	-0.0140 ***
	(0.0067)	(0.0050)	(0.0146)	(0.0101)	(0.0054)	(0.0043)
家庭规模	0.0098	-0.0040	0.0866 ***	0.0328	0.0261 ***	0.0074
	(0.0110)	(0.0164)	(0.0254)	(0.0261)	(0.0104)	(0.0131)
城镇	-0.0293 ***	-0.0404 ***	-0.0209 ***	0.0133 *	-0.0275 ***	-0.0237 ***
	(0.0030)	(0.0049)	(0.0070)	(0.0082)	(0.0029)	(0.0038)
城镇化指数	-0.2538 ***	-0.2625 ***	-0.0301	-0.0410	-0.2065 ***	-0.1936 ***
	(0.0158)	(0.0340)	(0.0359)	(0.0539)	(0.0151)	(0.0271)
地区变量	有	有	有	有	有	有
R2	0.3908	0.2355	0.1393	0.1636	0.3966	0.2690
样本量	4117	4043	4117	4043	4117	4043

注：①本表汇报的是线性方程的弹性估计结果；②*、**、*** 分别表示 10%、5% 和 1% 的显著性水平；③括号内为标准差。

5.4.2 收入、教育水平对膳食平衡指数的偏效应

为了进一步比较收入、教育水平变动对居民膳食平衡指数的影响，将收入变量按四分位数分组可划分为高、中高、中低、低收入四组，教育水平按小学及以下学历、初中学历、高中学历和本科及以上学历划分为四组，按照上述模型设定进行估计，标准化系数的结果列于表 5－11。衡量

膳食摄入不足的模型中（DBI_LBS），教育和收入水平的提高均显著降低摄入不足的程度。比较各变量对 DBI_LBS 影响的标准化系数可以看出，1997 年随着收入水平的提高，其标准化系数绝对值逐渐增加，说明收入有明显的梯度效应，但是教育并没有表现出明显的梯度效应；2011 年教育和收入都表现出一定的梯度效应，但是各收入梯度上的系数差异不大，说明收入的梯度效应显著性明显下降。虽然教育的偏效应始终小于收入的偏效应，但是比较 1997 年和 2011 年两个变量标准化系数的动态变化可以发现，教育水平提高对膳食摄入不足的改善作用增强，相反地，收入水平提高对膳食摄入不足的改善作用减弱。衡量膳食摄入过量的模型中（DBI_HBS），1997 年收入和教育水平的提高均显著降低摄入过量的程度，但是 2011 年收入水平提高对 DBI_HBS 的影响发生方向性变化，收入的偏效应从降低过量程度的作用转变为提高过量程度的作用；教育水平提高对膳食摄入过量的偏效应仍然表现抑制作用，系数在高中学历是显著的。衡量膳食失衡的模型中（DBI_DQD），随着教育和收入水平的提高，膳食失衡状况均显著下降。比较各变量对 DBI_DQD 影响的标准化系数可以看出，收入有明显的梯度效应，随着收入水平的提高，其标准化系数绝对值逐渐增加，说明收入对膳食失衡的调整随着收入水平提高，作用增强，但是 2011 年收入的偏效应有所减小。2011 年教育也开始表现出一定的梯度效应，随着教育水平的提高，对膳食失衡的调整作用增强，而且，比较 1997 年和 2011 年教育系数的动态变化可以发现，本科及以上学历的系数显著增加，说明高学历对膳食质量的正向调节作用正在增强。

表 5－11　　收入、教育水平对膳食平衡指数的偏效应

变量	DBI_LBS		DBI_HBS		DBI_DQD	
	1997 年	2011 年	1997 年	2011 年	1997 年	2011 年
教育水平_初中	－0.0251 * (0.2207)	－0.0364 ** (0.2598)	－0.0807 *** (0.1344)	－0.0156 (0.1924)	－0.0546 *** (0.2673)	－0.0402 ** (0.3002)
教育水平_高中	－0.0469 *** (0.3396)	－0.0418 ** (0.3211)	－0.0413 *** (0.2068)	－0.0339 * (0.2378)	－0.0559 *** (0.4112)	－0.0556 *** (0.3710)
教育水平_本科及以上	－0.0138 (0.5688)	－0.0495 *** (0.4328)	－0.0240 * (0.3464)	－0.0279 (0.3205)	－0.0214 ** (0.6889)	－0.0586 *** (0.5001)
家庭人均收入_中低	－0.1060 *** (0.2550)	－0.0871 *** (0.2821)	－0.0126 (0.1553)	0.0055 (0.2089)	－0.0924 *** (0.3088)	－0.0705 *** (0.3260)

续表

变量	DBI_LBS		DBI_HBS		DBI_DQD	
	1997 年	2011 年	1997 年	2011 年	1997 年	2011 年
家庭人均收入_中高	-0.1483***	-0.1137***	-0.0764***	0.0120	-0.1541***	-0.0892***
	(0.2671)	(0.2971)	(0.1627)	(0.2200)	(0.3235)	(0.3433)
家庭人均收入_高	-0.2200***	-0.1158***	-0.0419**	-0.0146	-0.1984***	-0.1069***
	(0.2794)	(0.3129)	(0.1701)	(0.2317)	(0.3384)	(0.3616)

注：①本表汇报的是线性方程的标准化系数估计结果；②*、**、*** 分别表示 10%、5% 和 1% 的显著性水平；③括号内为标准差；④收入组变量以低水平为参照，教育组变量以小学及以下组为参照。

5.5 教育水平、膳食知识与膳食质量

经过前面章节的研究，在分析消费者食物消费、营养摄入和膳食质量的差异上，教育是重要的解释变量。事实上，更高的教育水平不仅使个体获取更多与食物、营养相关的知识信息，而且帮助消费者形成健康饮食的信念，进而影响食物消费态度和行为。根据“知识—态度—行为”分析框架，膳食知识是消费者改变行为的前提，并且作为信息效率的代理变量，联结教育水平和膳食行为，因此是重要的中介变量。本节使用反映膳食整体水平的膳食平衡指数代表消费者食物消费和营养摄入行为，需要解决的主要问题是：消费者的教育水平越高，是否意味着其膳食知识越丰富？教育水平对膳食质量的影响能否通过膳食知识这一渠道来传导？

5.5.1 膳食知识指数

膳食知识是消费者所具备的，能够帮助分辨真假，区分事实和谬误，指导膳食行为的信息储备。衡量消费者的膳食知识水平并非易事，但为研究需要，通过正误判断的问卷调查建立消费者的膳食知识指数（Nutrition Knowledge Index，NKI）是最常用的方法。CHNS 数据库从 2004 年开始对被调查者的膳食知识的知晓情况进行调查。膳食知识具体条目包括 9 项：吃很多水果和蔬菜的膳食习惯对健康非常有益；多吃糖对健康有益；吃不同种类的食物对健康有益；吃高脂肪的食物对健康有益；吃大量主食（如米饭、面食）的膳食习惯是不利于健康的；每天吃很多肉类食物（如鱼、家禽、鸡蛋、瘦肉）对健康有益；减少膳食中肥肉和动物脂肪的量对健康

有益；喝奶和吃乳制品对健康有益；吃豆及豆制品对健康有益。将此9个问项的观点分为“极不赞同”“不赞同”“中立”“赞同”“极赞同”和“不知道”六个选项。根据9项膳食知识，建立关于消费者的膳食知识指数。将“极不赞同”和“不赞同”统一为不赞同，将“赞同”和“极赞同”统一为赞同。基于世界卫生组织1998年的标准，确立了膳食知识指数的计分指标，针对每一项膳食知识条目，消费者回答正确得1分，回答错误得-1分，消费者回答“中立”或者“不知道”得0分（Shimokawa，2013）。

从整体来看，2004～2011年，我国居民的膳食知识水平有所提高（见图5-1）。2004～2006年是提高最为显著的时期，居民平均膳食知识指数从1.62增加至5.43，2006～2011年，消费者的膳食知识指数增加缓慢，2011年全国居民的膳食知识指数平均值为5.91，相比于2004年，提高了近3倍。从膳食知识指数的分布上来看，2004年大多数消费者仅能答对1～3项膳食知识条目，其中答对2项条目的消费者最多，所占比重近30%。2011年膳食知识指数的分布明显整体向右移动，大多数消费者能答对5～7项膳食知识条目，而且获得满分的消费者占到15%左右。

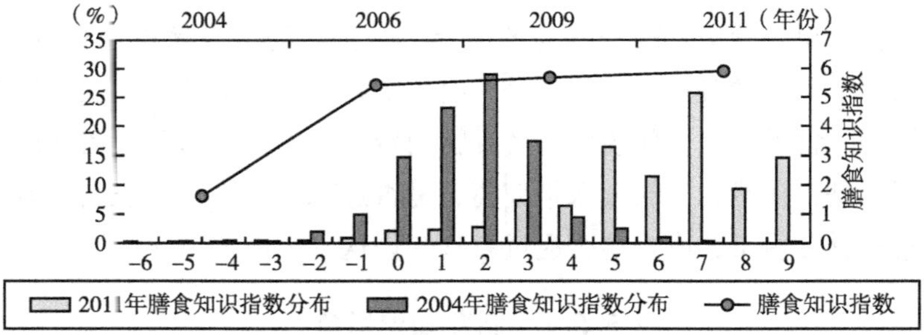

图5-1　2004～2011年中国城乡居民膳食知识指数变化趋势

5.5.2　膳食知识指数的单因素方差分析

运用SPSS统计分析软件，采取单因素方差分析中的Dunnett's T3检验方法①，对2011年不同类型消费者膳食知识指数的差异进行统计检验，比较各样本组之间差异的显著性。

① 方差齐性检验表明样本不满足齐次性方差，因此采用未假设方差齐次性的Dunnett's T3对样本进行事后分析。

（1）不同年龄的分析。

消费者的膳食知识指数随着年龄的增加而下降，19～29岁消费者的均值最高，50～59岁消费者的均值最低（见表5－12）。表5～13的事后检验中，均值最高（19～29岁）的消费者与40～49岁、50～59岁的消费者对膳食知识的知晓程度有显著差异，与30～39岁消费者没有显著差异；均值最低（50～59岁）的消费者与30～39岁、40～49岁的消费者对膳食知识的知晓程度均没有显著差异。这可能是因为年轻消费者的营养健康信息来源丰富，通过网络、电视、社交平台接收到的信息较多，因此膳食知识存量相对较大，而年长消费者信息渠道相对单一，对某些膳食知识存在常识性错误或者误区，所以膳食知识指数相对较低（见表5－13）。

表5－12　　不同消费者类型的膳食知识指数特征

类别	变量	平均数	标准偏差	样本量
不同年龄	19～29岁	6.22	2.365	407
	30～39岁	6.01	2.384	803
	40～49岁	5.89	2.300	1412
	50～59岁	5.78	2.465	1407
不同地区	城市	6.28	2.240	869
	郊区	6.17	2.228	546
	县城	6.04	2.321	720
	农村	5.61	2.478	1894
不同教育水平	小学及以下	5.34	2.530	1110
	初中	5.90	2.364	1486
	高中	6.30	2.234	965
	本科及以上	6.51	2.078	468
不同收入水平	低收入	5.59	2.460	990
	中低收入	5.79	2.398	1001
	中高收入	6.01	2.401	1010
	高收入	6.27	2.223	1028
均值		5.91	2.385	4029

表 5-13　不同年龄的 Dunnett's T3 检验

年龄（I）	年龄（J）	均值差（I-J）	标准误	显著性
19～29 岁	30～39 岁	0.20	0.144	0.637
	40～49 岁	0.33	0.132	0.079
	50～59 岁	0.44	0.134	0.007
30～39 岁	40～49 岁	0.12	0.104	0.808
	50～59 岁	0.24	0.107	0.154
40～49 岁	50～59 岁	0.11	0.090	0.751

（2）不同地区的分析。

不同地区消费者的膳食知识指数存在差异，由高到低排名依次是：城市、郊区、县城、农村（见表 5-12）。表 5-14 的事后分析中，农村消费者的膳食知识水平均显著低于城市消费者、郊区消费者和县城消费者，而其他三个地区的消费者的膳食知识水平没有显著差异。

表 5-14　不同地区的 Dunnett's T3 检验

地区（I）	地区（J）	均值差（I-J）	标准误	显著性
城市	郊区	0.11	0.122	0.935
	县城	0.24	0.115	0.205
	农村	0.67	0.095	0.000
郊区	县城	0.13	0.129	0.896
	农村	0.56	0.111	0.000
县城	农村	0.43	0.104	0.000

（3）不同教育水平的分析。

各学历层次消费者的膳食知识指数的均值由高到低分别是：本科及以上、高中、初中、小学及以下（见表 5-12）。均值最高（本科及以上）的膳食知识指数比均值最低（小学及以下）的膳食知识指数高 18%，说明消费者的不同学历造成膳食知识知晓程度的显著差异，而且教育水平越高、膳食知识水平越高。其中，除了高中学历的消费者和本科及以上学历的消费者对膳食知识的知晓程度没有显著性差异外，其他受教育层次的消费者的膳食知识水平均有显著性差异，也就是说，高中及以上学历的消费者在膳食知识的储备上没有明显差异（见表 5-15）。其原因可能是不同学历的消费者所具备的知识水平和认知能力不同，学历层次较高的消费者拥有较好的知识储备和信息搜寻、理解能力，因此具备较高的膳食知识水平；学历层次较低的消费者可能对健康饮食缺乏一定的认知，并且信息搜寻和理解能力相对较差，导致膳食知识储备不足。

表5－15　　　　不同教育水平的 Dunnett's T3 检验

教育水平（I）	教育水平（J）	均值差（I－J）	标准误	显著性
小学及以下	初中	－0.56	0.098	0.000
	高中	－0.96	0.105	0.000
	本科以及上	－1.18	0.122	0.000
初中	高中	－0.40	0.094	0.000
	本科以及上	－0.61	0.114	0.000
高中	本科以及上	－0.21	0.120	0.382

（4）不同收入水平的分析。

随着收入水平的提高，消费者的膳食知识指数也在增加（见表5－12）。其中低收入和中低收入消费者的膳食知识水平没有显著差异，而低收入、中低收入与中高收入、高收入，中高收入和高收入的消费者之间，均存在显著的差异（见表5－16）。

表5－16　　　　不同收入水平的 Dunnett's T3 检验

收入水平（I）	收入水平（J）	均值差（I－J）	标准误	显著性
低收入	中低收入	－0.16	0.109	0.605
	中高收入	－0.42	0.109	0.001
	高收入	－0.68	0.104	0.000
中低收入	中高收入	－0.26	0.107	0.086
	高收入	－0.53	0.103	0.000
中高收入	高收入	－0.26	0.103	0.058

5.5.3　教育是否通过膳食知识影响膳食质量?

5.5.3.1　模型和变量

根据5.5.2节分析，教育水平和膳食知识指数存在显著的正相关关系。基于此，本节待检验假说是教育通过提高消费者的膳食知识水平，增加在食物消费方面的配置效率，进而改善消费者的膳食行为。为了全面衡量消费者的膳食行为，本节选取评价膳食整体质量的三个维度的膳食平衡指数作为因变量进行分析。方程（5－2）延续膳食平衡指数的影响因素分析模型，方程（5-3）是在方程（5-2）的基础上加入膳食知识指数变量。根据 Kenkel（1991）、Cutler 和 Lleras-Muney（2010）方法，如果教育水平通过膳食知识增加对膳食质量产生影响，那么方程（5-3）中教育水平对膳食平衡指数的偏效应会降低，甚至是变得不显著；反之，将不会发生显著变化。方程（5-2）和方程（5-3）分别对应表 5-18 中模型（1）和模型（2），利用 2004~2011 年的面板数据模型对上述假说进行验证，模型自变量的定义和解释见表 5-17。

$$DBI_i = \beta_0 + \beta_1 EDU_i + \beta_2 X_i + \varepsilon_i \tag{5-2}$$

$$DBI_i = \gamma_0 + \gamma_1 EDU_i + \gamma_2 NKI_i + \gamma_3 X_i + \mu_i \tag{5-3}$$

表 5-17　　膳食平衡指数影响因素模型的相关变量说明

变量	定义	赋值
个人特征：性别	女性=1，男性=0	0~1
年龄	18 岁及以上	18~60
婚姻状况	已婚=1，未婚=0	0~1
民族	汉族=1，其他=0	0~1
BMI	体重（kg）/身高^2（m）	14~58
体力劳动程度	轻度，中度，中度（参照）	0~1
受教育年数		0~19
家庭特征：家庭人均收入	单位为千元	0~343328
家庭规模	人/户	1~13
居住城乡	城镇=1，农村=0	0~1
居住地区	北京、上海、江苏、山东、河南（对照）、湖北、湖南、广西、贵州、重庆、辽宁、黑龙江	0~1
城镇化指数	综合反映城镇化水平	1~106
膳食知识指数	综合反映膳食知识水平	-7~9

5.5.3.2　实证结果

本章所关注的教育水平的系数全部在 1% 的水平上显著，说明估计结果是稳健的。膳食平衡指数取值为“0”表示不存在摄入过量和摄入不足的情况，达到膳食结构平衡，其他情况下，分值越高，膳食质量越差。因此，教育水平的系数为负，表明教育水平越高，膳食质量越高，教育水平对膳食质量的提高存在显著的促进作用，这一点已经在 5.5.2 节得到证实。而本节的关键在于，证实教育通过提高膳食知识水平，从而实现对膳食质量提高的促进作用。因此，把实证模型分为不同的设定形式，不仅是简单的罗列模型回归结果，更重要的是为了发现膳食知识在教育与膳食质量关系中的作用。因此，在表5－18的模型（1）中加入膳食知识变量，以检验其影响。检验的机理是：如果教育水平是通过膳食知识增加对健康膳食产生影响的，那么模型（2）中教育水平对膳食平衡指数的偏效应会降低，甚至是变得不显著。根据实证结果，加入膳食知识变量后，DBI_LBS为因变量的模型中，教育水平估计系数的绝对值从0.2128下降至0.2099；DBI_HBS为因变量的模型中，教育水平估计系数的绝对值从0.0586下降至0.0584，同样地，DBI_DQD为因变量的模型中，教育水平估计系数的绝对值从0.2721下降至0.2690，可见教育是部分地通过提高膳食知识水平来影响膳食质量的，在这里，理论假设得到了验证。值得注意的是，膳食知识指数在摄入不足（DBI_LBS）和膳食平衡（DBI_DQD）的模型中影响显著，但是对摄入过量（DBI_HBS）没有显著影响。

值得注意的是，以上分析是建立在膳食知识指数作为外生变量的前提下，但膳食知识指数可能是内生变量，因为可能存在未观测变量同时影响消费者的膳食知识以及膳食质量。例如，注重健康养生的消费者，在给定的任何膳食知识水平下，都会选择更健康合理的膳食行为，同时增加对膳食知识的获取。也就是说，上述模型结果反映的膳食知识对膳食平衡指数的正向影响效果包含未观测变量——养生倾向的影响。如果膳食平衡指数是内生性变量，需要通过面板数据模型的工具变量法进行修正。在工具变量的选择上，综合考虑数据的可获得性，选取消费者看电视和阅读的活动偏好作为膳食知识指数变量的工具变量。因为膳食知识作为营养健康信息的存量，可以来源于消费者在接受学历教育阶段的认知，也可以来源于营养信息的获取，电视等大众媒介作为营养信息的主要渠道（王茵、何秀荣，2017），消费者收看电视节目和阅读的参与度更高，对营养信息的获取膳食知识储备有正向影响。因此利用面板数据工具变量法的估计结果见表5－18中模型（3）。采用面板数据模型的Hausman检验对膳食知识变量是否具有内生性进行检验，结果证实了DBI_LBS模型和DBI_DQD模型均存在内生性，因此采用工具变量法进行估计是合理的。比较模型（1）和模型（3）中教育水平的系数，在摄入不足（DBI_LBS）为因变量的方程中，教育系数的绝对值从0.2128下降为0.1578，系数变化幅度为25.85%，在膳食平衡（DBI_DQD）为因变量的方程中，教育系数的绝对值从0.2721下降为0.2107，系数变化幅度为22.57%，证明教育确实部分地通过提高膳食知识水平来影响膳食质量的，而且比较模型（2）和模型（3）的结果，发现采用工具变量法进行估计可以更合理、准确地描绘膳食知识在教育和膳食质量关系中所发挥的中介作用。

表 5 – 18　　教育影响膳食质量渠道分析的面板数据模型估计结果

变量	DBI_LBS			DBI_HBS			DBI_DQD		
	模型（1）	模型（2）	模型（3）	模型（1）	模型（2）	模型（3）	模型（1）	模型（2）	模型（3）
女性	– 0. 6574 ***	– 0. 6549 ***	– 0. 5872 ***	– 0. 9177 ***	– 0. 9175 ***	– 0. 9143 ***	– 1. 5785 ***	– 1. 5759 ***	– 1. 4976 ***
	(0. 1230)	(0. 1229)	(0. 1292)	(0. 0858)	(0. 0858)	(0. 0856)	(0. 1444)	(0. 1443)	(0. 1490)
年龄	0. 0012	0. 0008	– 0. 0039	– 0. 0175 ***	– 0. 0176 ***	– 0. 0180 ***	– 0. 0167 **	– 0. 0171 **	– 0. 0218 ***
	(0. 0067)	(0. 0067)	(0. 0073)	(0. 0046)	(0. 0046)	(0. 0047)	(0. 0078)	(0. 0078)	(0. 0084)
已婚	– 0. 7473 ***	– 0. 7423 ***	– 0. 7184 ***	0. 2211	0. 2215	0. 2267 *	– 0. 5130 **	– 0. 5081 **	– 0. 5127 * *
	(0. 2057)	(0. 2056)	(0. 2234)	(0. 1431)	(0. 1431)	(0. 1435)	(0. 2403)	(0. 2402)	(0. 2576)
汉族	– 0. 3685 *	– 0. 3691 *	– 0. 3671 *	– 0. 0953	– 0. 0954	– 0. 0962	– 0. 4655 **	– 0. 4661 *	– 0. 4682 *
	(0. 2081)	(0. 2080)	(0. 2152)	(0. 1452)	(0. 1452)	(0. 1444)	(0. 2446)	(0. 2444)	(0. 2481)
BMI	– 0. 0224	– 0. 0211	0. 0070	0. 0305 ***	0. 0306 ***	0. 0321 ***	0. 0070	0. 0084	0. 0381 *
	(0. 0166)	(0. 0166)	(0. 0185)	(0. 0116)	(0. 0116)	(0. 0120)	(0. 0194)	(0. 0194)	(0. 0213)
体力劳动_轻度	– 2. 2232 ***	– 2. 2336 ***	– 2. 5649 ***	– 0. 9499 ***	– 0. 9507 ***	– 0. 9646 ***	– 3. 1461 ***	– 3. 1578 ***	– 3. 5399 ***
	(0. 1550)	(0. 1550)	(0. 1736)	(0. 1077)	(0. 1077)	(0. 1106)	(0. 1808)	(0. 1808)	(0. 2002)
体力劳动_中度	– 1. 6036 ***	– 1. 6100 ***	– 1. 8274 ***	– 0. 5315 ***	– 0. 5320 ***	– 0. 5419 ***	– 2. 1147 ***	– 2. 1220 ***	– 2. 3919 ***
	(0. 1687)	(0. 1686)	(0. 1881)	(0. 1171)	(0. 1171)	(0. 1182)	(0. 1963)	(0. 1962)	(0. 2168)
受教育年数	– 0. 2128 ***	– 0. 2099 ***	– 0. 1578 ***	– 0. 0586 ***	– 0. 0584 ***	– 0. 0546 ***	– 0. 2721 ***	– 0. 2690 ***	– 0. 2107 ***
	(0. 0192)	(0. 0192)	(0. 0239)	(0. 0133)	(0. 0134)	(0. 0153)	(0. 0224)	(0. 0224)	(0. 0275)
膳食知识指数		– 0. 0901 ***	– 1. 4520 ***		– 0. 0079	– 0. 1252		– 0. 0981 ***	– 1. 5989 ***
		(0. 0243)	(0. 3658)		(0. 0168)	(0. 2326)		(0. 0282)	(0. 4217)

续表

变量	DBI_LBS			DBI_HBS			DBI_DQD		
	模型（1）	模型（2）	模型（3）	模型（1）	模型（2）	模型（3）	模型（1）	模型（2）	模型（3）
家庭规模	0.0462 (0.0456)	0.0521 (0.0456)	0.1351 *** (0.0539)	0.0766 * (0.0317)	0.0771 ** (0.0318)	0.0852 ** (0.0351)	0.1223 ** (0.0533)	0.1288 *** (0.0533)	0.2256 *** (0.0622)
家庭人居收入	-0.0331 *** (0.0039)	-0.0326 *** (0.0039)	-0.0262 *** (0.0048)	0.0021 (0.0027)	0.0021 (0.0027)	0.0027 (0.0030)	-0.0308 *** (0.0045)	-0.0303 *** (0.0045)	-0.0245 *** (0.0056)
城镇	-2.2917 *** (0.1399)	-2.3187 *** (0.1400)	-2.6270 *** (0.1811)	0.0447 (0.0975)	0.0423 (0.0977)	0.0076 (0.1199)	-2.2595 *** (0.1641)	-2.2888 *** (0.1642)	-2.6208 *** (0.2088)
城镇化指数	-0.0410 *** (0.0019)	-0.0363 *** (0.0023)	0.0322 * (0.0188)	0.0017 (0.0013)	0.0021 (0.0016)	0.0082 (0.0122)	-0.0392 *** (0.0022)	-0.0341 *** (0.0026)	0.0415 ** (0.0217)
地区变量	有	有	有	有	有	有	有	有	有
常数项	31.8546 *** (0.6443)	31.9643 *** (0.6446)	33.5055 *** (0.8298)	10.0108 *** (0.4485)	10.020 *** 4 (0.4490)	10.1642 *** (0.5305)	41.8940 *** (0.7539)	42.0123 *** (0.7542)	43.7026 *** (0.9567)
Wald chi2	4559.73	4579.80	4105.31	1708.13	1708.45	1728.68	4797.59	4817.04	4483.07
样本量	13019	13019	13019	13019	13019	13019	13019	13019	13019

注：①本表汇报的是随机效应模型的估计结果；②*、**、*** 分别表示 10%、5% 和 1% 的显著性水平；③括号内为聚类稳健标准差。

第6章 消费者营养健康信息搜寻及其对食物消费的影响

本书至此已经证实教育能够通过提高消费者的膳食知识水平，改善膳食质量，进而提高个人的健康水平。但是，膳食知识作为“信息效率”的代理变量，是学历教育和营养健康信息存量的复合产物，CHNS 数据库没有涉及消费者对营养健康信息搜寻行为的相关问项，对于直接分析教育通过提高信息效率影响膳食行为显然不能满足。现实情况是，随着消费者对食物营养健康属性的需求越来越强烈，有关营养和慢性疾病密切相关的信息、合理膳食的指导通过广播、电视节目、网络等媒介传递给消费者；同时，政府相关部门发布的《中国居民膳食指南》和“平衡膳食宝塔”等信息为居民合理调配膳食提供专业的、可操作性的指导；包装食品标识的营养成分表和健康声称可以帮助消费者在发生购买行为时进行知情选择。舒尔茨（1975）指出个人对新信息的处理和整合能力受到教育水平等因素的影响，消费者信息使用效率的异质性使得从微观个体考察信息对消费行为的影响十分必要。因此，本章利用北京市消费者的调查数据进行案例讨论，重点分析消费者营养健康信息搜寻行为的影响因素，以及营养健康信息对食物消费行为的影响，特别是从信息效率角度直接探究教育对膳食行为的影响渠道。这些不仅是对前述章节更深入的研究，而且为我国开展营养教育提供了实证支持。

6.1 样本和数据采集

本章研究数据来源于 2015 年 6 ~ 8 月在北京市的消费者问卷调查。为保证问卷质量，调查采取面对面的访问方式，每份问卷需要 20 ~ 25 分钟。共发放问卷 500 份，将回收问卷中出现关键信息漏答或明显逻辑错误的问卷视为无效问卷，最终获得有效问卷 464 份，问卷有效率为 92. 8%。

6. 1. 1　样本基本特征

根据表 6 – 1 的被调查者基本统计特征，从性别比例来看，女性稍多于男性，占总样本的 52. 37%。考虑到女性通常在家庭食物消费决策中起到更为重要的作用，样本中女性比例稍大可能会更好地反映营养健康信息的需求以及信息对食物消费行为的影响状况。已婚消费者占绝大多数。从年龄和教育水平来看，年龄在 21 ~ 60 岁，大专、本科及以上的教育程度较多。从家庭月收入水平来看，收入主要集中在 5001 ~ 18000 元，其中家庭月收入在 5001 ~ 10000 元的消费者占到总样本的 39. 22%，收入在 10001 ~ 18000 元的消费者占总样本的 26. 51%。被访者的工作类型以公司职员居多，占总样本的 30. 6%。另外，退休人员占总样本的 24. 78%。

表 6 – 1　　　　　　被调查消费者的基本统计特征

统计指标	分类指标	人数	比例（%）	统计指标	分类指标	人数	比例（%）
性别	男性	221	47. 63	年龄	18 ~ 20	3	0. 65
	女性	243	52. 37		21 ~ 30	93	20. 04
婚姻状况	已婚	388	83. 62		31 ~ 40	114	24. 57
	未婚	76	16. 38		41 ~ 50	98	21. 12
受教育程度	初中及以下	56	12. 07		51 ~ 60	65	14. 01
	高中	73	15. 73		61 ~ 70	59	12. 72
	大专	84	18. 10		>70	27	5. 82
	大学本科	178	38. 36	工作类型	政府机关及事业单位	71	15. 30
	研究生及以上	73	15. 73		公司职员	142	30. 60
家庭月收入（元）	5000 及以下	57	12. 28		个体工商户、服务业	43	9. 27
	5001 ~ 10000	182	39. 22		医生、教师和科技人员	35	7. 54
	10001 ~ 18000	123	26. 51		学生	8	1. 72
	18001 ~ 30000	56	12. 07		退休人员	115	24. 78
	30000 以上	34	7. 33		其他	50	10. 78

6.1.2　问卷数据采集

（1）营养健康信息的搜寻行为。首先是关于消费者对营养健康信息的关注程度或者搜寻兴趣的问项，根据李克特5点量表统计，1表示完全没有兴趣，5表示非常有兴趣。其次是消费者营养健康信息的搜寻时间的问项，该部分分为两部分：一是消费者从整体评估其营养健康信息的搜寻时间；二是消费者分别对不同信息渠道的搜寻时间进行回答，考察的信息渠道包括7个：电视节目、网络、报纸杂志和广播、政府宣传、咨询营养专家或医生、亲朋好友口口相传、阅读食品营养标签。信息的搜寻时间均根据李克特5点量表统计搜寻频率，1表示最低频率“从不”，5表示最高频率“总是”。最后是消费者对信息的效果评价的问项，分为两个部分，一是“获得的营养健康信息对您的饮食是否有影响?”，根据李克特5点量表统计，1表示完全没影响，5表示非常有影响。二是“指出有哪些影响：更加重视健康均衡饮食、膳食知识增加、利用食疗信息改善常见病、饮食习惯改善、把自己认为有用的信息推荐给亲朋好友、以上都没有，被动接受”。

（2）食物摄入情况。在调查方法上，回顾法、称重法和食物频率法是评估食物摄入量的常用调查方法。食物频率法可以反映群体及个体的食物摄入情况，尤其对消费频率较高的食物，与称重法结果相近（李艳平等，2006），同时考虑到调研成本和数据易获得性，本调查采用食物频率法评估被调查者的食物摄入量。在调查类别上，问卷选取日常生活中摄入频率较高并且与健康息息相关的食物种类，即蔬菜水果类、猪牛羊等畜肉（红肉类）、鱼禽肉（白肉类）、牛奶及奶制品。消费者从以下选项中选择食用频率：每天多次、每天一次、每周4～6次、每周1～3次、每月1～3次、很少或从不。为分析上的便利，笔者在数据处理时将上述频率分别按每周频率转化，即14次/周、7次/周、5次/周、2次/周、0.5次/周、0次/周。

（3）消费者营养健康信息存量。与食物类别相对应，营养健康信息包括蔬菜水果类信息、红肉类信息、白肉类信息和牛奶及奶制品类信息。每类信息包括两个方面，一是消费者是否知晓相关食物的膳食建议，二是消费者是否知晓相关食物与健康的关系。具体而言，调查问卷询问消费者是否了解以下信息：“适当增加蔬菜和水果的摄入种类和数量”和“蔬菜水果的摄入可改善血压与心血管疾病”；“减少猪肉等红肉摄入”和“红肉类不利于心脑血管病、超重、肥胖等疾病的预防”；“适当多吃鱼、禽肉”和“白肉对预防血脂异常和心脑血管疾病等具有重要作用”；“增加牛奶等奶制品的摄入”和“饮奶有利于预防骨质疏松”。每种信息变量均是0、1变量。

（4）营养意识，“是否同意遵循合理的饮食原则对维持健康很重要”，采用李克特5点量表统计，1表示完全不同意，5表示完全同意。

（5）社会经济背景。包括性别、年龄、婚姻状况、受教育程度、工作类型、家庭月收入、家庭规模、是否患有慢性疾病、参与家庭食物购物频率、家中是否有学龄前儿童以及是否有营养学、医学知识背景等。

6.2 消费者营养健康信息搜寻行为的基本特征

营养健康信息的搜寻行为是指消费者通过口头或者非口头行为，获取、澄清或者确认与营养和健康相关的知识或者信息的过程（李月琳、蔡文娟，2012）。信息搜寻行为可以通过多种渠道实现。根据目前掌握的文献，还没有发现有国内学者从不同信息渠道比较的视角分析消费者营养健康信息的搜寻行为及其影响因素。我国消费者对营养健康信息的搜寻情况如何？对不同信息渠道的营养健康信息的搜寻行为是否有显著差异？影响消费者搜寻营养健康信息的主要因素是什么？教育水平提高是否促进信息搜寻频率的增加？分析这些问题，能够加深了解通过不同信息渠道搜寻营养健康信息的消费者特性，为提高营养健康信息的传播效率，促进合理均衡膳食和提高公众健康水平提供依据。

6.2.1 消费者信息搜寻的渠道差异

在我国，大众媒介是营养健康信息的主要渠道，有关营养与慢性疾病密切相关的信息、合理膳食的指导，通过广播、电视节目、网络等媒介传递给消费者；政府相关部门发布的《中国居民膳食指南》和“平衡膳食宝塔”等信息为居民合理调配膳食提供专业的、可操作性的指导；此外，咨询专家和亲朋好友口口相传等人际交流也是消费者获得营养健康信息的重要渠道（见表6-2）。

表 6-2 消费者搜寻营养健康信息的渠道差异

信息渠道	搜寻频率①(样本量、百分比)			平均值
	很少	偶尔	经常	
网络	126 (27.15%)	98 (21.12%)	233 (50.22%)	3.31
电视节目	93 (20.04%)	150 (32.33%)	215 (46.34%)	3.37
报纸杂志和广播	182 (39.22%)	142 (30.60%)	130 (28.02%)	2.87
政府宣传	297 (64.01%)	113 (24.35%)	42 (9.05%)	2.24
咨询营养专家或医生	348 (75.00%)	83 (17.89%)	22 (4.74%)	1.94
亲朋好友口口相传	115 (24.78%)	169 (36.42%)	171 (36.85%)	3.16
阅读食品营养标签	137 (29.53%)	135 (29.09%)	192 (41.38%)	3.15

6.2.2 消费者信息搜寻的效果差异

总体来看，消费者对营养健康信息的效果评价普遍较高，63.93%的被调查者表示营养健康信息对改善膳食有积极正向的影响，24.83%的消费者对营养健康信息的影响效果持中立态度，只有11.23%的被调查者认为营养健康信息对膳食行为没有影响。图6-1描述了营养健康信息具体的影响效果，可以看出，营养健康信息对消费者产生的重要影响是使其更加重视健康均衡膳食以及增加膳食知识。根据自我认知经验理论（Epstein，2003），消费者通过两种方法进行决策：一个是经验方法，运用情感进行快速评估；另一个是认知方法，运用理性思考进行更为慎重的评估。因此，营养健康信息通过提高消费者的认知水平，促进其做出合理决策。数据还表明营养健康信息改变消费者的膳食行为，消费者积极利用食疗信息改善常见病或者改善膳食习惯。信息搜寻也表现出一定的外部性，消费者会将自己认为有用的信息传播给亲朋好友。

① 描述性统计和方差分析中，根据被调查者对信息渠道搜寻频率的五分值表，1~2="很少"，3="偶尔"，4~5="经常"。

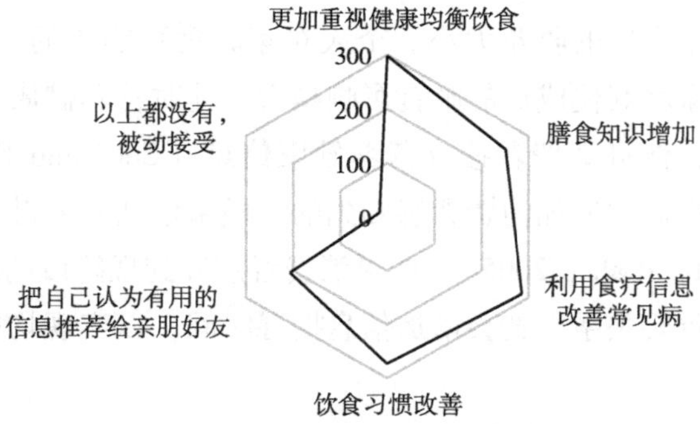

图 6-1 消费者搜寻营养健康信息的效果差异

6.3 消费者营养健康信息搜寻行为的影响因素

6.3.1 理论基础

搜寻营养健康信息是消费者合理有效做出食物购买决策的基础。在信息经济学中，最常用的是斯蒂格勒提出的成本——收益分析法（Stigler，1961）来分析消费者的信息搜寻行为，针对本研究，消费者面对不同信息渠道的营养健康信息，通过权衡边际收益和边际成本，只要边际成本不超过边际收益，消费者将会持续地搜寻信息。因此，本章从收益和成本两个方面分析消费者营养健康信息搜寻行为的影响因素。

6.3.1.1 影响收益的因素

搜寻营养健康信息的收益大小取决于消费者对营养和健康的持久性需求（Feick and Herrmann，1986）。第一，消费者搜寻营养健康信息获得的收益大小会因其社会经济特征有所差异。个人特征中，年龄和健康状况是重要的影响因素。根据 Grossman 提出的健康生产函数，将健康看作一种耐用资本存量并且随年龄增长而减少，消费者通过健康投资增加健康资本存量。如果把搜寻营养健康信息的行为视为一种健康投资，随着年龄的增长，个体为规避健康风险，维持一定的健康水平，搜寻营养健康信息的动机增加（Mitchell and Boustani，1993）。与此类似的是健康状况，它直接影响消费者对营养的持久性需求以及膳食行为，健康状况较差的消费者更需要合理膳食，对营养健康信息的需求增加（Bundorf et al.，2006）。家庭特征中，特殊人群的存在，如儿童，会增加对食物营养和健康的需求，进而提高营养健康信息的收益。第二，个人对家庭食物购买的参与程度影响营养健康信息产生的收益大小。个人对家庭食物购买的参与程度越高，其购买行为对家庭其他成员的膳食影响越大，此时营养健康信息的效益会产生正外部性，促进消费者搜寻营养健康信息（Celsi and Olson，1988）。第三，营养意识通过增加消费者感知到的收益来增加营养健康信息的搜寻时间（Drichoutis et al.，2005）。如果消费者感知到现阶段的膳食状况和未来健康水平的重要关系，就会增加信息搜寻时间，以实现均衡健康饮食的目标。

6.3.1.2　影响成本的因素

搜寻营养健康信息的成本主要来自时间约束，受到个人的机会成本和搜寻效率的影响。工资率是影响机会成本的关键因素，工资水平越高，机会成本越大，消费者搜寻营养健康信息的时间可能越少。另外，已婚职业女性、家庭规模较大等因素也会增加搜寻信息的时间成本。信息的搜寻效率主要受到教育水平和购买经验的影响。教育水平越高，越清楚膳食和健康的关系（Teisl et al.，1999），同时个人对新信息的处理能力越强，能够越迅速地对新信息做出反应（Schultz，1975），提高搜寻营养健康信息的效率；购买经验丰富的消费者，可以在单位时间内搜寻到更多的营养健康信息，降低时间成本。

由此，本章提出以下假说并指导计量模型的建立：假说 H6－1，消费者的社会经济特征影响其营养健康信息的搜寻行为；假说 H6－2，消费者对营养和健康的需求影响其营养健康信息的搜寻行为；假说 H6－3，消费者的信息搜寻和理解能力影响其营养健康信息的搜寻行为；假说 H6－4，由于大众媒介、食品营养标签和人际指导等营养健康信息渠道的自身属性不同，使得消费者表现出差异化的特征。

6.3.2　计量模型

本章延续第 3 章的理论模型，构建消费者效用函数（U）。在这里，将食物营养摄入（N）细化为对健康有利的食物（G）、对健康不利的食物（B），并且考虑个人时间分配情况，包括工作时间（T_W）、用来提高健康水平的活动时间（T_H），如体育锻炼等，营养健康信息搜寻时间（T_N）以及剩余时间（T_R）。

$$U = U(H,G,B,Z,T_W,T_H,T_N,T_R;D_1) \tag{6-1}$$

$$T = T_W + T_H + T_N + T_R \tag{6-2}$$

效用函数中假设三类商品的消费量增加使得消费者效用增加，即 $U_G > 0$，$U_B > 0$，$U_Z > 0$；健康资本存量的增加也使得效用增加，即 $U_H > 0$；商品和健康资本均看作要素投入，符合边际效用递减规律，即 $U_{GG} < 0$，$U_{BB} < 0$，$U_{ZZ} < 0$，$U_{HH} < 0$。

然后，以 Grossman 健康生产函数为基础，构建适用于本研究的消费者健康生产函数（H）。假设个人健康水平受到食物和营养摄入、工作时间、用来提高健康水平的活动时间、营养健康信息存量（NI_S）和社会经济变量（D_2）的影响，且有 $H_G > 0$，$H_B < 0$，$H_E > 0$，$H_{NI_S} > 0$。

$$H = H(G, B, T_W, T_H, NI_S; D_2) \quad (6-3)$$

消费者拥有的营养健康信息存量是对信息搜集、理解和整合的结果，因此，营养健康信息存量函数为：

$$NI_S = NI_S(m\ T_N, E; D_3) \quad (6-4)$$

其中，m 表示营养健康信息的搜索效率（$0 \leqslant m \leqslant 1$）；$E$ 表示教育水平，是影响信息搜索、理解和整合的关键因素。消费者的预算约束是：

$$P_G * G + P_B * B + P_Z * Z = w * T_W + Y \quad (6-5)$$

其中，w 表示工资率水平，Y 表示投资性收入。在方程（6－2）至方程（6－5）的约束下，最大化消费者个人效用函数（1），可以得到影响消费者对营养健康信息搜寻行为的解释方程：

$$T_N = T_N(m, P_G, P_B, P_Z, w, Y, E, D_1, D_2, D_3) \quad (6-6)$$

在这里假设商品价格在短期不变，由于个人工资率水平和投资性收入的数据较难获得，采用家庭月收入水平（I）作为其代理变量，因此本研究搜寻行为的影响因素分析方程即为：

$$T_N = T_N(m^{①}, I, E, D_1, D_2, D_3) \quad (6-7)$$

6.3.3 变量说明

依据前述计量模型建构影响消费者营养健康信息搜寻行为的实证模型。模型的被解释变量是消费者对营养健康信息和不同信息渠道的搜寻频率，解释变量共有四类：（1）个人特征因素：性别、年龄、受教育程度、婚姻状况、是否患有慢性疾病以及是否有营养学或医学背景；（2）家庭特

---

① 消费者是否有营养学、医学知识背景作为信息搜集效率的代理变量。

征因素：家庭规模、家庭月收入、是否有学龄前儿童；（3）参与程度：参与家庭食物购买的频率；（4）营养意识。各变量的取值范围、均值、标准差见表6－3。计量模型的估计方法采用多元有序 Logit 模型。

表6－3　营养健康信息搜寻行为的影响因素模型相关变量说明

变量	定义	赋值	均值	标准差
性别	男＝1，女＝0	0～1	0.48	0.50
年龄	年龄	18～80	45.12	15.10
受教育年数	小学＝6，初中＝9，高中＝12，大专＝15，本科＝16，研究生＝18	6～18	14.59	2.90
婚姻状况	已婚＝1，其他＝0	0～1	0.84	0.37
是否患有慢性疾病	患有慢性疾病＝1，其他＝0	0～1	0.27	0.45
是否有营养学医学背景	有营养学或医学背景＝1，其他＝0	0～1	0.06	0.25
家庭规模	家庭人数	1～5	3.31	1.16
是否有学龄前儿童	有学龄前儿童＝1，其他＝0	0～1	0.27	0.45
收入1*	家庭月收入5000元以下＝1，其他＝0	0～1	0.13	0.33
收入2	5000～10000元＝1，其他＝0	0～1	0.40	0.49
收入3	10000～18000元＝1，其他＝0	0～1	0.27	0.45
收入4	18000～30000元＝1，其他＝0	0～1	0.12	0.33
收入5	30000元以上＝1，其他＝0	0～1	0.18	0.26
参与家庭食物购买频率	从不＝1，很少＝2，偶尔＝3，经常＝4，总是＝5	1～5	3.81	0.99
营养意识	营养意识得分	1～5	4.51	0.72

注：带＊的虚拟变量在回归中作为对照不引入。

6.3.4　实证结果

表6－4中模型（1）是利用 Stata 13 进行多元有序 Logit 模型回归得到的结果，可将影响消费者搜寻营养健康信息的主要因素及其显著性归纳如下：

从消费者的个人特征看，性别、年龄、教育水平等变量对搜寻营养健康信息的频率有显著影响，证实了假说 H6－1“消费者的社会经济特征影响其营养健康信息的搜寻行为”，但是婚姻状态、是否患有慢性疾病和营养学、医学背景等特征对营养健康信息的搜寻频率影响不显著。消费者的年龄、参与程度和营养意识的系数为正，显著性为0.01，表示在其他变量不变的情况下，仅年龄、参与程度或者营养意识增加，消费者对营养健康信息的搜寻频率与上一个等级的比值大于1，信息搜寻频率增加。这说明年龄增加对营养健康信息的搜寻有正向影响；随着个人对家庭食物购买的参与程度越高，其购物行为对家庭其他成员的膳食影响越大，因此搜寻信息的动机越大；消费者营养意识每增加1分，其提高营养健康信息的搜寻频率的概率比增加2.19倍（$e^{0.7839}$）。性别的系数为负且显著，说明女性消费者比男性更关注自身及家庭成员的营养健康问题，因此会更多搜寻营养健康信息，这一点与现实相符。假说H6-2“消费者对营养和健康的需求影响其营养健康信息的搜寻行为”得到证实。

对于关注的重要变量——消费者的教育水平，系数为正，显著性为0.01。这表示在其他变量不变的情况下，仅教育水平增加，消费者对营养健康信息的搜寻频率增加。教育水平较高的消费者，尽管可能有较高的机会成本，但是其搜集、加工和处理信息的效率更高，信息的收益大于成本，因此更可能搜寻营养健康信息；同时，根据第5章的结论，教育水平越高的消费者拥有的膳食知识越丰富，其耗费的搜寻成本和理解时间越短，使得信息的搜寻效率提高。假说H6-3“消费者的信息搜寻和理解能力影响其营养健康信息的搜寻行为”得到证实。

为进一步分析上述因素在影响消费者搜寻不同信息渠道上是否存在差别，建立了消费者搜寻不同信息渠道的影响因素分析模型，用以证实假说H6-4的成立。分别将消费者关于网络、电视节目、报纸杂志和广播、政府宣传、咨询营养专家或医生、亲朋好友口口相传、阅读营养标签的搜寻频率作为被解释变量，利用多元有序Logit模型进行回归，得到的结果见表6-4的模型（2）至模型（8）。

个人特征中，教育水平对各信息渠道都有正向影响，对网络、报纸杂志和广播、政府宣传、咨询专家和阅读食品营养标签的影响均显著。这一结果说明相比较收看电视节目和亲朋好友之间的口口相传，网络、报纸杂志、食品营养标签等可以认为是需要通过主动搜寻来获取信息的渠道，受教育程度较高者因为具有较强的自主搜寻能力和理解能力，其搜寻频率明显高于受教育程度较低者。家庭特征中，家庭月收入水平对通过网络搜寻信息的影响系数显著为正，并且系数随着收入水平的提高而增加，但对其他信息渠道的搜寻没有显著正向影响。其可能的原因是收入对消费者信息搜寻行为的影响存在两种相反的效应：一是收入具有预算约束的性质，消费者收入水平越高，其信息搜寻量的“可能性边界”就越高，因此会增加营养健康信息的搜寻；二是收入具有机会成本的性质，消费者收入水平越高，其搜寻营养健康信息的机会成本就越高，因此会减少信息的搜寻时间，各信息渠道的属性不同也会影响以上两种相反效应的表现，所以收入对消费者关于不同信息渠道的搜寻行为的影响是不确定的。

最后，从模型（2）至模型（8）的数据结果可以看出，对于不同的营养健康信息渠道，消费者的个体特征、家庭特征、参与程度和营养意识表现出差异化结果。

表 6-4　　多元有序 Logit 模型估计结果

变量	模型（1）	不同信息渠道						
		模型（2）网络	模型（3）电视节目	模型（4）报刊广播	模型（5）政府宣传	模型（6）咨询专家	模型（7）亲朋好友	模型（8）营养标签
男性	-0.4863*** (0.2016)	-0.0649 (0.1957)	-0.0437 (0.1913)	0.2036 (0.1933)	-0.0332 (0.1998)	-0.1026 (0.2016)	-0.3634** (0.1950)	-0.1258 (0.1891)
年龄	0.0343*** (0.0093)	-0.0577*** (0.0091)	0.0471*** (0.0090)	0.0373*** (0.0089)	-0.0050 (0.0092)	0.0119 (0.0090)	0.0006 (0.0089)	-0.0093 (0.0089)
受教育年数	0.1975*** (0.0400)	0.1507*** (0.0392)	0.0407 (0.0386)	0.1378*** (0.0382)	0.1098*** (0.0395)	0.1919*** (0.0403)	0.0007 (0.0385)	0.1609*** (0.0386)
已婚	0.2655 (0.3129)	0.7632*** (0.3007)	0.3179 (0.2928)	0.0113 (0.2953)	0.1690 (0.3048)	0.1254 (0.3133)	-0.1157 (0.2917)	0.3289 (0.2898)
患有慢性疾病	-0.0806 (0.2318)	-0.3713* (0.2215)	-0.2226 (0.2225)	-0.4640** (0.2247)	0.2010 (0.2353)	-0.1288 (0.2308)	-0.1806 (0.2301)	-0.2962 (0.2231)
营养学、医学背景	0.6078* (0.3843)	0.2788 (0.3698)	0.4272 (0.3751)	0.3425 (0.3842)	0.7855** (0.3910)	0.3562 (0.4028)	-0.3832 (0.3609)	0.5331 (0.3519)
家庭规模	-0.0261 (0.0931)	-0.0189 (0.0893)	-0.0282 (0.0885)	0.0770 (0.0893)	0.0821 (0.0919)	0.1440 (0.0934)	0.0934 (0.0891)	0.1307 (0.0888)
有学龄前儿童	0.0289 (0.2581)	-0.4894** (0.2508)	0.3661 (0.2455)	0.0488 (0.2486)	0.2853 (0.2520)	0.0089 (0.2538)	0.0090 (0.2450)	-0.1292 (0.2429)
收入_5000~10000元	0.0159 (0.2969)	0.5847** (0.2875)	-0.0736 (0.2794)	0.2384 (0.2838)	-0.1699 (0.2956)	-0.3526 (0.2968)	0.2161 (0.2874)	0.0542 (0.2796)

续表

变量	模型（1）	不同信息渠道						
		模型（2）网络	模型（3）电视节目	模型（4）报刊广播	模型（5）政府宣传	模型（6）咨询专家	模型（7）亲朋好友	模型（8）营养标签
收入_10000～18000元	-0.2459 (0.3216)	0.8972*** (0.3097)	-0.3048 (0.3046)	0.1501 (0.3042)	-0.4317 (0.3146)	-0.5485* (0.3181)	-0.3678 (0.3079)	0.1304 (0.3034)
收入_18000～30000元	-0.1849 (0.3860)	0.9462*** (0.3692)	-0.3673 (0.3709)	-0.3989 (0.3699)	-0.5945* (0.3732)	-0.8500** (0.3876)	-0.5688* (0.3736)	-0.1328 (0.3680)
收入_30000元以上	0.1152 (0.4299)	1.1621*** (0.4167)	-0.4670 (0.4168)	-0.2676 (0.4151)	-0.9224** (0.4211)	-0.6819* (0.4288)	-0.0894 (0.4088)	-0.1358 (0.3970)
参与程度	0.4941*** (0.1024)	0.1069 (0.1002)	0.1684* (0.1017)	0.2048** (0.0980)	0.1965** (0.1026)	0.2652*** (0.1024)	0.3511*** (0.0976)	0.1698* (0.0979)
营养意识	0.7839*** (0.1360)	0.4091*** (0.1255)	0.2342** (0.1262)	0.1951* (0.1216)	0.2859** (0.1288)	0.1835 (0.1314)	0.2704** (0.1306)	0.5277*** (0.1238)
Pseudo R^2	0.0971	0.1177	0.0502	0.0329	0.0355	0.0420	0.0350	0.0550
样本量	446	441	441	439	437	438	439	446

注：①*、**、*** 分别表示10%、5%和1%的显著性水平；②括号内的数值为标准差。

6.4 教育水平、信息搜寻对食物消费的影响

6.3节的分析结果表明，教育水平是影响消费者对营养健康信息搜寻的重要变量，而且教育水平对各信息渠道都有正向影响，对网络、报纸杂志和广播、咨询专家和阅读食品营养标签的影响显著。那么，营养健康信息能够改变消费者的食物消费行为吗？教育能否通过影响消费者的营养健康信息存量进而影响食物消费选择？本节分析将给出答案。

6.4.1 理论基础

引入信息变量的原因是越来越多的国外研究结果表明，消费者拥有的

营养学知识和信息与膳食质量之间正相关。但实际上，探讨信息对消费行为的影响，需要解决的关键问题是合理准确地度量信息的大小。已有研究对这一问题的阐释可以分为两个方向：一是根据消费者对各类信息渠道参与程度的差异，探究信息对消费行为的影响。食品营养标签是消费者发生购买行为时获取营养健康信息的主要渠道，关于营养标签对消费行为影响的研究表明，食品营养标签包含的营养成分表和营养声称降低了消费者对健康食物的搜寻成本（Berning et al.，2011），食品营养标签使用者的营养素摄入量和未使用营养标签的消费者存在显著差异（Ollberding et al.，2010）。来自电视节目、广播等大众传媒的营养健康信息对引导消费者的健康膳食行为有积极效果（Shiratori and Kinsey，2011）；广告对促进消费者健康膳食、减少脂肪摄入和控制肥胖也有显著影响（Ippolito and Mathios，1995；Rusmevichientong et al.，2014）。二是设置信息变量，更直接地分析营养健康信息和食物消费量或者营养摄入量的关系。Brown 和 Schrader（1990）首次建立消费者有关胆固醇的信息指数，利用时间序列的信息指数和鸡蛋消费量证明了消费者关于胆固醇的信息增加可以降低鸡蛋的消费量；Chern 和 Zuo（2006）对营养健康信息指数的测量方法进行改进。舒尔茨（1975）指出个人对新信息的处理和整合能力受到文化水平等因素的影响，消费者信息使用效率的异质性使得从微观个体考察信息对消费行为的影响十分必要，Variyam 等（1998）在消费者营养摄入方程中引入营养健康信息变量，从微观层次发现拥有相关信息的消费者胆固醇摄入量更低，而且发现信息是教育产生健康收益的重要路径。

国内鲜有研究将营养健康信息纳入消费者食物消费行为的分析框架，为数不多的关于营养健康信息影响食物消费行为的研究主要侧重于食品营养标签的认知和使用行为（王志刚等，2014）、影响因素（陈卫平，牛明婵，2009；Liu et al.，2015）和对特定类别食物的消费行为影响的探讨（张传统、陆娟，2012；龙菲平等，2013），营养健康信息作为独立变量定量分析其对消费者食物消费行为的影响的研究鲜有涉及。而且，探讨信息对消费行为的影响，应当注意信息变量潜在的内生性问题，未观测变量可能会同时影响食物消费行为以及个体的信息存量，忽略内生性问题易导致错误估计营养健康信息对食物消费行为的影响（Variyam et al.，1999）。现阶段，在营养健康信息的供给和需求都相对旺盛的背景下，讨论信息影响食物消费的时机是比较成熟的，而且为我国广泛开展营养教育提供了实证支持。

6.4.2 计量模型

为了考察营养健康信息对食物消费的影响，信息变量（NI）需要引入第3章的食物摄入方程，即方程扩展为：

$$N_{ij}=N(\bar{P},X_i,E_i,NI_i,\mu) \tag{6-8}$$

其中，N_{ij}是第i个个体的第j种食物摄入量，NI表示消费者的信息存量，E表示教育水平，X表示影响食物摄入量的其他社会经济因素。此处将截面数据价格变量设置为常数。

根据上述模型，食物消费方程设定为：

$$N_{ij}=\alpha_K X_{iK}+\beta_1 NI_1+\beta_2 NI_2+\gamma E+\mu_{ij} \tag{6-9}$$

其中，N_{ij}表示个体i对食物j的消费量，X_i表示影响个体i食物消费的社会经济变量，NI_1和NI_2分别表示消费者是否拥有两类营养健康信息，β和γ是重点关注的回归系数，$\mu\sim N(0,\sigma^2)$表示随机扰动项。如果扰动项中的未观测变量同时影响食物消费量和营养健康信息的选择，即NI_1、NI_2与μ相关，那么采用OLS方法估计上述方程，系数结果是有偏、不一致的。

为了控制信息变量潜在的内生性问题，借鉴Heckman两步法，首先对消费者是否拥有两类营养健康信息的模型（以下称为信息存量模型）进行回归，并构造样本选择偏差修正项（逆米尔斯比率），然后将两修正项作为解释变量加入食物消费方程中，运用OLS法进行估计。

个体的信息存量方程设定为：

$$NI_j^*=\gamma_j Z_j+v_j,j=1,2 \tag{6-10}$$

其中，NI_j^*表示个体真实的营养健康信息存量，j表示两类营养健康信息，Z表示个体特征的外生变量，γ_j是回归系数，$\gamma\sim N(0,1)$。由于可观测的信息选择NI_j产生于个体的真实信息存量，信息变量采用0、1二值变量，因此将营养健康信息选择的Probit模型设定为：

$$NI_j=\begin{cases}1,NI_j^*>0\\0,NI_j^*\leqslant 0\end{cases},j=1,2 \tag{6-11}$$

$$\text{Prob}[NI_j=1\mid Z_j]=\Phi(\gamma_j Z_j),j=1,2 \tag{6-12}$$

其中，当NI_1、NI_2取值为1时，表示消费者拥有该项营养健康信息，反之则没有。Φ 表示正态分布函数（CDF）。

在计算逆米尔斯比时，如果消费者对两项营养健康信息的选择相互独立，即误差项相关系数$\rho_{v_1v_2}=0$，则通过单变量 Probit 模型分别获得两个信息变量的修正项：

$$\hat{\lambda}_{i,NI_j}=\varphi(\gamma_jZ_j)/\Phi(\gamma_jZ_j)\text{，当}NI_j=1 \tag{6-13}$$

$$\hat{\lambda}_{i,NI_j}=-\varphi(\gamma_jZ_j)/\Phi(-\gamma_jZ_j)\text{，当}NI_j=0 \tag{6-14}$$

其中，$\varphi(\cdot)$ 和 $\Phi(\cdot)$ 分别表示标准正态密度函数和分布函数。

如果消费者对两项营养健康信息的选择不独立，即误差项相关系数$\rho_{v_1v_2}\neq0$，则需要对两个信息存量方程建立双变量 Probit 模型。依据 Variyam 等（1999）和 Heitmueller（2006）的方法，选择偏差修正项分别表示为：

$$\hat{\lambda}_{i,NI_1}=\varphi(\gamma_1Z_1)\Phi\left(\frac{\gamma_2Z_2-\rho_{v_1v_2}\gamma_1Z_1}{(1-\rho_{v_1v_2}{}^2)^{\frac{1}{2}}}\right)/F(\gamma_2Z_2,\gamma_1Z_1,\rho_{v_1v_2})\text{，当}NI_1=1 \tag{6-15}$$

$$\hat{\lambda}_{i,NI_1}=\varphi(\gamma_1Z_1)\Phi\left(-\frac{\gamma_2Z_2-\rho_{v_1v_2}\gamma_1Z_1}{(1-\rho_{v_1v_2}{}^2)^{\frac{1}{2}}}\right)/F(-\gamma_2Z_2,\gamma_1Z_1,-\rho_{v_1v_2})\text{，当}NI_1=0 \tag{6-16}$$

$$\hat{\lambda}_{i,NI_2}=\varphi(\gamma_2Z_2)\Phi\left(\frac{\gamma_1Z_1-\rho_{v_1v_2}\gamma_2Z_2}{(1-\rho_{v_1v_2}{}^2)^{\frac{1}{2}}}\right)/F(\gamma_2Z_2,\gamma_1Z_1,\rho_{v_1v_2})\text{，当}NI_2=1 \tag{6-17}$$

$$\hat{\lambda}_{i,NI_2}=-\varphi(\gamma_2Z_2)\Phi\left(\frac{\gamma_1Z_1-\rho_{v_1v_2}\gamma_2Z_2}{(1-\rho_{v_1v_2}{}^2)^{\frac{1}{2}}}\right)/F(-\gamma_2Z_2,\gamma_1Z_1,-\rho_{v_1v_2})\text{，当}NI_2=0 \tag{6-18}$$

其中，$F(\cdot)$ 为二元标准正态分布。

6.4.3 变量说明

食物消费模型的因变量是各类食物的消费频率，包括蔬菜水果类、猪牛羊等畜肉（红肉类）、鱼禽肉（白肉类）、牛奶及奶制品。信息存量模型和食物消费模型用到的其他解释变量还包括：（1）消费者的个体特征，包括性别、年龄、婚姻状况、受教育程度、身高、体重；（2）消费者的家庭特征，包括家庭月收入、家庭规模、家中是否有学龄前儿童；（3）参与程度，消费者参与家庭食物购买频率；（4）消费者营养意识；（5）消费者搜寻营养健康信息的兴趣程度。计量模型的变量及其描述性统计见表6-5。

表6-5　　信息存量模型和食物消费模型相关变量说明

变量	定义	赋值	均值	标准差
信息存量	有相关信息=1，没有相关信息=0			
蔬果类：信息1		0~1	0.89	0.31
信息2		0~1	0.74	0.44
红肉类：信息1		0~1	0.86	0.35
信息2		0~1	0.97	0.17
白肉类：信息1		0~1	0.31	0.46
信息2		0~1	0.87	0.34
牛奶及奶制品类：信息1		0~1	0.58	0.49
信息2		0~1	0.70	0.46
性别	男=1，女=0	0~1	0.48	0.50
年龄	年龄	18~80	45.12	15.10
婚姻状况	已婚=1，其他=0	0~1	0.84	0.37
BMI	体重（公斤）/身高（米）^{2}	16~35	22.62	3.05
受教育年数	小学=6，初中=9，高中=12，大专=15，本科=16，研究生=18	6~18	14.59	2.90
家庭规模	家庭人数	1~5	3.31	1.16
是否有学龄前儿童	有学龄前儿童=1，没有=0	0~1	0.27	0.45
收入1*	家庭月收入5000元以下=1，其他=0	0~1	0.13	0.33
收入2	5000~10000元=1，其他=0	0~1	0.40	0.49
收入3	10000~18000元=1，其他=0	0~1	0.27	0.45
收入4	18000~30000元=1，其他=0	0~1	0.12	0.33
收入5	30000元以上=1，其他=0	0~1	0.18	0.26
参与家庭食物购买频率	从不=1，很少=2，偶尔=3，经常=4，总是=5	1~5	3.81	0.99
信息搜寻兴趣	完全没有兴趣=1，很少有兴趣=2，偶尔有兴趣=3，比较有兴趣=4，非常有兴趣=5	1~5	4.17	0.87
营养意识	营养意识得分	1~5	4.51	0.72

注：带*的虚拟变量在回归中作为对照不引入。

6.4.4 实证结果

6.4.4.1 消费者营养健康信息存量方程的估计结果

根据双变量 Probit 模型的估计结果，四类营养健康信息选择方程的误差项相关系数分别为 0.3404、0.0656、0.1533 和 -0.0824，在 10% 的显著性下拒绝两类信息选择之间存在明显的相关性，因此本章根据消费者对每项营养健康信息的知晓情况采用单变量 Probit 模型回归，表 6-6 给出了 Probit 模型估计结果，教育水平和营养意识是影响消费者营养健康信息存量的重要变量，具体分析如下。

蔬菜水果类信息，从表 6-6 中可以看出，消费者普遍了解与蔬菜水果相关的两类信息，即“增加蔬菜和水果的摄入种类和数量”和“蔬菜水果的摄入可影响血压与心血管疾病”。然而，不同因素对消费者信息存量的影响存在显著异质性：一方面，性别、受教育程度和兴趣程度是关于“增加蔬菜和水果的摄入种类和数量”的膳食建议类信息知晓的重要因素。女性消费者、受教育程度较高的消费者以及对营养健康信息兴趣较大的消费者更容易了解这些信息。相反，男性消费者、受教育程度较低的消费者以及对信息兴趣较小的消费者对这方面的信息知晓较少。另一方面，性别在影响蔬菜水果类膳食建议信息知晓方面具有最显著的影响，其边际效应最大。这表明性别是影响消费者了解这类信息的最重要个人特征。此外，年龄较长的消费者和 BMI 较高的消费者相对于年轻消费者和 BMI 较低的消费者更容易了解关于“蔬菜水果的摄入可影响血压与心血管疾病”的膳食和健康关系类信息，而且 BMI 的影响较为显著。综合而言，这些研究结果强调了个体特征（如性别、年龄、BMI）、教育程度和兴趣程度等因素对于消费者蔬菜水果类营养健康信息知晓的重要影响。

肉类信息，从表 6-6 可以看出，消费者对红肉类信息的了解程度高于白肉类信息。关于红肉类信息，消费者的营养意识是影响“减少猪肉等红肉摄入”和“红肉类不利于心脑血管病、超重、肥胖等疾病的预防”两类信息知晓的重要变量，而且营养意识的提高和信息知晓显著正相关；家中有学龄前儿童降低了对膳食和健康关系类信息的知晓，可能的原因是红肉摄入过多产生的健康威胁主要是慢性疾病，有学龄前儿童的家庭年龄层较低，很少有慢性疾病的困扰。关于白肉类信息，参与食物购买频率较高的消费者对“适当多吃鱼、禽肉”的膳食建议信息的知晓明显高于购买频率低的消费者；受教育程度较高的消费者以及营养意识较高的消费者，关于“白肉对预防血脂异常和心脑血管疾病等具有重要作用”的膳食和健康关系的信息的知晓显著高于教育水平较低、营养意识较低的消费者，营养意识的边际效应更大。总的来说，这些研究结果突出了个体的营养意识、家庭情况、购买行为和教育水平等因素对于消费者了解肉类相关的营养健康信息的影响。

牛奶及奶制品类信息，仅信息搜寻兴趣这一变量对“增加牛奶等奶制品的摄入”膳食建议的信息影响显著，且搜寻兴趣和信息的知晓正相关；性别、受教育年数和营养意识对“饮奶有利于预防骨质疏松”的膳食和健康关系的信息的知晓均有显著影响，女性消费者、教育水平较高的消费者、营养意识较高的消费者，对信息的知晓高于男性消费者、教育水平较低的消费者和营养意识较低的消费者，而且性别的边际效应最大。

表 6-6　　消费者营养健康信息存量模型的估计结果

变量	蔬果类信息		红肉类信息		白肉类信息		牛奶及奶制品类信息	
	信息 1	信息 2	信息 1	信息 2	信息 1	信息 2	信息 1	信息 2
男性	-0.5630*** (-0.0914)	0.1881 (0.0596)	0.2008 (0.0410)	0.1010 (0.0046)	-0.1607 (-0.0567)	0.1412 (0.0263)	-0.0456 (-0.0177)	-0.2393* (-0.0818)
年龄	-0.0101 (-0.0016)	0.0124** (0.0040)	-0.0070 (-0.0014)	0.0003 (0.0001)	0.0073 (0.0026)	-0.0085 (-0.0015)	0.0062 (0.0024)	-0.0046 (-0.0016)
已婚	0.0757 (0.0124)	-0.2657 (-0.0791)	-0.0221 (-0.0045)	0.3725 (0.0224)	-0.1563 (-0.0566)	0.3341 (0.0715)	0.2475 (0.0973)	-0.1946 (-0.0638)
BMI	0.0453 (0.0072)	-0.0942*** (-0.0300)	-0.0046 (-0.0009)	-0.0228 (-0.0010)	0.0156 (0.0055)	-0.0050 (-0.0009)	-0.0124 (-0.0048)	0.0136 (0.0046)
受教育年数	0.0575* (0.0091)	0.0220 (0.0070)	-0.0019 (0.0004)	0.0550 (0.0025)	0.0364 (0.0128)	0.0661** (0.0124)	0.0254 (0.0099)	0.0565** (0.0193)
参与程度	-0.0378 (-0.0060)	0.0869 (0.0276)	-0.0675 (-0.0139)	0.1215 (0.0056)	0.1127* (0.0399)	-0.0744 (-0.0139)	0.0648 (0.0251)	0.0525 (0.0179)
信息搜寻兴趣	0.2108** (0.0333)	0.1311 (0.0417)	-0.0314 (-0.0065)	0.1409 (0.0065)	-0.0137 (-0.0048)	-0.0857 (-0.0161)	0.2076*** (0.0805)	0.0392 (0.0134)
营养意识	-0.1340 (-0.0212)	0.0439 (0.0140)	0.1913* (0.0393)	0.3516** (0.0161)	-0.0037 (-0.0013)	0.4200*** (0.0786)	0.0867 (-0.0336)	0.1796* (0.0613)

续表

变量	蔬果类信息		红肉类信息		白肉类信息		牛奶及奶制品类信息	
	信息 1	信息 2	信息 1	信息 2	信息 1	信息 2	信息 1	信息 2
有学前儿童	-0.0194 (-0.0031)	0.1157 (0.0362)	-0.1222 (-0.0259)	-0.4923 * (-0.0289)	0.1160 (0.0415)	0.0730 (0.0134)	0.1697 (0.0651)	0.0564 (0.0191)
截距	0.0318	0.9502	1.0824	-1.0929	-1.8866 **	-0.8654	-1.0920	-1.2853
样本量	446	441	448	441	445	448	445	448
Pseudo R^2	0.0324	0.0449	0.0218	0.1268	0.0133	0.0869	0.0288	0.0481

注：①*、**、*** 分别表示 10%、5% 和 1% 的显著性水平；②括号内为边际效应。

6.4.4.2　消费者食物摄入方程的估计结果

利用营养健康信息存量模型的回归结果，对各项信息变量分别计算修正选择偏差的逆米尔斯比率，并将其作为解释变量加入食物摄入方程中。表 6－7 给出了各类食物摄入方程的回归结果。可以发现，λ_1 和 λ_2 的系数大多是显著的，说明对于信息存量方程进行选择性偏差的修正是必要的。

个人特征中，受教育年数对奶制品的摄入频率有显著的正向影响，对其他类食物的摄入频率没有显著影响。家庭特征中，针对家庭月收入这一变量，与低收入家庭的消费者相比较，中低收入家庭的消费者对红肉的摄入频率显著增加，但其他类食物摄入频率没有显著差异，中等收入家庭的消费者蔬果和红肉的摄入频率显著增加，中高收入家庭的消费者红肉、白肉、牛奶及奶制品的摄入频率显著高于低收入家庭消费者，高收入家庭的消费者蔬菜水果、白肉、牛奶及奶制品的摄入频率均有显著提高，因此家庭收入水平仍然是影响食物摄入的重要因素。此外，家庭规模对牛奶的摄入频率有显著的负向影响。

本章关注的重要变量是教育水平和营养健康信息。考察教育水平对食物消费行为的影响，在未加入营养健康信息变量时，随着教育水平的提高，蔬果类、奶制品的消费频率增加，而红肉类的消费频率下降，这一变化规律是符合膳食指南中提出的合理膳食建议。那么，教育是否是通过增加消费者的营养健康信息存量影响消费行为呢？首先需要明确营养健康信息对食物消费行为的影响，对于蔬菜水果的摄入频率，“蔬菜水果的摄入可影响血压与心血管疾病”的膳食和健康关系的信息对摄入频率的增加有显著的正向影响，但是“增加蔬菜和水果的摄入种类和数量”膳食建议的信息对摄入频率并没有显著影响。相反地，对于白肉类、牛奶及奶制品类食物的摄入频率，“适当多吃鱼、禽肉”和“增加牛奶等奶制品的摄入”膳食建议类信息对摄入频率的增加有显著的正向影响，而相关的膳食和健康关系的信息对摄入频率没有显著影响。对于红肉类食物的摄入频率，两类营养健康信息对其均有显著影响。其可能的原因是，从信息分类上来看，膳食建议类信息可以认为是初级信息，膳食和健康关系的信息是稍高阶的专业类信息；从食物分类上来看，蔬果类食物是传统膳食结构的重要组成，红肉类、白肉类和牛奶及奶制品属于享受类食物，而且白肉、牛奶及奶制品的经济成本和健康价值相对红肉类较高。因此，促进消费者增加传统性食物的摄入，膳食建议类的初级信息已不能满足需求，需要更有说服力的专业性信息，而促进营养健康型食物的摄入，膳食建议的初级信息就可以奏效，专业类信息的影响还未表现出来，红肉类食物处于两者的交界地带，膳食建议和专业类信息对其摄入频率均有影响。加入信息变量后，教育水平的系数明显减小，说明营养健康信息是教育影响食物消费行为的重要渠道。根据前面的分析，我国居民平均奶制品消费量仍然低于膳食推荐量，而且有很大差距。因此选取奶制品的消费行为进行具体分析，在未加入信息变量的 OLS 回归中，教育水平提高对奶制品的摄入频率有显著正向影响，影响系数是 0.1311。考虑营养健康信息对食物消费行为的影响，在未纠正信息变量选择性偏差的情况下，教育的系数下降至 0.1201；经过 Heckman 两步法对信息变量内生性的纠正，教育的系数下降为 0.0843，而且变得不显著。因为 Heckman“两步法”的第一步信息存量模型中已经考虑教育对营养健康信息变量的影响，将信息变量加入食物摄入方程后，实际上，教育通过信息效率渠道影响食物消费行为的作用已经控制住，所以在 Heckman 模型中教育的系数变得不显著。因此牛奶及奶制品类消费模型的实证结果证明教育通过提高营养健康信息存量改善食物消费行为，即提高奶制品的消费频率。证明了不同的学历教育程度背后隐含的营养健康信息效率差异是教育影响食物消费行为的关键渠道。但是在其他食物种类的模型中，没有发现教育对食物消费频率的显著影响，可能的原因是蔬果类和肉类这些“膳食宝塔”中最基础的食物，其消费以频率来衡量使得不同教育水平消费者的差异化特征被稀释。出于比较的目的，本章给出不考虑信息变量内生性情况下，食物摄入方程的 OLS 估计结果。可以发现，OLS 回归结果存在明显偏差，不能正确反映营养健康信息对食物摄入频率的影响。

表 6 - 7　　消费者食物摄入方程的估计结果

变量	蔬果类			红肉类			白肉类			牛奶及奶制品类		
	OLS	OLS	Heckman	OLS	OLS	Heckman	OLS	OLS	Heckman	OLS	OLS	Heckman
男性	-2.5025***	-2.4123***	-2.3284***	0.6137	0.5208	1.3093**	-0.2941	-0.2927	0.0066	-1.3447***	-1.3176***	-1.1263**
	(0.3853)	(0.3948)	(0.4019)	(0.4116)	(0.4120)	(0.5734)	(0.2103)	(0.2341)	(0.2541)	(0.3528)	(0.3602)	(0.5552)
年龄	0.0362**	0.0363**	0.0227	0.0238	0.0217	0.0074	0.0094	0.0090	0.0020	0.0500***	0.0481***	0.0371*
	(0.0170)	(0.0173)	(0.0185)	(0.0201)	(0.0202)	(0.0238)	(0.0103)	(0.4108)	(0.0107)	(0.0166)	(0.0166)	(0.0225)
已婚	0.9784*	0.9809*	1.4092**	0.0425	0.1775	0.1412	-0.2842	-0.2784	-0.3231	-0.1650	-0.1470	-0.7375
	(0.6143)	(0.6153)	(0.6545)	(0.6941)	(0.6921)	(0.7121)	(0.4196)	(0.2086)	(0.4393)	(0.5695)	(0.5766)	(0.8116)
教育年数	0.0307	0.0156	-0.0157	-0.0302	-0.0350	0.0136	-0.0058	-0.0104	-0.1153	0.1311*	0.1201*	0.0843
	(0.0755)	(0.0791)	(0.0815)	(0.0819)	(0.0819)	(0.0840)	(0.0432)	(0.0102)	(0.0904)	(0.0726)	(0.0726)	(0.1249)
家庭规模	-0.1475	-0.1746	-0.1737	0.2044	0.2702	0.1634	0.1677*	0.1674*	0.1271	-0.2210	-0.2166	-0.2742*
	(0.1758)	(0.1773)	(0.1789)	(0.1847)	(0.1873)	(0.1939)	(0.1006)	(0.4234)	(0.1040)	(0.1631)	(0.1632)	(0.1668)
收入2	0.3613	0.3916	0.4846	1.0950**	1.0223**	0.8945*	0.4216	0.4198	0.3659	0.4171	0.4582	0.4761
	(0.6239)	(0.6368)	(0.6358)	(0.5342)	(0.5347)	(0.5182)	(0.2821)	(0.0458)	(0.2920)	(0.4509)	(0.4552)	(0.4676)
收入3	0.9671	0.9849	1.0756*	1.3042**	1.3466**	1.1791*	0.4050	0.3994	0.3487	0.7072	0.7120	0.7212
	(0.6570)	(0.6700)	(0.6670)	(0.6277)	(0.6437)	(0.6284)	(0.3126)	(0.1002)	(0.3222)	(0.5364)	(0.5403)	(0.5503)
收入4	1.0150	0.9151	0.8720	2.3239***	2.3038***	1.9293***	1.0317**	1.0539**	0.9796**	1.6508***	1.6075***	1.5237**
	(0.7794)	(0.7938)	(0.8047)	(0.7609)	(0.7675)	(0.7719)	(0.4882)	(0.2822)	(0.4937)	(0.6259)	(0.6273)	(0.6506)
收入5	2.3361***	2.4473***	2.5007***	2.6935***	2.6412***	2.2950***	1.0289***	1.0173***	1.0355***	1.6462**	1.6390**	1.6937**
	(0.8693)	(0.8762)	(0.8638)	(0.9217)	(0.9209)	(0.9104)	(0.4203)	(0.3195)	(0.4313)	(0.8238)	(0.8230)	(0.8383)

续表

变量	蔬果类			红肉类			白肉类			牛奶及奶制品类		
	OLS	OLS	Heckman	OLS	OLS	Heckman	OLS	OLS	Heckman	OLS	OLS	Heckman
营养意识	0.4124 * (0.2587)	0.4615 * (0.2644)	0.2727 (0.2939)	−0.5993 ** (0.3042)	−0.5709 * (0.3065)	0.3450 (0.5228)	−0.1236 (0.1469)	−0.1464 (0.4888)	−0.4070 (0.3137)	0.1968 (0.2470)	0.1451 (0.2525)	0.1326 (0.5067)
信息 1		0.7459 (0.6341)	0.7763 (0.6354)		0.1596 (0.5603)	−15.4496 * (8.7127)		0.0870 (0.4206)	5.4504 * (3.0486)		0.4679 (0.3711)	5.0883 * (3.1427)
信息 2		0.1469 (0.4374)	4.1722 * (2.2174)		−0.4146 (1.2875)	−11.4988 ** (6.0404)		0.2281 (0.1500)	2.9483 (3.8055)		0.4004 (0.3846)	−0.5603 (6.0161)
λ_1			−2.4300 * (1.3304)			8.2885 * (4.6034)			−3.2550 * (1.8177)			−2.9179 * (1.9219)
λ_2			0.0983 (0.3404)			5.2460 ** (2.6561)			−1.4744 (2.1128)			0.5624 (3.5963)
截距	5.2106 *** (1.9665)	4.4669 ** (2.0330)	2.9068 (2.1391)	5.9975 *** (2.1572)	5.9999 *** (2.4591)	26.3295 *** (8.6689)	1.6531 * (0.9829)	1.6143 * (0.9727)	0.6553 (1.5600)	1.0407 (2.0086)	0.9293 (2.0045)	0.5393 (2.3384)
样本量	442	433	429	442	435	431	441	438	434	442	439	435
R^2	0.1345	0.1363	0.1437	0.0585	0.0614	0.0769	0.0381	0.0396	0.0482	0.0733	0.0790	0.0848

注：①*、**、***分别表示10%、5%和1%的显著性水平；②括号内为标准差。

第7章　农村居民食品营养标签使用情况及支付意愿

改革开放以来，我国城乡居民食物消费量稳步增长，从温饱型消费向追求健康的高质量消费转变。农村居民的食物消费结构也发生巨大改变，猪肉、家禽类食物的消费量快速增加，但饮食结构不合理，与城镇居民相比，农村居民的鲜菜、水果、蛋类、奶类、水产品食物的消费量有待提升（尹业兴等，2020）。肉类食物摄入过多使得脂肪供能比增加，易导致肥胖和心血管硬化、堵塞等健康问题。在医疗资源相对匮乏的农村地区，改变膳食结构与质量是农村居民改善健康状况的最易行且有效的举措（周莹等，2021）。因此，在营养变迁过程中，关注农村居民的食物消费对于改善农村居民膳食结构、提高居民的健康人力资本，进而加快乡村振兴具有重要意义。

食品营养标签是强制标注在包装食品上的，向消费者直接传达食品营养含量及营养特征的信息方式，为消费者合理选择食品提供了重要信息，是食品营养与健康的重要载体。鉴于已有研究较少关注农村消费群体，本章在梳理食品营养标签现有理论和文献的基础上，以农村消费群体为研究对象，采用选择实验法设计问卷并利用调查数据分析农村居民食品营养标签使用情况及支付意愿。首先，回顾我国食品营养标签的发展过程，并对比国内外关于食品营养标签的已有研究；其次，利用调研数据分析农村居民对食品营养标签的使用情况和不同食物消费情境下的影响因素；再次，通过选择实验分析食品营养标签对农村消费者支付意愿的影响；最后，根据农村居民对食品营养标签的使用偏好和影响因素提出针对性建议，以期改善农村居民的饮食习惯和膳食结构，提升农村居民的健康水平。

7.1 食品营养标签的理论基础

7.1.1 中国食品营养标签的发展

食品营养标签属于食品标签的一部分，通常包括营养成分、营养声称和健康声明三大部分，是消费者了解食品的营养成分、营养特性和相关营养知识的重要途径。我国营养标签制度的发展起步较晚，主要包括食品标签通则和食品营养标签通则两类法规和标准（应飞虎，2020）。1987 年，我国首次制定《食品标签通用标准》（GB 7718—1987），对除特殊食品外的预包装普通食品的标签进行了一般规定，并分别于 1994 年、2002 年和 2011 年进行修改，2002 年后更名为《预包装食品标签通则》，使我国的食品标签管理更加标准化。作为食品信息的一部分，通则对食品营养信息也有所规定，只是这些规定多属于推荐性而非强制性，仅在一定程度上弥补了我国普通食品无专门营养标签制度的缺陷。例如，《食品标签通用标准》（GB 7718—1994），增加了热量和营养素两个推荐标示内容，规定可以按 GB 3432 的规定，标明热量和营养素的含量。

为照顾婴幼儿、病人和老人等特殊群体，我国于 1992 年发布了国家标准——《特殊营养食品标签》（GB 3432—1992），该标准是我国最早的专门的食品营养标签制度，主要针对于婴幼儿食品、营养强化食品和调整营养素的食品，要求这些食品必须标明热量数值和营养素的含量。经过 2004 年和 2013 年的修改，更名为《预包装特殊膳食用食品标签》（GB 3432—2013），主要适用于为满足特殊身体或生理状况和满足疾病、紊乱等状态下的特殊膳食需求而专门加工或配方的食品标签。对于普通食品的营养标准，原卫生部参考各国食物法典和管理经验于 2007 年颁布《食品营养标签管理规范》，包括《食品营养成分标示准则》《中国食品标签营养素参考值》《食品营养声称和营养成分功能声称准则》等技术附件，初步构建了我国的食品营养标准制度。为与国际食品管理的先进理念一致，2011 年颁布的《预包装食品营养标签通则》（GB 28050—2011）要求食品标示出所含能量及蛋白质、脂肪、碳水化合物和钠等核心营养素的含量值及其占营养参考值的百分比，该规定基本满足了消费者对食物能量和营养素的信息需求，但囿于理论认知不足，该制度在标示方式、标示要素等方面存在明显缺陷。2014 年施行的《有机产品认证管理办法》进一步规范商家的食品标签行为，确保食品信息真实、可靠。由于我国目前实施的是单一的营养成分表，属于包装背面标签（Back of Package，BOP），与目前国际上流行的包装正面标签（Front of Package，FOP）相比，其对消费者的吸引力相对较低。2019 年，国务院发布《健康中国行动（2019 ~ 2030)》，将采用 FOP 标签纳入计划中，以便消费者快速选择健康食品。2021 年，我国公布了《食品安全国家标准 预包装食品营养标签通则》（征求意见稿），使营养标签内容和形式上更加全面、清晰和规范，对相关群体也提出了更高要求。

7.1.2 食品营养标签的相关文献

7.1.2.1 国外文献

国外学者对于食品营养标签的研究主要集中在三个方面。

第一，探索更有效的食品营养标签类型。最早强制实施的营养标签法规可追溯至 1990 年美国国会通过的《营养标签和教育法》（Taylor and Wilkening，2008)。该法规要求食品包装上添加营养成分表（Nutrition Facts Table，NFT)，标明"1 + 14"项营养成分含量及营养素参考值，并使用美国食品和药物管理局（FDA）授权的营养成分和健康声明。NFT 提供的营养信息详细且全面，但囿于不同食物的分量存在差异，NFT 难以比较同类产品的营养成分含量，使学历水平较低的消费者的使用受限（Cecchini and Warin，2016)。各国开始逐步探索更易于消费者理解和使用的营养标签类型。2004 年，英国食品标准局提出实行"红绿灯"标签系统，并在英国和爱尔兰广泛使用（Watson et al.，2014)。该模式按照英国食品标准局的标准将食物中包含的消极营养素含量分为高、中、低三个等级，并分别以红、黄、绿来标识。绿色越多、红色越少则代表食品越健康。这种标签类型快速向消费者传达了食品中的营养质量，有利于低学历消费者使用。2006 年，荷兰推出"CHOICE"标签，用于含有更高纤维和更低钠、添加糖、饱和脂肪、反式脂肪和总能量的产品，该标签已在比利时、波兰、捷克共和国、阿根廷和尼日利亚等国实施，但越来越多的消费者认为 Choice 标志令人难以理解，因此荷兰政府在 2016 年下令将其更换为手机应用程序。2014 年，澳大利亚和新西兰建议自愿实施健康星级评分（The Health Star Rating，HSR）标签。该标签使用营养分析模型对食物进行评分，依据得分对食物进行评级，从 0.5 星到 5 星不等（星级越高越健康）（Maganja et al.，2019)。由于该标签为自愿实施，因而使用范围不广。2016 年，智利政府推出了警示型标签（Warning Labels，WL)，要求热量、钠、糖、脂肪中任一种营养成分超标的食物要在包装正面对该营养素贴出红色或黑色的警告标签，一种食物最多可贴 4 种警告标签（Reyes et al.，2019）。2017 年，法国政府推出了营养评分（Nutri-Score）标签系统并成为法国的官方营养标签。该标签通过 5 种颜色和 5 个字母来表示食物的营养等级，绿色 A 到橙色 E 依次代表“最佳营养品质”到“最低营养品质”（Julia et al.，2018）。目前，在全球范围内广泛应用和实施的是 FOP 标签，相较于其他标签，FOP 标签概括了复杂的营养成分信息并呈现在包装正面，更为醒目且易为消费者理解，但目前只有少数国家强制实施 FOP 标签。此外，随着消费者对有机天然食品的青睐，清洁标签或天然标签的研究也逐渐增多（Creswell，2018）。

第二，影响消费者使用营养标签的因素分析。国外学者分别从人口学因素和社会心理学因素两个方面探讨了营养标签使用的影响因素。在人口学因素上，研究认为女性使用营养标签的频率和概率要比男性大（Besler et al.，2012）。因为多数男性认为阅读营养标签属于女性行为，在选择食物时很少注意营养成分信息（Cha et al.，2014）。与低学历人群相比，高中以上学历的人使用营养标签的概率更大（Satia et al.，2005）。同时，高社会经济地位的人群也比低收入人群使用营养标签的概率大（Chen et al.，2012）。在社会心理学因素上，研究发现低健康素养人群难以理解并使用营养标签（Cha et al.，2014）。与 BOP 标签相比，FOP 标签更能让消费者理解并使用（Graham et al.，2015；Vargas-Meza et al.，2019）。

第三，食品营养标签对消费者饮食健康的影响。国外学者对于食品营养标签是否真正改善了消费者食品购买的研究存在争议。多数学者研究认为营养标签改善了消费者食品购买行为，有利于消费者选择更健康的食品（Hawley et al.，2013；Cadario and Chandon，2019）。因为营养标签的使用有助于改善消费者对预包装食品营养质量的认知（NiMC et al.，2018；Zhu et al.，2019），尤其是更具解释性的 FOP 标签能有效引导消费者选择更健康的食品（Cha et al.，2014）。Ni Mhurchu 等（2018）在其实验中得出营养标签使用与所购买产品的健康性之间存在显著的正相关关系的结论，进一步验证了营养标签可能会影响选择使用营养标签的消费者购买更健康的食品。消费者对健康食品的识别能力增加，直接改善了消费者对消极营养成分的摄入情况。Zhang 等（2017）研究表明，经常使用营养标签的人每天少摄入钠 92.79mg。Shangguan 等（2019）也发现营养标签的使用能减少消费者对脂肪、热量以及不健康食物的摄入量，增加水果摄入量。而且对于自律能力较低的人，营养标签也能有效帮助其做出更健康的选择（Nyilasy et al.，2016）。也有学者研究发现营养标签的使用对疾病防治和促进居民健康具有积极影响。Rimpeekool 等（2017）研究发现理解并使用营养标签的人比不使用营养标签的人患高血压、肥胖的概率要低。韩国国民健康与营养调查研究也发现，阅读营养标签与较低的代谢综合征患病率有关，而且使用营养标签能更好地管理高密度脂蛋白胆固醇，减少冠状动脉疾病和癌症的发生（Kang et al.，2013；Yoo et al.，2016）。然而，有学者认为营养标签对消费者的食品购买行为影响有限（Gorski et al.，2018）。营养标签的使用有时还会误导消费者，导致消费者对产品健康的评估不准，进而购买不健康食品的可能性增加（Roberto et al.，2012；Orquin and Scholderer，2015）。更有学者研究发现 FOP 标签可能导致光环效应，对优质产品和劣质产品均具有积极影响。例如，解释性营养特定标签提高了对劣质产品和优质产品的健康认知，但它们只影响优质产品的购买意愿（Ikonen et al.，2020）。

7.1.2.2　国内文献

国内关于食品营养标签的研究主要集中在以下四个方面。

第一，关于营养标签标识现状的研究。研究发现我国推广营养标签后，食品营养标签在食品上的标识率总体上有显著提升，但不同食品类别的营养标签标识率差异较大，而且食品标签的标示内容存在不规范现象（王丽丽等，2017）。营养标签格式混乱、计量单位错误、营养素含量值错误、“0”界限值问题以及信息不一致都是食品营养标签标识常见的不规范标识问题（赵雨菡等，2021）。其中，钠元素的标识问题尤为突出。钠元素的标识存在表达格式错误、“0”界限值问题以及准确性问题，营养标签钠标示值的准确性有待进一步提高（蚁碧珍等，2021）。

第二，消费者对营养标签的认知。消费者对营养标签的认知包括消费者对于营养标签的知晓率、消费者对于营养标签信息的理解程度及影响因素（王丽丽等，2017）。在知晓率上，多数研究发现国内消费者对于食品营养标签的关注度较高，但对于营养标签的知晓率较低（李春雨等，2022）。而且不同人群对于营养标签的认知存在差异。研究发现，相对于普通消费者，患高血压和糖尿病人群、大学生和中学生群体对于食品标签的知晓率要显著偏高（张海玲等，2015）。在对营养标签的理解度方面，研究表明，消费者对于营养标签的理解程度不足，仅能看懂部分标签内容（李俊良等，2015）。李春雨等（2022）调查北京市居民发现只有 4.3% 的北京居民非常了解营养成分表的内容，14.9% 的北京居民完全能看懂营养标签。对营养标签的关注重点也集中在生产日期（94.83%）、保质期（93.39%）和配料表（69.07%）上（于航宇等，2021）。年龄、性别、职业、文化水平、收入能力以及健康状况等都是影响消费者理解营养标签的重要因素（廖宇婷等，2020）。

第三，消费者对营养标签的偏好。国内学者研究了消费者对食品营养标签在产品类别和标签内容上的偏好。在产品类别上，研究发现，消费者对于奶制品的营养标签最为关注，其次是婴幼儿食品、豆制品、饮料类、面包饼干类（徐爱萍等，2010）。在标签内容上，消费者对营养素关注排在前三位的是维生素、蛋白质、脂肪（唐海英等，2014）。消费者偏好选择采用"零添加""纯天然""无污染""无残留""不含任何防腐剂"等声称的食品营养标签（于航宇等，2021），也更信任带有知名品牌、日期标签和有机标签的食品。钟颖琦等（2022）以猪肉食品营养标签为对象研究发现，认证信息和可追溯信息等更高层次食品安全信息标签能显著提高消费者的支付意愿。

第四，食品营养标签制度的不足及完善。我国目前实施的是 BOP 标签，与国际上流行的 FOP 标签相比较为落后，因而国内学者开始研究我国营养标签制度存在的问题及改进措施。研究方法主要是通过分析国外营养标签制度的理论，为国内制度的完善提供借鉴。应飞虎（2020）通过总结食品营养标签的制度史以及制度演变的规律发现，我国营养标签制度在标示要素、标示方式、信息简化、适用范围等方面的缺陷十分明显，我国应基于世界的制度发展史对标签内容、需要标示的情形、标签信息的展示及进一步信息的提供等予以改进。通过综合对比分析国内与国外食品营养制度的差异，学者建议要加快 FOP 标签法规的制定，形成愈加严格的营养评价标准并实施警告标签以劝阻居民健康饮食。借鉴美国经验，开展营养立法以提高居民营养成分表的使用率，将食品营养成分信息直接显示在包装正面，以便消费者更好理解与使用（黄泽颖、黄贝珣，2021）。

归纳国内外关于营养标签的研究发现，国外学者的研究集中于探索更有效的食品标签类型以及食品标签的使用对消费者饮食健康的影响，注重分析消费者的使用意愿和购买行为。而国内学者的研究主要通过调研消费者的自述偏好进行定量分析，主要关注点在于消费者对食品营养标签的认知、理解和使用现状。国内关于营养标签对居民消费偏好和支付意愿的影响研究较少，而且很少聚焦于分析食品营养标签对农村居民消费行为的影响。本章以农村居民为研究对象，研究食品营养标签对农村居民消费偏好和选择的影响，以期补充国内关于农村居民食品营养标签的相关研究并为改善农村居民的饮食健康提供建议。

7.2　农村居民对食品营养标签的使用情况

7.2.1　数据采集

7.2.1.1　调查方案设计

本次调查研究的主要目的有三个：一是了解农村居民对食品营养标签的认知程度和使用情况；二是分析影响农村居民使用食品营养标签的相关因素；三是探究食品营养标签对农村居民消费偏好的影响。调研的对象主要为河南省的农村居民。为客观、准确地反映农村居民对食品营养标签的使用现状，本次调研选取生活必需品——食用油为例来调查食品营养标签对农村居民消费偏好的影响。在问卷设计方面，调研问卷由四个部分构成：一是农村居民营养健康信息的关注情况；二是食品营养标签的使用情况；三是食用油的选择实验；四是消费者个体和社会经济特征。问卷具体内容详见附录2。考虑到农村居民对营养标签的认知度可能较低，为保证消费者理解营养标签含义以便进行选择实验，本章在进行选择实验之前通过营养标签图片示例和营养声称概念的相关解释信息向消费者简要介绍营养标签。

受疫情的影响，本次调研主要借助问卷星和微信两大平台线上发放问卷，调研时间为2022年10～11月。为保证样本的代表性，严格遵循随机原则，并对抽样误差进行控制。在调研后，对数据进行严格处理，删除不合逻辑以及填写时间过短的问卷后再进行信效度检验及数据分析。最终获得有效问卷387份。

7.2.1.2　信效度检验

（1）信度检验。

通常采用α信度系数法检验信度，主要目的是检验问卷的可靠性。信度系数越大，说明测量的可信度越大。对Cronbach's α系数（或折半系数）进行分析，目前没有统一的标准，但根据多数学者的观点，一般Cronbach's α系数（或折半系数）如果在0.9以上，则该测验或量表的信度甚佳。Cronbach's α系数值为0.916（见表7－1），说明该问卷的信度非常好。

表 7-1 信度检验表

Cronbach's α 系数	标准化 Cronbach's α 系数	项数	信度
0.916	0.916	5	非常好

（2）效度检验。

效度检验的主要目的是检查问卷是否有效。KMO 检验的结果显示，KMO 的值为 0.898（见表 7-2），程度为适合，同时，Bartlett 球形检验的结果显示，显著性 P 值为 0，在 1% 的水平上呈现显著性，拒绝原假设，各变量间具有相关性，因子分析有效，程度为适合。

表 7-2 效度检验表

KMO 检验和 Bartlett 的检验		
KMO 值		0.898
Bartlett 球形度检验	近似卡方	1304.989
	df	10
	P	0.000***

注：***、**、*分别代表 1%、5%、10% 的显著性水平。

7.2.2 样本统计分析

7.2.2.1 样本基本特征

通过对调查中农村居民的基本特征分析发现（见表 7-3），女性数量占比为 62.02%，高于男性，这与家庭食物采购主要由女性负责的情况一致；年龄分布总体较均匀，主要为 18～50 岁农村居民，占比为 94.57%；已婚和未婚农村居民比例相近，分别占 52.71% 和 42.79%；农村居民的学历水平在大专和本科学历的占比分别为 24.81% 和 39.28%，高中及以下学历的农村居民占比为 34.11%。多数农村居民（86.05%）无医学背景；半数以上农村居民（56.33%）除务农外无其他职业。

表 7-3 农村居民基本特征分析

统计指标	分类指标	百分比（%）	统计指标	分类指标	百分比（%）
性别	男性	37.98	婚姻状况	已婚	52.71
	女性	62.02		未婚	47.29

续表

统计指标	分类指标	百分比（%）	统计指标	分类指标	百分比（%）
年龄	18~20 岁	21.45	最高学历	小学及以下	4.65
	20~30 岁	31.01		初中	13.44
	30~40 岁	19.12		高中	16.02
	40~50 岁	23.00		大专	24.81
	50~60 岁	4.91		本科	39.28
	60 岁以上	0.52		研究生及以上	1.81
有营养学/医学相关背景	是	13.95	务农外其他职业	工厂、企业务工	13.44
	否	86.05		个体户	10.34
人均月收入	2000 元及以下	26.87		经营企业	1.55
	2000~4000 元	37.98		医生、教师等	11.89
	4000~6000 元	22.74		干部	5.68
	8000~10000 元	6.72		直播带货	0.78
	10000 元以上	5.68		无	56.33

7.2.2.2 营养健康信息接受情况

在 387 份有效问卷中，经常和总是主动了解饮食营养健康信息的农村居民占总数的 52.98%，说明半数以上农村居民对饮食营养健康信息的重要性有一定认知，但仍有 47.02% 的农村居民主动了解营养健康信息的频率较低，说明仍需要进一步加强饮食健康信息重要性的宣传。在对营养健康信息的数据收集和加权计算综合得分后可以发现，农村居民对于基本的食品营养信息有一定的了解，每道题的加权得分均在 3 分以上。但是，可以很明显地发现，农村居民对于较为专业性的知识的了解程度不足，在涉及维生素、矿物质、脂肪、胆固醇字眼的题目得分情况呈现断崖式下降，表明需要进一步加强农村居民的营养健康信息储备和了解。

表 7-4　　营养健康信息掌握情况表

题目/选项	同意	不同意	不知道	综合得分
多吃糖对健康有益	28	343	16	4.63
吃不同种类的食物对健康有益	332	29	26	4.57
适当多吃粗粮有利于避免肥胖和糖尿病等慢性疾病	316	40	31	4.43
鸡蛋和牛奶是人体优质蛋白的重要来源	317	51	19	4.37

续表

题目/选项	同意	不同意	不知道	综合得分
主食吃得越少越好	49	313	25	4. 36
水果和蔬菜可以互相替代，多吃水果就可以少吃蔬菜	57	315	15	4. 33
平时吃得过咸容易得高血压	277	61	49	4. 12
应该经常更换烹调油的种类，食用多种植物油	270	62	55	4. 07
精米、精面比粗粮、糙米含有更多的维生素和矿物质	122	207	58	3. 44
脂肪和胆固醇对身体健康有害，应该尽量不吃	137	207	43	3. 36

农村居民对饮食营养健康信息的获取途径主要集中于网络，经常及总是通过网络途径了解营养健康信息的占63. 30%，同时，亲朋好友告知与电视节目两个途径也是认知的重要途径，经常及总是分别占43. 66%和30. 23%。相比之下，通过政府宣传、报纸、广播、学校课堂讲解和专家咨询等途径了解食品营养信息的农村居民较少（见表7－5）。

表7－5　　　　营养健康信息获取途径

获取途径	总是	经常	偶尔	很少	从不
网络（例如微信、抖音等）	30. 23%	33. 07%	26. 61%	8. 53%	1. 55%
电视节目（例如养生堂）	13. 18%	17. 05%	29. 97%	26. 1%	13. 7%
报纸、广播	9. 3%	15. 25%	26. 61%	31. 01%	17. 83%
政府宣传	11. 11%	16. 28%	31. 78%	29. 72%	11. 11%
咨询专家	6. 2%	9. 3%	20. 67%	32. 82%	31. 01%
学校课堂讲解	8. 53%	13. 44%	32. 56%	31. 27%	14. 21%
亲朋好友告知	12. 14%	31. 52%	35. 92%	17. 57%	2. 84%

进一步分析了营养健康信息对农村居民日常饮食的影响，可以发现64. 08%的农村居民表示营养健康信息对日常饮食具有较大影响，35. 92%的农村居民认为营养健康信息对本人日常饮食的影响不大。在具体影响上，多数居民表示营养健康信息促使自己更加重视健康均衡饮食（67. 18%）、饮食习惯改善（64. 34%）和膳食知识增加（60. 21%），少数农村居民会在平时利用食疗改善常见病（36. 18%）。

7. 2. 2. 3　食品营养标签的认知情况

为了研究农村居民对食品营养标签的认知和使用情况，问卷中设计了不同情景进行具体分析，分别是：情景1，在购买包装食品时，是否会看食品营养标签；情景2，在选择某种没吃过的食品时，是否会看食品营养标签；情景3，在两种或者更多食品之间选择时，是否会看食品营养标签；情景4，在考虑某种食品是否健康时，是否会看食品营养标签；情景5，在选择食品过程中，是否有因为看了营养标签而改变购物决策的经历（见图7－1）。

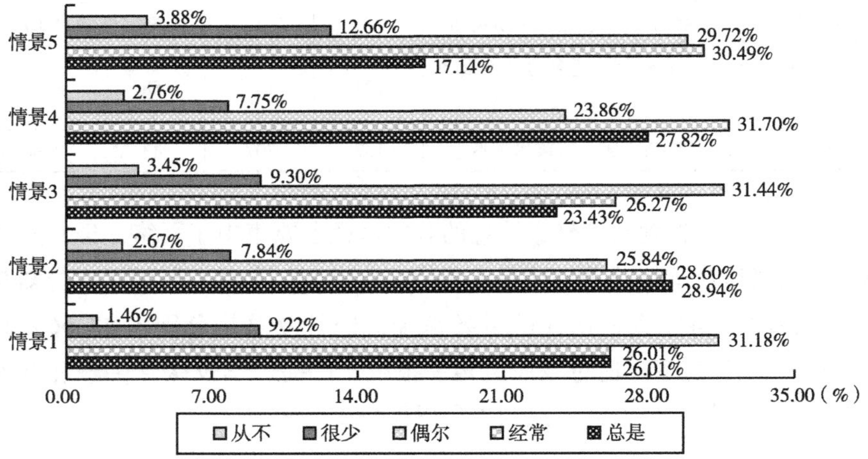

图7－1　食品标签使用频率

图7－1结果显示，总体来看，农村居民在购买食品时使用食品营养标签的频率较高，约40%以上的农村居民在购买食品时经常和总是使用食品营养标签，说明农村居民对食品营养标签的认知程度较高。有近60%的农村居民在购买没吃过的食品或考虑食品是否健康时会经常和总是使用食品营养标签，近50%的农村居民经常和总是因为食品营养标签而改变过购物决策，说明食品营养标签对农村居民的食品购买行为具有一定影响。

从不同消费情景来看，情景1数据显示，目前偶尔、很少和从不看营养标签的农村居民占41.86%，出现该种情况的原因可能是农村居民教育程度较低，对食品营养标签的认知程度和重视程度不足。综合观察情景2的数据和情景4的数据发现，农村居民在判断食品的健康程度时使用食品营养标签的频率明显高于比其他情景下的使用频率，说明食品营养标签是农村居民判断陌生食品是否健康的常用工具。情景3数据显示，在面临选择时，食品营养标签的使用频率出现了下滑，说明农村居民对于食品营养标签信息的使用能力仍然有待提高。情景5的数据显示，仍有半数以上的农村居民只会偶尔甚至频率更低地因为食品营养标签而改变购物决策，说明食品营养标签在农村居民食物消费过程中起到的更多的是辅助决策，而非决定性因素。

在进行未使用营养标签的原因分析中，多重响应频率分析表显示（见表7-6），分析项有“平时很少购买包装食品”“购物时间短，没时间看营养成分”“没有注意到包装上有营养成分表”“基本了解不同食物的营养成分，不需要看”“看不懂、不理解”“食品的营养成分不重要（更看重价格、口味等）”“其他”的卡方拟合优度检验的显著性P值为0，水平上呈现显著性，拒绝原假设，意味着各项的选择比例比较呈现显著性差异，分布不均匀。

表7-6　多重响应频率分析表

因素	N（计数）	响应率（%）	普及率（%）
平时很少购买包装食品	118	16.5%	30.5%
购物时间短，没时间看营养成分	134	18.8%	34.6%
没有注意到包装上有营养成分表	113	15.8%	29.2%
基本了解不同食物的营养成分，不需要看	105	14.7%	27.1%
看不懂、不理解	69	9.7%	17.8%
食品的营养成分不重要（更看重价格、口味等）	101	14.2%	26.1%
其他	73	10.2%	18.9%
总计	713	100.0%	184.2%

农村居民在购买食品时考虑的主要因素依次为食品的营养价值、价格、质量安全和口味，对外观包装、品牌和是否方便烹饪的重视程度较低（见图7-2）。这说明农村居民重视食物的健康和质量，追求健康且性价比高的食物。进一步分析发现，多数农村居民关注食品包装上的生产日期和保质期（90.18%）、营养成分与配料表（68.22%）、质量安全认证（57.88%）、

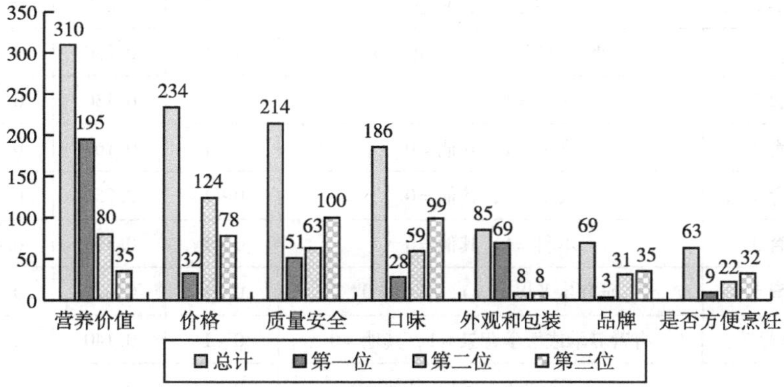

图7-2　购买时主要考虑的因素

价格（56.07%）、对生产厂家及品牌（44.19%）和保存方法（38.50%）的关注程度相对较低。这说明农村居民在购买食品时有一定的查看食品营养标签意识，但关注的信息较浅，对营养成分和配料、质量安全等反映食品健康信息的关注度需要提高。

7.2.3 农村居民使用食品营养标签的影响因素

7.2.3.1 变量说明

本部分模型的被解释变量为农村居民在购买食品时，查看食品营养标签的频率。解释变量包括：(1) 个人特征：性别、年龄、受教育程度、职业、婚姻状况以及是否有医学或营养学背景；(2) 家庭特征：家庭人均月收入；(3) 参与程度：食物购买频率；(4) 自评健康；(5) 膳食知识。各变量的取值范围、均值和标准差见表7-7。计量模型估计方法采用多元有序Logit模型。

表7-7 各变量的定义、均值和标准差

变量	定义	赋值	均值	标准差
性别	男=1，女=0	0~1	0.380	0.486
婚姻状况	已婚=1，其他=0	0~1	0.530	0.500
年龄1*	18~20岁=1，其他=0	0~1	0.210	0.411
年龄2	20~30岁=1，其他=0	0~1	0.310	0.463
年龄3	30~40岁=1，其他=0	0~1	0.190	0.394
年龄4	40~50岁=1，其他=0	0~1	0.230	0.421
年龄5	50~60岁=1，其他=0	0~1	0.050	0.216
年龄6	60岁以上=1，其他=0	0~1	0.010	0.072
教育1*	小学及以下=1，其他=0	0~1	0.050	0.211
教育2	初中=1，其他=0	0~1	0.130	0.341
教育3	高中=1，其他=0	0~1	0.160	0.367
教育4	大专=1，其他=0	0~1	0.250	0.432
教育5	本科=1，其他=0	0~1	0.390	0.489
教育6	研究生及以上=1，其他=0	0~1	0.020	0.133
医学背景	有营养学或医学背景=1，其他=0	0~1	0.140	0.347
职业1*	工厂、企业务工=1，其他=0	0~1	0.130	0.341
职业2	个体户=1，其他=0	0~1	0.100	0.305

续表

变量	定义	赋值	均值	标准差
职业3	经营企业=1，其他=0	0~1	0.020	0.124
职业4	医生、教师等=1，其他=0	0~1	0.120	0.324
职业5	干部=1，其他=0	0~1	0.060	0.232
职业6	直播带货=1，其他=0	0~1	0.010	0.088
职业7	无=1，其他=0	0~1	0.560	0.497
收入1*	2000元及以下=1，其他=0	0~1	0.270	0.444
收入2	2000~4000元=1，其他=0	0~1	0.000	0.000
收入3	4000~6000元=1，其他=0	0~1	0.000	0.000
收入4	8000~10000元=1，其他=0	0~1	0.000	0.000
收入5	10000元以上=1，其他=0	0~1	0.000	0.000
食物购买频率	从不=1，很少=2，偶尔=3，经常=4，总是=5	1~5	4.060	0.786
自评健康	非常差=1，比较差=2，一般=3，比较好=4，非常好=5	1~5	3.830	0.809
膳食知识	膳食知识题答对一题得1分	1~10	7.486	1.976

注：带*的虚拟变量在回归中作为对照不引入。

7.2.3.2 营养标签使用行为的差异比较

通过对农村消费者在购买包装食品时是否会考虑食品标签的统计，发现选择“偶尔”的占总被调查人数的32.8%，选择“经常”的占27.9%，选择“总是”的占27.6%，而选择“很少”和“从不”的总占比为11.6%。这说明农村消费者的健康意识较强，多数农村消费者在购买包装食品时会关注食品标签。

此外，通过对消费者的个人特征和食品标签的使用进行方差分析，考察当消费者在使用食品营养标签频率相同的情况下，消费者的个人特征均值之间是否存在差异。选取使用食品营养标签的频率为因子，消费者食物购买频率、性别、年龄、婚姻状况、教育水平、职业、膳食知识了解情况为因变量。在90%的置信水平下，方差齐性检验结果（见表7-8）显示，性别、年龄和教育水平不显著，说明其存在方差齐性，且从其单因素方差分析（见表7-9）结果显示，性别和教育水平指标对食品标签使用频率不存在显著差异，而年龄指标在食品标签使用中存在显著差异。

表 7-8　　　　　　　　　　　　方差齐性检验

	Levene 统计量	df1	df2	显著性
购买频率	7.261	4	382	0.000
性别	0.837	4	382	0.502
年龄	0.659	4	382	0.621
婚姻状况	11.165	4	382	0.000
教育	1.286	4	382	0.275
职业	8.334	4	382	0.000
膳食知识	2.965	4	382	0.020

表 7-9　　　　　　　　　　　　单因素方差分析

		平方和	df	均方	F	显著性
性别	组间	0.911	4	0.228	0.964	0.427
	组内	90.252	382	0.236		
	总数	91.163	386			
年龄	组间	13.688	4	3.422	2.331	0.055
	组内	560.824	382	1.468		
	总数	574.512	386			
教育	组间	8.771	4	2.193	1.406	0.231
	组内	595.694	382	1.559		
	总数	604.465	386			

食物购买频率、婚姻状况、职业和膳食知识了解情况与营养信息搜寻之间为方差非齐性，通过采取 Dunnett T3 检验方法进行显著性差异检验（见表 7-10），主要观察“总是”相对于“经常”“很少”“偶尔”的数据，结果显示，职业和膳食知识的了解情况变量与营养标签使用频率的结果不显著；购买食物的频率和婚姻状况变量在营养标签使用频率下存在显著差异；在购买食物频率和营养标签使用频率下，随着消费者购买食物的频率增加，“总是”使用营养标签相对于“偶尔”和“经常”存在显著差异。这可能是因为消费者购买食物的频率越高，越注重食物的质量和健康，同时对于营养知识的了解程度也越高；关于婚姻状况和营养标签的使用情况中，婚姻状况不同的消费者“总是”使用营养标签的频率相对于“很少”和“偶尔”存在显著差异。这可能是因为已经婚配的人会更加注重家庭整体的饮食健康，因而更加关注食物的质量和营养。

表 7 - 10　　　　　　　　　　　　多重比较

因变量	(I) V1	(J) V1	均值差 (I - J)	标准误	显著性	90%置信区间	
						下限	上限
购买频率	总是	从不	1.041	0.649	0.687	-1.14	3.22
		很少	0.248	0.138	0.537	-0.11	0.61
		偶尔	0.343*	0.100	0.007	0.08	0.60
		经常	0.392*	0.102	0.002	0.13	0.66
婚姻状况	总是	从不	0.483	0.150	0.100	0.00	0.97
		很少	0.258*	0.092	0.065	0.02	0.50
		偶尔	0.169*	0.065	0.089	0.00	0.34
		经常	0.034	0.067	1.000	-0.14	0.21
职业	总是	从不	0.081	0.148	0.999	-0.40	0.56
		很少	0.119	0.065	0.501	-0.05	0.29
		偶尔	0.122	0.049	0.123	0.00	0.25
		经常	0.113	0.051	0.234	-0.02	0.24
膳食知识	总是	从不	0.210	0.128	0.669	-0.219	0.638
		很少	-0.035	0.0308	0.940	-0.116	0.045
		偶尔	-0.024	0.0249	0.983	-0.088	0.040
		经常	-0.010	0.0274	1.000	-0.081	0.061

注：*表示均值差的显著性水平为 0.1。

7.2.3.3　营养标签使用行为的模型估计

农村居民对食用油营养标签的使用行为是多种因素共同作用的结果，因而有必要运用计量模型把这些因素对农村居民对食用油营养标签使用频率的影响程度和显著性水平做进一步估计。表 7 - 11 中模型（1）是利用 Stata16.0 进行多元有序 Logit 模型回归得到的结果，可将影响农村居民对食用油营养标签使用频率的主要因素及其显著性归纳如下：

第一，从消费者的个人特征看，食物购买频率、婚姻状况、医学背景、收入和健康自评变量均对食用油营养标签的使用频率有显著的正影响，初中、高中和大专的教育背景对农村居民营养标签的使用频率具有显著的负影响，性别、年龄和膳食知识对食用油营养标签的使用频率影响不显著。这说明消费者的经济状况、知识水平和健康状况更能影响消费者的食品标签使用频率，经济状况较好、知识水平较高以及健康状况较好的农村居民食品营养标签的使用频率越高。

第二，农村居民的食物购买频率、收入和婚姻状况的系数显著为正，表示在其他变量不变的情况下，收入水平提升或食物购买频率增加或者已婚的农村居民对食用油营养标签的使用频率会显著增加。其主要原因是家庭食物购买频率较高的家庭日常饮食主要来自外部购买，此时购买的食品与整个家庭成员的健康状况息息相关，相较于自给自足的农村家庭会更关注购买的食品的质量，而食品营养标签作为食用油营养成分含量的信息集合，成为农村消费者首选的信息来源，因而对营养标签的使用频率大大增加；收入水平提升后农村居民的消费能力增强且面临的消费选择增多，在多种选择下，农村消费者会更加关注食用油的品质，说明农村居民的社会经济特征影响其对食用油营养标签的使用频率；已婚的农村居民在饮食上更侧重于考虑家庭整体的饮食偏好和健康，往往会更愿意购买品质较高的食用油，因而更关注食品营养标签。这说明食物购买频率的增加、收入水平的提升以及已婚的居民会更关注食品的营养和质量，进而对于相关信息的搜寻需求提升，食品营养标签作为包装食品的主要信息源往往成为居民的重点关注对象，因而使用频率显著提升。

第三，消费者的医学背景、健康自评的系数显著为正。这表示在其他变量不变的情况下，拥有医学背景或者健康自评程度提高的农村消费者对食用油营养标签的使用频率会增加。其可能的原因是拥有医学背景的农村居民自身的营养知识素养较高，也往往更关注食品的健康，进而使用食品营养标签的频率显著增加；自评健康状况较好的居民通常更关注自身的健康状态并积极地保持良好的健康水平，因而会更加关注食品的营养成分，进而在食物购买时更频繁地使用食品营养标签。

第四，学历水平为初中、高中和大专的系数显著为负。这表示在其他变量不变的情况下，这三种学历水平的农村消费者在购买食物时对于食品营养标签的使用频率下降。其可能的原因是学历水平较低的农村居民健康意识不强，同时寻找信息和消化信息的能力较弱，因而对食品营养标签的关注度和使用频率较低。

表 7-11　　　　　　　　多元有序 Logit 回归结果

变量	模型（1）	模型（2）	模型（3）	模型（4）	模型（5）
食物购买频率	0.334**	0.339**	0.527***	0.491***	0.559***
	(2.374)	(2.421)	(3.798)	(3.462)	(3.948)
性别	-0.057	-0.173	-0.055	-0.149	-0.020
	(-0.275)	(-0.830)	(-0.261)	(-0.701)	(-0.097)

续表

变量	模型（1）	模型（2）	模型（3）	模型（4）	模型（5）
婚姻状况	0.822 ** (2.016)	0.711 * (1.736)	0.902 ** (2.323)	0.996 ** (2.448)	0.591 (1.519)
医学背景	0.503 * (1.711)	0.540 * (1.849)	0.785 *** (2.729)	0.525 * (1.776)	0.619 ** (2.166)
收入_2000~4000元	0.009 (0.038)	-0.541 ** (-2.203)	-0.240 (-0.964)	-0.335 (-1.347)	0.044 (0.175)
收入_4000~6000元	-0.175 (-0.628)	-0.198 (-0.701)	-0.328 (-1.169)	-0.173 (-0.615)	0.098 (0.354)
收入_8000~10000元	0.983 ** (2.206)	0.618 (1.333)	0.625 (1.362)	0.546 (1.222)	0.683 (1.577)
收入_10000元以上	0.153 (0.314)	-0.026 (-0.058)	-0.337 (-0.742)	0.045 (0.093)	1.011 ** (2.256)
教育_初中	-1.151 ** (-2.011)	-0.540 (-1.005)	-1.253 ** (-2.256)	-1.449 ** (-2.330)	-1.155 ** (-2.091)
教育_高中	-1.364 ** (-2.469)	-1.021 ** (-1.961)	-1.482 *** (-2.762)	-1.779 *** (-2.979)	-1.157 ** (-2.177)
教育_大专	-1.001 * (-1.818)	-0.898 * (-1.723)	-1.521 *** (-2.833)	-1.687 *** (-2.788)	-1.196 ** (-2.236)
教育_本科	-0.881 (-1.556)	-0.423 (-0.794)	-1.156 ** (-2.114)	-1.349 ** (-2.190)	-1.143 ** (-2.094)
教育_研究生及以上	-0.571 (-0.621)	0.323 (0.341)	0.134 (0.139)	-0.908 (-0.961)	0.080 (0.087)
年龄_20~30岁	0.059 (0.211)	0.423 (1.522)	-0.036 (-0.129)	0.226 (0.805)	0.283 (1.013)
年龄_30~40岁	0.308 (0.660)	0.431 (0.913)	0.090 (0.202)	-0.121 (-0.255)	0.199 (0.440)
年龄_40~50岁	0.109 (0.222)	0.407 (0.817)	-0.240 (-0.507)	-0.257 (-0.516)	-0.022 (-0.047)
年龄_50~60岁	-0.638 (-1.008)	-0.407 (-0.661)	-0.684 (-1.117)	-1.130 * (-1.774)	0.737 (1.173)
年龄_60岁及以上	0.678 (0.547)	-0.053 (-0.041)	0.643 (0.517)	0.149 (0.118)	-1.672 (-1.337)

续表

变量	模型（1）	模型（2）	模型（3）	模型（4）	模型（5）
健康自评	0.512*** (3.906)	0.503*** (3.930)	0.312** (2.475)	0.301** (2.358)	0.550*** (4.293)
膳食知识	-0.270 (-0.515)	1.008* (1.922)	1.030** (1.993)	1.410*** (2.711)	0.210 (0.410)
样本量	387	387	387	387	387

注：***、**、*分别表示在0.01、0.05、0.10水平上统计显著；括号外的数值为该变量估计系数，括号内的为标准差。

7.2.3.4 不同消费情景下营养标签使用频率的模型估计

为进一步分析上述因素对农村消费者营养标签使用频率的影响是否存在差别，本章建立了四种不同的情景下的假设模型，分别是：农村消费者在选择某种没吃过的食品时，是否会看食品营养标签；在两种或者更多食品之间做选择时，是否会看食品营养标签；在考虑某种食品是否健康时，是否会看食品营养标签；在选择食品过程中，是否会因为看了营养标签而改变购物决策。具体以四种情景下的营养标签的使用频率为被解释变量，利用多元有序 Logit 模型进行回归以分析农村消费者在不同情况下对食品营养标签使用频率的影响因素。得到的结果如表7－11 的模型（2）至模型（5）。

从总体来看，在不同情境下，食物购买频率、医学背景、教育水平和健康自评对农村消费者的食品营养标签使用频率均具有显著影响。医学背景和教育水平直接影响居民的信息接收和理解能力，说明消费者信息处理能力的提升和健康意识的增加有助于提高其对食品营养标签的使用频率。

关于“农村消费者在选择某种没吃过的食品时，是否会看食品营养标签”的分析，发现收入位于2000～4000元以及膳食知识的系数显著。其中，收入位于2000～4000元对营养标签使用频率具有显著的负面影响，可能因为高品质的食品往往价格较高，超出农村居民的承受范围，所以低收入的农村居民面临的消费选择较少，因而在购买维持过的食品时不太需要使用营养标签；膳食知识较高的居民一般具有较强的健康意识，对于营养标签的信息理解能力较强，更能识别出产品的品质好坏，因而在购买未吃过的食品时倾向于使用食品营养标签。

关于“在两种或者更多食品之间做选择时，是否会看食品营养标签”的分析，发现膳食知识具有显著的正影响而收入的影响系数不显著。其可能的原因是做选择的前提是消费者能够负担所有选择的费用，因而收入的影响不明显。选择需要消费者在食品间作比较，营养标签是比较不同食品品质的主要参照，要求消费者对于营养标签上的信息有一定的理解能力，膳食知识较强的居民更能对比出不同产品的差异，因而更倾向于使用营养标签。

关于“在考虑某种食品是否健康时，是否会看食品营养标签”的分析，研究发现，50~60 岁年龄和膳食知识具有显著影响，收入的影响不显著。其可能的原因是考虑食品健康时，食品的费用较次要，因而收入的影响不显著。50~60 岁年龄的影响系数显著为负，可能的原因是年龄较高，居民的信息搜寻意识下降，对于信息的理解能力也降低，因而较少使用营养标签；膳食知识是具有判断食品是否健康的能力的前提，因而膳食知识较强的居民更有能力和意向去使用营养标签。

关于“在选择食品过程中，是否会因为看了营养标签而改变购物决策”的分析，研究发现性别、婚姻状况、年龄和膳食知识的影响均不显著，而食物购买频率、医学背景、收入、教育和健康自评的系数显著。这说明个人的社会经济特征更能影响农村消费者的购物决策。其中，收入 10000 元以上的系数显著为正，而其他收入水平均无显著影响，说明改变购物决策对于消费者的收入水平要求较高，高收入人群更倾向于为了健康花费更多金钱购买高品质食品。除研究生及以上的教育水平外，其他教育水平均具有显著的负面影响，说明通过营养标签改变购物决策对于消费者的知识水平要求较高，学历水平相对较低的居民难以理解营养标签提供的信息并因此改变购物决策。

7.3 基于选择实验的食品营养标签消费偏好分析

7.3.1 理论基础

选择实验法是在消费者需求理论和随机效用理论的基础上建立的。Lancaster（1966）的随机效用理论（Random Utility Theory）认为消费者效用并非源于产品本身，而是来源于组成商品的具体属性。多数消费者是理性的，购买商品的主要目的就是获得最大化的效用，因此在面对具有不同属性的同类产品时，消费者根据预算约束选择能为其带来最大效用的属性组合（McFadden and Train，2000）。商品的属性依据消费者掌握的难易程度可分为三类：一是搜集属性，消费者可在购买产品前通过信息的搜集直接掌握这类属性，并直接影响其购买决策；二是体验属性，即消费者在购买产品后通过使用后的体验掌握的一类属性，主要影响消费者的重复购买决策；三是信用属性，指即使在消费者体验过产品后也难以确定产品质量。食用油是生活必需品，但其种类繁多且质量参差不齐，与其他食品相比，消费者更关注食用油的安全和健康属性，但这类属性难以鉴别，消费者需要通过产品品牌以及产品上加贴的认证标识等来判断产品的质量。因此，标识类信息成为影响消费者购买食用油产品的主要属性。

选择实验相比于其他显示性偏好实验方法更能体现随机效用理论（Lancaster，1966）。本部分利用选择实验法，通过选取能反映食用油产品价格、质量和价值的属性，在随机效用理论的基础上构建反映居民支付意愿的实证模型。依据 Luce 的不相关独立选择假设，将可供消费者选择的 N 个食用油轮廓定义为选择集 C，令 U_{mit} 为消费者 m 在 t 情形下从选择集 C 中选择第 i 个轮廓所获得的效用。依据能否被直接观察到，消费者所获得的效用可分为确定部分和随机部分，随机部分的效用不能被研究者观察到。因而，对研究者来说，消费者 m 从第 i 个轮廓中获得的效用可表示为两部分效用的和。

$$U_{mit} = V_{mit} + \varepsilon_{mit} \tag{7-1}$$

根据 Lancaster 的消费理论，效用的确定部分 V_{mit} 可近似为食用油属性的线性函数，代表消费者 m 从产品 i 的选择集 C 中每个属性所获得的效用之和。具体可见式（7－2），其中，X_{in} 表示选择集 C 中的第 n 个属性，β_n 是选择集 C 中的第 n 个属性的估计参数。

$$V_i = \beta_1 X_{i1} + \beta_2 X_{i2} + \cdots + \beta_n X_{in} \tag{7-2}$$

当且仅当消费者从方案 i 中获取的效用高于其从其他轮廓中获取的效用，消费者 m 才会从选择集 C 中选择方案 i。因此，在 β_n 已知条件下，消费者 m 选择方案 i 的概率可表示为：

$$P_{mit} = Prob(V_{mit} + \varepsilon_{mit} > V_{mjt} + \varepsilon_{mjt}; \forall i \neq j) \tag{7-3}$$

多种类型的计量模型可用于对选择实验模型进行估算，主要包括多项 Logit 模型（Multinomial Logit Model，MNL）和混合 Logit 模型（MixedLogit Model，ML）等。MNL 假定样本具有同质性偏好，误差项服从独立同分布的类型 I 极值分布（Luce，1959）。此时，消费者 m 选择方案 i 的概率为：

$$P(Y = i) = \frac{e^{\beta' X_{mit}}}{\sum_{n=1}^{C} e^{\beta' X_{mnt}}} \tag{7-4}$$

未知的总体参数 β 可以通过在参数空间上最大化抽样似然函数来得

出。参数β不因人而异，即假定消费者具有同质性偏好。但研究认为消费者对食品标签的偏好通常具有异质性（Ye and Lord，2014），同质性偏好的假定不符合现实。因而，使用 MNL 会导致结果出现偏差。随机参数模型（RPL）克服了 MNL 模型必须满足 IIA 假设的缺陷，假定消费者偏好具有异质性，消除了偏好同质性的限制，更符合现实情况（Van et al.，2011）。在 RPL 模型中，消费者m在t情形下C个选择集中选择方案i的概率为：

$$P_{mit} = \int \left(\frac{e^{\beta' X_{mit}}}{\sum_{n=1}^{C} e^{\beta' X_{mnt}}} \right) f(\beta) d\beta \tag{7-5}$$

在此基础上，不同属性的支付意愿（WTP）可表示为：

$$WTP_n = -\frac{\beta_n}{\beta_p} \tag{7-6}$$

其中，β_n表示具体属性的估计参数，β_p为价格属性的估计参数。

7.3.2 选择实验设计

选择实验需要为选择出的每一属性设定具体的层次并进行组合，从而模拟出可供消费者选择的可能的产品轮廓（李翔等，2015）。本章对于食用油产品的属性设计，共设计价格、营养声称、非转基因标识和品牌四个属性，其中价格属性的层次设计为三个，其余属性的层次设计均为两个。具体到问卷中，假设消费者要购买食用油，选择消费者最关心的食用油属性：价格（60/90/120 元/5 升，三个档位）；是否有营养声称，如高油酸、富含维生素 A（有/无）；是否有转基因标识（有/无）；品牌（知名/不知名）。如果考虑全部的选择集合，应该是 3×2×2×2=24 个选择集合，结合正交性，最终设计八个选择集合。即每个消费者需要进行八次选择，每个选择集合有三个产品属性，分别是两个正交试验的选项，以及什么都不选。该部分实验借助问卷星随机发放功能实现（见表 7-12）。

表 7-12　　　　选择实验属性及属性水平设定

属性	水平
价格	60 元/5 升，90 元/5 升，120 元/5 升，
营养声称	有/无
转基因标识	有/无
品牌	知名/不知名

7.3.3 实证结果分析

采用多项 Logit 模型和随机参数 Logit 模型分析农村居民面对不同属性的食品营养标签时的消费意愿。根据随机参数 Logit 模型的估计结果（见表7－13），“品牌”的方差值系数在5%的水平上显著，说明消费者的偏好存在异质性，故以随机参数 Logit 模型的回归结果为准（Meas et al.，2014）。“不选择”项的估计结果显著为负，说明农村居民消费者愿意选择集中给出的选项，反映了选择实验设计方案的合理性。“营养声称”和“品牌”的系数显著为正，说明农村居民消费者倾向于购买具有营养声称和品牌知名的食用油。从系数估计值来看，“品牌”的系数（0.533）要高于“营养声称”的系数（0.450），说明农村居民消费者对食用油品牌的偏好程度要高于对营养声称的偏好程度，可能是因为相比于营养声称，知名品牌的食用油更能让消费者感到安心。“转基因标识”的系数不显著，可能是因为农村居民消费者学历相对较低，对转基因食品的认识不足，因而尚未形成偏好。

表7－13　　农村居民对不同属性食品营养标签的偏好分析

变量	MNL 回归		RPL 回归	
	系数	标准误	系数	标准误
平均系数				
价格	0.001	0.002	0.000	0.002
不选择	－1.033***	0.165	－0.715***	0.168
营养声称	0.464***	0.076	0.450***	0.087
品牌	0.550***	0.076	0.533***	0.100
转基因标识	0.085	0.075	0.105	0.077
营养声称＊品牌	－0.218**	0.104	0.010	0.109
营养声称＊转基因标识	0.090	0.102	0.104	0.104
转基因标识＊品牌	－0.026	0.104	－0.004	0.107
标准差系数				
营养声称	—	—	0.149	2.015
品牌	—	—	1.038***	0.381
观测值数	4644		4626	
卡方检验统计量	567.66		144.86	
P值	0.000		0.000	
对数似然值	－2673.526		－1481.704	

注：***、**、＊分别表示在0.01、0.05、0.10水平上统计显著。

考虑到不同农村居民群体对食品营养标签的偏好可能有差异，为进一步分析农村居民对食品营养标签偏好的异质性，依据收入水平和自评健康状况不同对样本进行分组回归。依据调研情况，将家庭人均月收入低于4000元的农村居民归为低收入群体，反之归为中等及以上收入群体；将自评健康状况为“非常差”“比较差”和“一般”的农村居民定义为健康状况较差群体，反之为健康状况较好群体。

从表7－14中列（1）和列（2）的回归结果可以看出，不同收入水平的农村居民消费者对食品营养标签的偏好具有异质性。具体来说，相比于低收入农村居民，中等及以上收入的农村居民对“营养声称”和“品牌”的偏好程度更高；中等及以上收入农村居民对转基因标识具有显著的正偏好，而低收入农村居民对“转基因标识”的偏好不显著。这说明中等及以上收入的农村居民更在乎食用油的营养属性和品牌属性，也更愿意消费具有转基因标识的食用油。

从表7－14中列（3）和列（4）的回归结果可以看出，健康状况水平不同的农村居民消费者对食品营养标签的偏好也有显著差异。相比于自评健康较差的农村居民，自评健康状况较好的农村居民消费者对有营养声称和品牌知名的食品营养标签偏好程度更高，也更愿意购买有转基因标识的食用油。营养声称与转基因标识的交叉项显著为正，说明自评健康状况较好的居民偏好拥有营养声称和转基因标识的食品营养标签。其可能的原因是，健康状况较好的居民更关注食用油的品质和营养，具有的营养学知识往往比健康状况较差的居民丰富，对转基因食品的认识更充足全面，所以也更愿意接受转基因食品。

表7－14　　　　不同群体对食品营养标签的偏好分析

变量	（1） 低收入	（2） 中等及以上收入	（3） 健康较差	（4） 健康较好
平均系数				
价格	0.002 （0.002）	－0.004 （0.003）	－0.001 （0.003）	0.001 （0.002）
不选择	－0.589*** （0.206）	－0.980*** （0.305）	－0.829*** （0.275）	－0.676*** （0.223）
营养声称	0.419*** （0.099）	0.548*** （0.178）	0.336** （0.137）	0.551*** （0.127）

续表

变量	(1) 低收入	(2) 中等及以上收入	(3) 健康较差	(4) 健康较好
品牌	0. 507 *** (0. 114)	0. 580 *** (0. 180)	0. 348 ** (0. 148)	0. 679 *** (0. 146)
转基因标识	0. 020 (0. 093)	0. 288 ** (0. 142)	-0. 008 (0. 130)	0. 184 * (0. 101)
营养声称 * 品牌	0. 034 (0. 134)	-0. 050 (0. 196)	0. 211 (0. 190)	-0. 087 (0. 142)
营养声称 * 转基因标识	0. 063 (0. 128)	0. 190 (0. 186)	-0. 152 (0. 178)	0. 263 * (0. 140)
转基因标识 * 品牌	0. 009 (0. 129)	-0. 021 (0. 197)	0. 029 (0. 182)	-0. 036 (0. 141)
标准差系数				
营养声称	0. 001 (0. 809)	0. 913 (0. 732)	0. 017 (0. 759)	0. 806 (0. 568)
品牌	0. 946 * (0. 490)	1. 059 (0. 687)	1. 171 * (0. 621)	1. 036 ** (0. 527)
观测值数	3000	1626	1644	2982
卡方检验统计量	130. 07	46. 25	63. 46	83. 23
P 值	0. 000	0. 000	0. 000	0. 000
对数似然值	-965. 880	-512. 390	-546. 187	-928. 691

注：*** 、** 、* 分别表示在 0. 01、0. 05、0. 10 水平上统计显著；括号外的数值为该变量的估计系数，括号内的数值为标准差。

第8章　解释水平视角下信息干预对食物消费行为的影响

现实中，虽然消费者可以获得很多与健康饮食有关的知识或信息，但却没有将这些知识或信息转化为相应的行为，并继续执行着不健康的饮食。要对上述行为进行解释，并且实现信息干预的有效性，就要求在研究中考虑消费者的心理特征。实际上，个体对信息进行加工处理时，对于事物的表征存在高低两种不同的抽象水平，这两种不同的抽象水平分别对应着高解释水平和低解释水平。解释水平的高低决定人们对事物或者对象的偏好、预期决策及行为反应等心理过程，被广泛地应用于消费、决策、健康行为等领域的研究。有关研究表明，解释水平能够影响个体健康与不健康饮食的评价与选择，即使临时诱发的高解释水平也能增加健康饮食的选择，减少不健康饮食的选择。因此，有必要结合心理学的解释水平理论、行为经济学的框架效应深入剖析信息干预对消费者食物消费行为的影响，并明确其中可能存在的影响机制。本章首先介绍了解释水平理论的相关内容和测度方法；其次，设计两组实验并提出相应的研究假设，即解释水平与美味信息或营养信息的交互作用影响消费者的购买决策，未来结果感知在其中起到中介作用；再次，解释水平与收益类信息或者损失类信息的交互作用影响消费者的购买决策，卷入度在其中起到中介作用；最后，利用实验数据进行结果分析，并提出优化信息干预促进健康饮食的相关政策建议。

8.1　解释水平的理论基础

8.1.1　解释水平的概念

个体对信息进行加工处理时，对于事物的表征存在高低两种不同的抽象水平，这两种不同的抽象水平分别对应着高解释水平和低解释水平。高解释水平是相对简单抽象、图式化、去背景和本质的，包括事件的一般特征、高级特征和核心特征。低解释水平是更具体、背景化和表面的，包括事件的附带和从属特征（Yaacov and Nira，2003）。因此，低解释水平的水平结构和中心性较低，比高解释水平更详细（见表8－1）。

表8－1　　高解释水平和低解释水平的区别

低解释水平	高解释水平
复杂的	简单的
具体的	抽象的
背景化的	去背景化的
无组织及不连贯的	有组织的、连贯的
次要的及表面的	首要的及核心的
下位的	上位的
可行性	期待性
与目标无关的	与目标有关的
怎样	为什么

大量关于心理表征的研究从经验上支持了解释水平之间的差异。在概念结构中，一些特征似乎与感知到的事物本质联系更紧密，比其他更边缘的特征具有更大的解释力（Thagard，1989）。例如，人造产品（如电脑）的功能特征比非功能特征更重要，而对于自然类别（如动物）的基因特征比形态特征更重要。社会认知研究也表明，人们可能更抽象地表征人格特质，更具体地表征意图（Dweck and Leggett，1988）。具体来说，高解释水平可能代表了一般意义上的个人行为，如“我很努力”。而低解释水平是更具体的意义，如“我每天晚上学习都很晚”。根据研究目的不同，一般通过对表征事件的目的或手段、可行性、渴望性大小等的测量来辨别解释水平的高低。例如，表达目的的“为什么”通常与高解释水平相关联，而表达手段的“怎么做”往往与低解释水平相关联。Vallacher 和 Wegner（1989）认为，个体在“为什么”层面更倾向从概括、本质的视角对事物进行表征，在“怎么做”层面则更倾向从具体、表面的视角对事物进行表征。也有观点认为可以从“可行性”和“渴望性”视角来反映解释水平，可行性可以理解为实现行为结果的难易程度，渴望性反映行为结果的效

价。具体而言，与行为手段有关的“怎么做”和事物的可行性表现为低解释水平，与行为结果有关的“为什么”和事物的渴望性表现为高解释水平。

8.1.2 解释水平的相关理论

解释水平理论（Construal Level Theory，CLT）是近年来迅速发展起来的一种心理表征理论。该理论提出，个体的心理距离与事物表征的解释水平之间存在正相关关系，强调个体对事物的反应取决于个体对事物的心理表征，是一种描述个体如何从心理上感知遥远的实体和现实的方法。解释水平理论起源于由 Liberman 和 Trope（1998）提出的时间解释理论，该理论认为与近期情况相比，未来的情况通常在更高的层次上（即通过使用更抽象的特征）进行解释。时间解释理论还指出，与低级解释相关的取值会随着时间的推移而减少，而与高级解释相关的取值会随着时间的推移而增加。

解释水平理论是基于时间解释理论，从最初的时间距离扩展到距离的其他维度，最终发展成为一种系统的、广义的心理距离理论。在时间解释理论的基础上，解释水平理论认为时间距离是影响解释水平的一个重要因素，经过一系列的扩展研究，社会距离、可能性和空间距离等均会对解释水平产生重要影响。之后的研究进一步将时间距离、空间距离、社会距离和可能性纳入心理距离范畴，并且心理距离的远近与解释水平的高低之间存在相互影响的关系。其中，时间距离涉及对未来或过去事件的观察以及个体对所分析对象必须作出的决策；社会距离涉及一个给定的人对自己、家庭成员或给定群体的成员与更远的人的决策行为；空间维度涉及地理距离和对更近或更远地点的决策。此外，可能性是通过面对发生概率高或低的决策以及真实或临时情况影响解释水平。解释水平理论认为，在感知到心理距离变化时，个体的解释水平也会发生改变，进一步会影响个体行为。当个体认为事物距离自己较远时，表现为高解释水平，会倾向用整体、本质和抽象的视角对事物进行描述和思考；当事物距离较近时，则会表现为低解释水平，会偏好采用局部、表面和具体的视角来表述和考虑事物（邓颖，2017）。实际上，不同维度之间存在许多重要差异（见表 8 – 2）。例如，时间是不受控制的、连续不断的；社交距离和概率在一定程度上是可控的；当人们随意远离或靠近事物时，也可以控制空间距离。它们之间的另一个显著差异是社会距离会降低积极性，而时间距离会增加积极性。这意味着人们认为外群体不如内群体积极，人们对更遥远的未来变得更加积极（Lynch and Zauberman，2007）。

表 8－2　　　　　　　　不同维度心理距离的对比

<table>
<tr><th rowspan="2">心理距离</th><th colspan="3">不同维度之间的重要差异</th><th rowspan="2">相似性</th></tr>
<tr><th>维度</th><th>是否可控</th><th>独立作用</th></tr>
<tr><td>时间距离</td><td>什么时候（近期或遥远的未来）</td><td>不受控制</td><td>影响为未来目标或遗憾而采取的行动</td><td rowspan="4">1. 它们在影响消费者对事件的表征和消费行为上具有相同的原则。
2. 不同的心理距离之间具有相互作用</td></tr>
<tr><td>社会距离</td><td>谁（自我或他人；群体内或群体外）</td><td>一般可控</td><td>人们如何为他人提供建议或做出决定</td></tr>
<tr><td>空间距离</td><td>什么位置（这里与那里；近处与偏远的地方）</td><td>可控</td><td>是否去旅行或者网购</td></tr>
<tr><td>可能性</td><td>是否（确定或不确定；假设或真实事件）</td><td>一般可控</td><td>赌博或不确定结果</td></tr>
</table>

每个维度都有其独立的影响。未来时间距离与是否为未来目标采取行动的问题相关（例如，储蓄和投资）。社会距离与人们如何为他人做出决定以及如何建议他人有关。空间距离提出了诸如是去旅行还是网上购物之类的问题，可能性提出了赌博或不确定结果的问题（Trope et al.，2007）。然而，不同维度的心理距离也有许多相似之处，因为它们都具有相似的解释水平原理。一个事件的发生往往伴随着多重的心理距离，例如，如果一个事件发生在更遥远的未来，或更遥远的地方，或更不相似的人身上，或发生的可能性更小，那么它在心理上就更遥远，所以不同的心理距离之间必然存在一种相互作用。解释水平理论最终得出个体对事物的心理距离会影响其对事物表征的解释水平，个体对事物表征不同的解释水平会进一步影响对该事物的行为反应。

8.1.3　解释水平理论的应用

解释水平理论可以对个体行为差异进行解释，基于其强大的解释力，解释水平理论广泛应用在营销、消费行为领域的研究中，主要涉及消费者知觉、消费者态度及评价和消费者选择等方面。在消费者知觉方面，首先，解释水平会影响消费者对信息的感知。有关“损失”的信息在低解释水平操控下会对消费者产生更明显的影响；而有关“得到”的信息在高解释水平操控下会对消费者产生更明显的影响（White et al.，2011）。其次，解释水平理论体现在消费者对价格感知差异的解释上。Bornemann 和 Homburg（2011）发现，高解释水平的操控会使消费者将价格理解为产品质量的指标；而低解释水平的操控会使消费者倾向将价格理解为货币支付行为，这种对价格感知的差异会直接引起需求曲线的变化。此外，解释水平理论在营销策略以及广告投放方面也有一定的应用。Luan 等（2023）通过研究发现与品牌社交距离近的消费者在评估产品时更看重产品属性，与品牌社交距离远的消费者评估产品时更受价格的影响。

在消费者态度及评价方面，解释水平理论的应用表现在“基于产品属性解释消费者对产品偏好的差异”上。当提供多种产品样式时，低解释水平操控下的个体对产品的偏好程度高于高解释水平操控下的个体（Henderson，2011）。解释水平理论还可以用于解释消费者对营销方式的偏好差异。高解释水平操控下的消费者更加偏好涉及产品品质的广告而不是涉及自我概念的广告（Freitas et al.，2008）。与此同时，当消费者的调节定向和营销材料的抽象水平相匹配时，消费者会更加偏好这一商品（Lee and Sternthal，2010）。解释水平理论还可以用于解释消费者对企业态度的变化。低解释水平操控下的消费者更接受企业弥补自身服务过失的做法，且更愿意原谅企业（Lii et al.，2013）。Jia 等（2021）通过研究发现通过一种心理干预方法对解释水平进行操纵能够减轻消费者对绿色技术创新的非理性反应，进而推广环保行为。还有研究基于解释水平理论检验产品的创意文本描述在网络环境中对消费者购买意愿的影响（Yao et al.，2021）。

在消费者选择方面，水平解释理论运用在厂商品牌延伸策略制定上。有研究表明，低解释水平操控下的消费者倾向于购买范例型契合的子产品，而高解释水平操控下的消费者更加偏好原型性契合的子产品（柴俊武等，2011）。在消费者对节约行为或者消费行为的选择方面，当消费者在高解释水平操控下，即对于省钱的目标比较明确时，消费者可以节省更多的钱（Ülkümen and Cheema，2011）。研究进一步表明，当高解释水平与有关“获得”的信息相关联、低解释水平与有关“失去”的信息相关联时，消费者会倾向采取节约行为而不是消费行为（White et al.，2011）。解释水平理论在解释消费者选择变化方面也有所应用。时间和空间距离（解释水平）的变化会影响消费者的消费选择。当远时间距离（高解释水平）与价格促销行为相匹配、近时间距离（低解释水平）与赠品促销行为相匹配时，消费者更倾向于选择该产品（刘红艳，2012）。Poushneh（2021）发现通过AR将虚拟产品投射到消费者身边，调节消费者与产品的心理距离进而影响消费者的购买决策。基于此，解释水平理论不仅在市场营销和消费者行为领域有重要的应用，在政策制定、社会规范等领域也具有强大的解释力。

8.1.4 解释水平的测度方法

解释水平的测度主要从主观和客观两个方面进行。主观测度是通过问卷、访谈等方式，直接向被试者询问对某个事件或概念的感受来进行。例如，调查者向被试者提供一系列的事件或者概念，要求被试者尽可能详尽地用自己的话语去解释。之后，调查者通过一些评分细则对被试者的解释进行打分，来反映他们的解释水平。客观测度则是通过一系列客观指标对被试者的解释水平进行评估。例如，调查者通过被试者描述某个事件时使用词语、句子结构的复杂程度和使用的时间词汇（过去、现在、将来）等。这些客观指标可以由调查者手动评估，也可以通过文本分析软件进行自动分析。需要注意的是，解释水平测度方法的选择应根据研究对象以及研究问题来定。例如，如果被试者是儿童或者非专业人士，那么主观测度方法更加合适；被试者是专业人士或者需要更加准确客观对解释水平进行测度，客观测度方法则更适用。

在实际研究中，Vallacher和Wegner（1987）开发了一份用于测量个体解释水平的行动识别量表（见表8-3），这是目前得到普遍认可的解释水平自评问卷。严格意义上讲，这份量表是行为识别理论中测量行为的方法，由于解释水平理论与行动识别理论思想一致，且前者是后者的扩展，应用范围更广且解释力更强，因此在解释水平的测量中被广泛使用。该行动识别量表一共涉及25种目标行为，且每种行为均有两种解释，被试者从中选取一个对他来说最贴切的解释。例如，“列清单”有两种解释：一是对行为执行的描述（如记录东西）；另一种是对行为动因的描述（如提高工作效率），所有行动的两种解释分别为相对抽象的原型性的解释和相对具体的范例性的解释。调查过后，将被试者选择原型性的解释选项的数量进行加总，计算数值作为被试者解释水平的分数。将得分大于或等于14分的被试者划入高解释水平组，将得分小于14分的被试者划入低解释水平组。

表 8-3 行动识别量表

项目	项目
1. 列清单：a. 逐条记录事情 b. 提高工作效率	14. 爬树：a. 获得好的视野 b. 抓住树枝
2. 阅读：a. 逐字逐句地看 b. 获得知识	15. 填写性格测试：a. 回答问题 b. 揭示本性
3. 参军：a. 保卫国家 b. 报名	16. 刷牙：a. 预防蛀牙 b. 在嘴里移动牙刷
4. 洗衣服：a. 去除污渍 b. 把衣服放洗衣机	17. 参加考试：a. 回答问题 b. 展现智慧
5. 摘苹果：a. 有东西吃 b. 从树枝上摘苹果	18. 问候别人：a. 说你好 b. 表达友善
6. 砍倒一棵树：a. 挥舞斧头 b. 取柴火	19. 抵制诱惑：a. 说不 b. 展现道德品质
7. 为铺地毯量房间尺寸：a. 准备改造 b. 使用标尺	20. 吃东西：a. 获得营养 b. 嚼和咽东西
8. 打扫房间：a. 保持干净 b. 吸尘地板	21. 种植花园：a. 种种子 b. 获得新鲜蔬菜
9. 粉刷房间：a. 刷油漆 b. 使房间看起来干净	22. 驾车旅游：a. 跟着地图走 b. 欣赏自然景色
10. 支付租金：a. 为了有地方住 b. 开支票	23. 补牙：a. 保护牙齿 b. 看牙医
11. 养花：a. 浇水 b. 让房间看起来漂亮	24. 和孩子交谈：a. 教孩子知识 b. 说简单的话
12. 锁门：a. 钥匙插进门锁 b. 保障房屋安全	25. 按门铃：a. 移动手指 b. 看是否有人在家
13. 投票：a. 影响选举 b. 填写选票	

8.2 研究假设与实验设计

8.2.1 研究假设

8.2.1.1 实验一：解释水平与信息类型对消费行为的影响

根据解释水平理论，人们对事物的心理表征水平会影响其对事物的偏好以及行为反应。人们在评价选择过程中更偏好与自己心理表征水平相近的事物。高解释水平的人在选择决策时更关注长远利益，对全局的考虑更多一些，而低解释水平的人则更看重短期利益，对局部利益考虑更多。解释水平会影响个体对事物的理解以及行动方式，相较于低解释水平个体，高解释水平个体更偏好从整体以及宏观的视角看待事件，比起事件的可行性，更加注重事件的价值性，更倾向把事件放在更为长远的时间框架中。同时有大量研究表明，解释水平与自我控制能力有关，高解释水平与更高的自我控制能力相关，个体高解释水平与未来的认知表征相关联，促进个体延迟满足的行为倾向（庞雪，2014）。

在食物消费中，消费者往往会面临两种重要的信息类型：健康类信息和味道类信息。根据解释水平理论，食物的味道信息和健康信息是截然不同的，味道信息是基本的、与即时结果相关的；健康信息是抽象的、与延迟结果相关的（Sullivan et al.，2015）。王潇（2016）通过内隐联想测试程序进行个体对不同食物内隐冲动测量，结果表明低解释水平组和控制组比高解释水平组对高热量食物的内隐性冲动更高。实际上，感官吸引力以及健康等因素影响力的相对大小是个体进行食物选择决策的关键（Givens，2010；Lusk，2011）。有研究使用联合分析对被试者的食物属性偏好进行评估，结果显示味道和营养成分是被试者进行食物选择决策时主要考虑的因素（Mai and Hoffmann，2012）。个体的决策需要在前额叶皮质（vmPFC）中对食物的不同属性进行赋权以及计算。Hare（2009）通过研究发现食物的健康和味道信息均会被健康饮食个体的 vmPFC 进行加工，而饮食不健康个体的 vmPFC 仅加工味道信息。还有研究表明，在个体消费决策中，考虑更抽象的属性会消耗个体更多的努力，如健康，这类抽象属性在消费决策中具有不稳定性，因此对味道信息的加工会多于对健康信息的加工（Liberman and Trope，2008）。

通过上述理论可以推断，解释水平与营养健康/美味信息之间存在匹配性，高解释水平的群体会更偏好营养健康信息广告，因为营养健康属性从长期来看对身体有益，能带来长远性与全局性的利益；而低解释水平的群体更偏好美味信息，因为美味属性能够带来短期和局部性利益。而且，现有研究显示，解释水平与信息类型存在匹配效应，当两者水平相当时，信息的说服效果会显著提高（Wright et al.，2012）。因此，解释水平与营养健康/美味信息之间也存在匹配效应，它们的交互作用影响信息对消费者的说服效果。对于低解释水平的消费者而言，美味信息的说服效果要高于健康营养信息广告；对于高解释水平的消费者，营养健康信息的说服效果高于美味信息。据此，提出实验一的假设：

H8－1：解释水平与美味信息/营养信息的交互作用影响消费者的购买决策。

H8－1a：当消费者处于高解释水平时，营养信息比美味信息更容易使消费者产生更高的购买倾向；

H8－1b：当消费者处于低解释水平时，美味信息比营养信息更容易使消费者产生更高的购买倾向。

如何解释上述差异？本章考虑的一种解释是个体在决策时的主观判断存在个体差异，这个差异主要是对未来结果和即时结果关注上的倾向性，被称为未来结果感知。这种对结果的考虑是一个连续体，一端关注即时结果的个体，他们对未来结果并不关心，更在意当下的福祉；而另一端是关注未来结果的个体，在他们看来，即使某行为的即时结果不是目前所需要的，甚至还需要付出即时成本，他们也愿意牺牲目前的快乐而换取未来的收益。高解释水平的思维与长期目标相匹配，而且范围更广、更抽象；低解释水平的个体更偏好具体、偶然的细节。研究表明，“为什么”与高解释水平相匹配，当询问高解释水平下的被试者为什么从事减肥活动，答案多集中于长期的目标，如“保持健康”。“怎么做”与低解释水平相匹配，当询问低解释水平下的被试者如何制订减肥计划，得到的回答一般是方法、享受和具体特征上，如“巧克力的味道”等。将解释水平理论应用于对未来结果感知时，Joireman 等（2012）认为通过将注意力集中到立即还是延迟的行为结果，未来结果感知影响了个体如何解释行为选项。未来取向更可能与抽象的、更高的解释水平相匹配，而即时取向更可能与具体的、较低的解释水平相关联。因此，抽象的、具有较高解释水平的个体可能会更倾向未来取向对选项进行评估，具体的、具有较低解释水平的个体会更倾向即时取向对选项进行评估。高未来结果感知与个体自控行为有关，研究结果进一步表明，个体解释水平越高，会更关注当前行为对未来结果的影响，且更倾向将更长远的时间、空间、社会距离和较小的概率相关联，所以决策时容易忽略近端线索而是倾向从长远的视角做决策（孙瑾，2018）。

未来结果感知已经应用在健康行为领域，未来取向的个体会更多地控制饮食（Piko and Brassai，2009）和进行体育锻炼（Adams and Nettle，2009）。此外，研究表明对食物的未来取向预测更多的健康饮食行为，而对食物的即时取向预测更少的健康饮食行为（Dassen et al.，2015）。饮食行为本质上是对即使结果和未来结果进行权衡后的取舍，基于此，可以根据人们对即时结果和未来结果的考虑预测健康饮食行为。Joireman 等（2012）研究发现健康饮食与未来结果取向有关，而与即时结果取向没有关系，未来取向的思维有助于个体形成健康生活方式，健康的饮食习惯在短期和长期收益之间是存在冲突的。美味但不健康的食物能够即刻产生愉悦感，而健康饮食的愉悦感一般较少但是能够带来长期收益。相较于长期收益（健康和体重控制），重视短期收益（美味、饱腹）是自我控制失败的一个重要原因。人们在进行健康行为选择时，将即时取向转移到未来取向是必要的。Nan（2021）通过研究发现即时取向强的个体在面对禁止吸烟警告标示后对香烟的抗拒情绪明显比未来取向强的个体更强烈。陈梁（2022）通过实验发现未来结果感知和自我效能对体育锻炼意愿产生主效应，未来结果考虑程度高的人接收面向未来的时间框架时体育锻炼意愿更强，未来结果考虑程度低的人接触面向现在的时间框架信息后体育锻炼意愿更强。还有研究证明基于现在的健康信息建议比基于未来的健康信息建议更具有说服力（Wang et al.，2023）。

基于上述理论，提出以下假设：

H8 - 2：未来结果感知在解释水平与美味信息/营养信息交互影响消费者的购买倾向起到中介作用。

8.2.1.2　实验二：解释水平与信息框架对消费行为的影响

信息框架效应是指一个问题通过不同的框架进行表述时，对决策的感知以及对概率和结果的评估会产生可预见的偏好转移。信息框架效应还可以理解为信息描述方式的不同会导致个体产生认知偏差，从而导致不同的决策倾向。Kahneman 和 Tversky（1979）根据亚洲疾病问题首次提出框架效应。Levin 等（1998）进一步将框架效应分为三类：风险框架效应、属性框架效应以及目标框架效应。风险选择框架效应是当人们在无风险的确定选项和有风险的不确定选项中选择时，在风险选择框架效应下人们在获益时倾向风险规避的决策，而在损失时倾向风险寻求的决策。属性框架效应是当事物的喜好程度发生变化时，人们更倾向使用增益框架对事物进行描述。目标框架效应是指一件事可以描述为做了能带来积极的结果或者避免消极结果的增益框架和不做会带来消极结果或失去积极结果的损失框架。根据表达方式的不同，目标框架又分为获得框架与损失框架。目标框架效应会对信息的说服力产生影响且两种不同框架的说服效果是存在差异的。目标框架效应核心在于，对于一种最终结果，增益框架还是损失框架更具有说服力。相较于其他两种框架，目标框架效应着重反映信息的说服力，不改变信息本身的效价。研究者针对这三类框架对行为决策的影响展开研究，深入探讨了各类框架效应影响决策过程中的调节变量。实证研究中，国内学者戴建华等（2020）利用网店信息呈现的框架效应对消费者购买决策的影响进行研究，发现在风险框架下，相对于用不确定的语言来描述商品价格信息，确定性语言描述会使消费者的心理价格参考点和购买意愿更高；在属性框架下，相对于用负面的语言来描述商品信息，正面的语言描述更能提高消费者的购买意愿；在目标框架下，相对于强调购买行为可能给消费者带来的收益，强调不购买该商品可能给消费者带来的损失更有助于消费者的心理价格参考点和购买意愿的提高。

在健康行为的研究领域，由于消费者获取的相关健康信息能够在很大程度上影响个体对健康问题的认知，包括个体健康素养、错误观念、行为改变的决心、采取的改变方法以及改变过程中的坚持等，最终影响健康行为改变的效果和进程。而根据框架效应理论及已有研究结果，信息的表征方式也是导致个体认知差异的一个重要因素。基于此，部分研究已经将框架效应纳入健康行为改变研究体系中加以考量。张慧等（2014）和曹锦丹、王崇梁（2020）都对此做了比较系统的总结，并且将信息框架效应的影响机制进行归纳。聚焦于饮食行为，本章认为营养健康信息的框架效应与传统的信息框架一样，都是由信息描述方式的改变引起的偏好改变。但营养健康信息的框架效应相对于传统框架效应而言具有其独特性。第一，目标行为的普遍性。在营养健康信息的框架效应中目标行为与个体健康息息相关，在日常生活中普遍存在。第二，信息框架效应测量的多元性。在信息的框架效应研究中对改变说服力的测量指标主要有态度、意图和行为等。营养健康信息的框架效应的重要作用是促进健康饮食行为，而不是简单地影响态度和意图。近年的研究主要从框架效应的调节变量来考察，如自我效能感、自律能力等。在降低盐摄入的说服信息中，对高自我效能的被试者损失框架更有效（Riet et al.，2010）；在促进蔬菜水果摄入时，对于高自律的被试者收益框架更加有效（Churchill et al.，2013）。一般而言，损失框架对于促进健康的相关产品和检测潜在疾病（风险寻求）的行为更有说服力，增益框架对预防的相关产品和行为（风险规避），或对风险有限或没有风险的产品更加有效（余伟萍，2019）。王崇梁（2020）通过研究表明不同信息框架对个体健康行为决策产生不同的影响且在不同变化阶段影响也存在差异。个体对事物的不同解释水平是否会对框架效应产生影响呢？已有学者对两者的关联展开了实验研究，Mcelroy 等（2007）发现当事件发生的时间距离较近时，个体更倾向采用分析式的加工方式，同时框架效应的影响会减弱。但是，当事件发生的时间距离较远时，个体则更倾向采用整体式的加工方式，同时框架效应的影响会增强。Septianto 等（2021）发现心理距离的远近会对广告的信息框架产生不同的影响。还有研究表明对于低解释水平的消费者，时间框架效应更加明显（Wang et al.，2023）。根据解释水平理论，获得框架信息是更加抽象的，属于高解释水平；而损失框架信息是具体的，属于低解释水平。因而可以看出，不同解释水平会影响个体处理框架信息时的加工方式。据此，提出假设：

H8－3：解释水平与收益类信息/损失类信息的交互作用影响消费者的购买决策。

H8－3a：当消费者处于高解释水平时，收益类信息比损失类信息更容易使消费者产生更高的购买倾向；

H8－3b：当消费者处于低解释水平时，损失类信息比收益类信息更容易使消费者产生更高的购买倾向。

如何解释上述差异？研究显示，卷入度与框架效应存在影响关系。现有文献关于卷入度的定义主要有三类：第一类，从注意水平和主观唤醒的角度界定卷入度的高低。Hsu 和 Lee（2003）等研究者认为卷入是消费者在消费过程中信息搜索、产品评价、品牌选择时付出的努力程度。第二类，认为卷入程度的高低与产品的潜在价值的大小相对应。Vaughn（1980）认为卷入是产品和服务所拥有的潜在价值连续体。那些价格昂贵、社会价值高、自我关联性强或消费者较陌生的贵重产品和服务是连续体的高端，而价格便宜、风险小的产品和服务是连续体的低端。第三类，兼顾上述两类定义。近些年认可度较高的是卷入式商品或者情境与消费者个体的需要程度相关联的，进而诱发的个体动机状态（Palanisamy and Wong，2003）。

卷入作为一个动机变量会对消费者购买行为产生很大影响，包括购物快乐度、品牌承诺、消费体验、决策过程和广告兴趣度等（胡晓云，2006）。通常来说，低卷入度的信息接受者会以启发式的方式接收和处理信息，高卷入度的信息接受者会以系统化的方式接收和处理信息（Alexander et al.，1993）。Wu（2020）通过对游客信息进行分析发现通过提高消费者对葡萄酒产品的卷入度可以进一步影响其旅游意愿。然而，Gong 和 Jiang（2023）通过对观看电商直播的消费者进行调研发现，消费者观看电商直播的卷入度对购买意愿影响不大。在解释水平理论中，系统化的信息处理方式属于高解释水平范畴，而启发式的信息处理方式则更接近低解释水平。在研究广告对消费者购买意愿的影响时，孙路平（2016）发现目标框架与卷入度的交互作用会影响消费者的购买意愿。卷入度同样也会影响个体的信息加工，相较于低卷入度，在高卷入度情景下，个体对信息进行进一步加工的意愿更强，框架效应因此也出现减弱。当个体表现出对电子产品的高卷入度时，框架效应影响减弱（Cheng and Wu，2010）。也有学者发现个体在危机情境中，高卷入度下的框架效应更明显（Claeys，2014）。Van't 等（2010）研究发现，对于低卷入度的参与者而言，损失框架比增益框架更有说服力。Liu 等（2019）对线上零售商促销后的消费者数据进行分析，发现消费者心理距离和卷入度对消费者购买决策产生不同影响。综上所述，卷入度与消费者购买意愿以及框架效应之间的影响机制还没有统一的结论。卷入度与框架效应对消费者购买意愿影响的具体调节机制如何，需要进一步研究来讨论。因此，提出以下假设：

H8－4：卷入度在解释水平与收益类信息/损失类信息交互影响消费者的购买倾向起到中介作用。

8.2.2 问卷设计

8.2.2.1 问卷设计思路

为了验证上述研究假设，本章设计了两个经济学实验。实验一：利用饼干为代表性食品，主要考察美味和营养两类信息对消费者决策的影响。具体实验中，营养健康信息和美味信息采用相同的排版和背景图片，文字均包含宣传信息及营养标签。为了排除无关变量的影响与被试者对品牌的刻板印象，实验图片隐去了产品标志等信息。问卷1采用营养健康信息，将营养标签作为一个特别关注的外在属性，作为内在属性，增加了几个肥胖的关键决定因素，如“低GI”“零蔗糖”和“高膳食纤维”。问卷2采用美味（与健康无关）信息，将味觉纳入其中是因为食物偏好强烈依赖于感官特性，涉及的信息主要包括“香甜酥脆”“软糯夹心”“口口有料”等体现口味的内容（见图8－1和图8－2）。

图8－1 问卷1的食品健康类信息

图8－2 问卷2的食品口味类信息

实验二：利用零卡饮料为代表性食品，主要考察信息框架对消费者决策的影响。图片信息内容包括“0 糖、0 脂、0 卡”。问卷 3 是损失类信息，主要强调糖摄入过多可能产生多种疾病，文字内容包括“糖摄入过多可能导致多种疾病”（见图 8 – 3）。问卷 4 为收益类信息，主要强调糖分摄入对身体健康的收益，文字内容包括“减少糖分摄入，过更健康生活”（图 8 – 4）。

图 8 – 3　问卷 3 的食品损失类信息

图 8 – 4　问卷 4 的食品收益类信息

两类实验的消费者购买意愿参项均采用李克特 5 级量表，1 代表“肯定不买”，5 代表“一定会买”。通过“是否理解这则广告信息”来统计两类实验的消费者对广告信息的理解情况，从“完全不理解”到“完全理解”五个选项分别赋值 1 ~ 5。通过收集消费者利用信息对食品的健康影响的直观感受来判断信息操控是否有效，从“非常不健康”到“非常健康”五个选项分别赋值 1 ~ 5。问卷还包括消费者个人基本情况，如性别、年龄、是否有营养学或医学相关背景、职业、收入、健康状况等。

8.2.2.2　主要变量测度

（1）解释水平。

本章借鉴 Vallacher 和 Wegner 提出的行为识别量表，并结合我国居民的实际生活习惯，制定了本章研究的行为识别量表来测度每个被试者的解释水平。本章使用的行为识别量表由 25 种活动组成，每种活动分别有两项不同的描述：一项描述是具体的，是对活动行为的描述，代表低解释水平；另一项描述是抽象的，是对活动动因的描述，代表高解释水平。被试者选择一项抽象的描述计 1 分，选择一项具体的描述计 0 分，将被试者对 25 种活动描述选择的得分进行加总，最终得分来表示被试者的解释水平，总分低于 14 分为低解释水平组，总分高于等于 14 分为高解释水平组（见表 8 – 4）。

表 8-4　　本研究行为识别量表

项目			项目		
1. 吃饭	a. 获取营养	b. 一日三餐	14. 洗手	a. 用水冲洗	b. 保持卫生
2. 刷牙	a. 防止蛀牙	b. 使用牙刷牙膏	15. 打扫房间	a. 扫地拖地	b. 保持干净
3. 打招呼	a. 见面说“你好”	b. 展现友善	16. 敲门	a. 确认是否有人	b. 敲门/按门铃
4. 付房租	a. 交钱	b. 为了有地方住	17. 看书	a. 逐字逐句地看	b. 获得知识
5. 养花	a. 装饰房间	b. 定期浇水施肥	18. 洗衣服	a. 去除污渍	b. 手洗/洗衣机
6. 列清单	a. 逐条记录事情	b. 提高工作效率	19. 测量房间	a. 准备装修	b. 使用尺子
7. 补牙	a. 看牙医	b. 保护牙齿	20. 粉刷房间	a. 让房间变好看	b. 刷油漆
8. 投票	a. 填写选票	b. 选优评奖	21. 参军	a. 保卫国家	b. 报名
9. 心理测试	a. 了解自己	b. 回答问题	22. 拒绝诱惑	a. 回避拒绝	b. 展现道德
10. 种菜	a. 耕地施肥	b. 收获新鲜蔬菜	23. 和孩子交谈	a. 教孩子知识	b. 说简单的话
11. 考试	a. 考察知识水平	b. 填写考卷	24. 摘苹果	a. 有水果吃	b. 从树上摘
12. 锁门	a. 钥匙插进门锁	b. 保障房屋安全	25. 自驾游	a. 导航到达	b. 欣赏景色
13. 照相	a. 记录风景/人物	b. 用手机拍照			

（2）未来结果感知。

未来结果感知通常使用未来结果感知量表来衡量，量表包含两个维度结构：一个维度反映即时取向；另一个维度反映未来取向。即时取向分量表更加关注即时结果，而未来取向分量表则更关注未来事件的结果。未来结果感知研究被试者对即时结果和未来结果的挣扎程度。量表包含 10 个条目，其中即时取向包含 5 个条目，未来取向也包含 5 个条目。每个条目的选项分为非常不符合、不太符合、不确定、比较符合、非常符合。对于即时取向条目选项依次由 1 ~ 5 进行打分，对于未来取向条目选项依次由 1 ~ 5 进行打分。最后将 10 个条目的得分进行加总计算得出被试者的未来结果感知。最终得分越高，表示未来结果感知越多，分数越低，表明即时结果考虑多。

表 8 – 5　　未来感知量表

项目	非常不符合	不太符合	不确定	比较符合	非常符合
1. 我想吃啥就吃啥，不考虑其他的。（即时）	5	4	3	2	1
2. 我觉得现在没必要控制饮食，将来再说。（即时）	5	4	3	2	1
3. 未来的健康和眼前的美食享受相比，我认为健康更重要。（未来）	1	2	3	4	5
4. 我觉得吃什么对身体的影响不大，就算有影响也就几天。（即时）	5	4	3	2	1
5. 我尽量避免吃一些可能不利于健康的食物，即使未来不一定有严重后果。（未来）	1	2	3	4	5
6. 我选择吃什么关键看吃什么方便。（即时）	5	4	3	2	1
7. 为了未来的健康，我愿意吃一些自己不喜欢吃的食物。（未来）	1	2	3	4	5
8. 为了未来的健康，我每天都控制自己的饮食，比如少油少盐。（未来）	1	2	3	4	5
9. 我很少担心吃啥东西对健康不好，即使有问题那也是以后的事。（即时）	5	4	3	2	1
10. 为了未来的健康，我常常吃一些有利于健康的食物，如水果、牛奶。（未来）	1	2	3	4	5

（3）卷入度。

问卷设计了衡量卷入度的问项：“请根据您的喜欢程度对下列食物打分”，食物包括零食（薯片、辣条、饼干等）和饮料及含糖的果汁，选项由很不喜欢、不喜欢、一般、喜欢、很喜欢构成，从 1 ~ 5 进行计分。其中对于零食（薯片、辣条、饼干等）的态度作为问卷1、问卷2的卷入度测量的一部分，对于饮料及含糖的果汁的态度作为问卷3、问卷4的卷入度测量的一部分。“您是否主动去了解饮食营养健康方面的知识或者信息”，选项由“总是、经常、偶尔、很少、从不”分别从5~1进行赋分，作为衡量四类问卷卷入度的第二部分。“您目前的饮食状况如何”，选项包括低盐、低糖、低脂肪/低胆固醇、素食、偏爱甜食、偏爱油炸食品、口味偏咸、无特殊饮食。当选项中有低盐、低糖、低脂肪/低胆固醇、素食这四个选项之一时，便认为存在健康饮食行为，记1分，若没有则记0分，作为卷入度测量的第三部分。

8.2.3 数据采集

本章研究的调查数据来源于2021年6~7月在郑州市的各大商场、超市和公园进行的随机抽样面对面访谈。调查问卷采取了简单随机抽样方法，以确保样本的随机性和代表性。调查地点包括郑州市内多个知名商场、超市和公园，以尽可能涵盖不同社区和人群。访谈过程中，调研员与参与者进行面对面交流，采用开放式和半结构化的访谈指导，以深入了解他们的观点、意见和经验。在数据收集过程中，共计访谈了959名参与者，他们来自不同年龄、职业和社会背景。调研过后对采集到的数据进行了仔细的整理和归纳，以确保数据的准确性和可靠性。为了确保数据的可信度和有效性，在调查前对调研员进行培训，以确保他们具备良好的访谈技巧和严格的数据收集标准。调研过程中还使用了标准化的访谈指南和问卷，以确保访谈过程的一致性和可比性。

8.3 结果分析

8.3.1 信度和效度检验

问卷信度方面，问卷总体解释水平的Cronbach's α系数为0.768，未来感知的的Cronbach's α系数为0.705，均超过了0.6的衡量标准，说明问卷具有较好的一致性和稳定性。内容效度方面，解释水平、未来感知的测度均基于现有文献，有较好的理论支撑。构建效度方面，解释水平和未来感知的KMO值分别为0.832和0.788，说明问卷具有良好的效度。

8.3.2　结果分析

（1）实验一。

经统计，实验一共有524名被调查者。性别方面，男性为269人，占51.3%，女性为255人，占48.7%。年龄分布较均匀，其中18～25岁的为148人占比为28.2%，占比最高，26～30岁为113人占比为21.6%，31～40岁为144人占比为27.5%，41～50岁为62人占比为11.8%，51～60岁为43人占比为8.2%，60岁以上为14人占比为2.7%。学历方面，本科及以上为214人占比为40.8%。收入方面，月收入在5000元及以下的超过50%（见表8－6）。

表8－6　　样本的描述性统计（n＝524）

项目	分类	n（%）	项目	分类	n（%）
性别	男性	269（51.3）	饮食状况	比较好	225（42.9）
	女性	255（48.7）		一般	193（36.8）
最高学历	小学及以下	16（3.1）		比较差	20（3.8）
	初中	59（11.3）	饮食状况	低盐	150（28.6）
	高中	94（17.9）		低糖	154（29.4）
	大专	141（26.9）		低脂肪/低胆固醇	111（21.2）
	本科	183（34.9）		素食	103（19.7）
	研究生及以上	31（5.9）		偏爱甜食	74（14.1）
营养学或医学相关背景	有	53（10.1）		偏爱油炸食品	55（10.5）
	无	471（89.9）		口味偏咸	53（9.9）
职业	政府机关及事业单位	36（6.9）		无特殊饮食	206（39.3）
	公司职员	109（20.8）	个人月收入	3000元及以下	127（24.2）
	个体工商户、服务业	144（27.5）		3001～5000元	170（32.4）
	医生、教师和科技人员	46（8.8）		5001～8000元	130（24.8）
	学生	59（11.3）		8001～10000元	45（8.6）
	退休人员	24（4.6）		10001～15000元	33（6.3）
	其他	106（20.2）		15000元以上	19（3.6）
自我健康情况评价	非常好	86（16.4）			

对四种条件下消费者购买意愿进行描述性统计，结果见表8－7。实验一中低解释水平的被试者数量为138，高解释水平为386。高解释水平的

消费者购买意愿略高于低解释水平的消费者（$M_{高解释水平}=3.04$，$M_{低解释水平}=2.83$）。对健康食物的购买意愿也略高于对美味食物的购买意愿（$M_{健康}=3.05$，$M_{美味}=2.92$）。以消费者购买倾向为因变量进行2（解释水平：低VS. 高）×2（广告类型：营养健康型VS. 美味型）双因素方差分析。结果显示，解释水平与广告类型的交互作用显著（$F(1,524)=5.889$，$P<0.05$）。在低解释水平组，美味型广告比营养健康型广告更能引起人们的购买倾向（$M_{低解释水平\times美味型}=3.00$，$M_{低解释水平\times营养健康}=2.68$）。在高解释水平组，营养健康型广告比美味型广告更能引起人们的购买倾向（$M_{高解释水平\times营养健康}=3.21$，$M_{高解释水平\times美味型}=2.89$，$F(1,524)=4.595$，$P<0.01$）。结果验证了H8-1。

表8-7　购买意愿的描述性统计

	解释水平	食物属性	N	Mean	Std
购买意愿	低解释水平	健康	76	2.68	1.122
		美味	62	3.00	1.116
		总计	138	2.83	1.126
	高解释水平	健康	176	3.21	1.031
		美味	210	2.89	1.042
		总计	386	3.04	1.037
	总计	健康	252	3.05	1.075
		美味	272	2.92	1.057
		总计	524	2.98	1.065

中介效应检验根据中介效应分析程序（Zhao，2010），采取由Preacher（2007）和Bolin（2014）提出Bootstrap法，通过SPSS中PROCESS插件对中介效应进行检验。样本量选择5000，采用偏差校正的非参数百分位法进行取样。以消费者购买倾向为因变量，在95%置信水平下，未来结果感知的中介效应显著（LLCI=0.1521，ULCI=0.1648，不包含0），效应系数为0.232，结果表明，未来结果感知在解释水平与美味信息/营养信息对消费者购买倾向的交互影响中发挥中介效应，同时解释水平与美味信息/营养信息的交互效应区间（LLCI=0.0105，ULCI=0.0351）不包含0，说明未来结果感知的部分中介效应存在，验证了H8-2。

（2）实验二。

经统计，实验二共有435名被调查者。性别方面，男性为241人，占55.4%，女性为194人，占44.6%。年龄分布较均匀，18～25岁的为104

人占比为23.9%，26～30岁的为63人占比为14.5%，31～40岁的为123人占比为28.3%，41～50岁的为83人占比为19.1%，51～60岁的为51人占比为11.7%，60岁以上的为11人占比为2.5%。学历方面，本科及以上为187人占比为43.0%。收入方面，月收入在3000元及以下的为111人占比为25.5%，3001～5000元为125人占比为28.7%，5001～8000元的为109人占比为25.1%（见表8－8）。

表8－8　　　　　　　　样本的描述性统计（n＝435）

项目	分类	n（%）	项目	分类	n（%）
性别	男性	241（55.4）		3001～5000元	125（28.7）
	女性	194（44.6）		5001～8000元	109（25.1）
最高学历	小学及以下	6（1.4）		8001～10000元	37（8.5）
	初中	36（8.3）		10001～15000元	27（6.2）
	高中	74（17.0）		15000元以上	26（6.0）
	大专	96（22.1）	自我健康情况评价	非常好	56（12.9）
	本科	187（43.0）		比较好	191（43.9）
	研究生及以上	36（8.3）		一般	176（40.5）
营养学或医学相关背景	有	57（13.1）		比较差	12（2.8）
	无	378（86.9）	饮食状况	低盐	155（35.6）
职业	政府机关及事业单位	43（9.9）		低糖	170（39.1）
	公司职员	101（23.2）		低脂肪/低胆固醇	142（32.6）
	个体工商户、服务业	71（16.3）		素食	69（15.9）
	医生、教师和科技人员	60（13.8）		偏爱甜食	50（11.5）
	学生	60（13.8）		偏爱油炸食品	39（9.0）
	退休人员	21（4.8）		口味偏咸	44（10.1）
	其他	79（18.2）		无特殊饮食	135（31.0）
个人月收入	3000元及以下	111（25.5）			

对四种条件下消费者购买意愿的做描述性统计，结果见表8－9。实验二中低解释水平的被试者数量为85，高解释水平为350。进一步以消费者购买意愿为因变量进行2（解释水平：低VS. 高）×2（框架类型：收益VS. 损失类）双因素方差分析。结果显示，解释水平与框架类型的交互作用显著（$F(1,435)=3.84, P<0.05$）。在低解释水平组，损失类广告框架比收益类广告框架更能引起人们的购买欲望（$M_{低解释水平\times损失类}=3.14$，$M_{低解释水平\times收益类}=2.88$）。在高解释水平组，收益类广告框架比损失类广告

框架更能引起人们的购买欲望（$M_{高解释水平\times收益类}=3.38$，$M_{高解释水平\times损失类}=3.13$，$F(1,435)=6.63, P<0.01$）。结果验证了 H8-3。

表 8-9　　购买意愿的描述性统计

	解释水平	框架类型	N	Mean	Std
购买意愿	低解释水平	损失	42	3.14	1.181
		收益	43	2.88	1.138
		总	85	3.01	1.160
	高解释水平	损失	178	3.13	1.150
		收益	172	3.38	1.093
		总	350	3.25	1.128
	总	损失	220	3.13	1.153
		收益	215	3.28	1.118
		总	435	3.20	1.137

本章将卷入度度量选项分值进行加总，根据其得分情况分布分为两组。卷入度得分值分布于2~12，将2~6定义为低卷入度组，共计204人（46.9%）；7~12定义为高卷入度组，共计231人（53.1%）。中介效应的检验采用实验一中同样的方法，通过SPSS中PROCESS插件对卷入度的中介效应进行检验，样本量选择5000，采用偏差校正的非参数百分位法进行取样。以消费者购买倾向为因变量，在95%置信水平下，卷入度的中介效应显著（LLCI = 0.1096，ULCI = 0.2656，不包含0），效应系数为0.1729，该结果表明，卷入度在解释水平与广告信息框架类型对消费者购买倾向的交互影响中发挥了中介效应，解释水平与广告信息框架类型的交互效应区间（LLCT = 0.0442，ULCI = 0.1135）不包含0，说明卷入度的部分中介效应存在，验证了 H8-4。

第9章　营养健康信息传播和营养政策选择

如何采取有效的信息传播策略，如何增强营养健康信息的说服效果，引发积极的消费者响应，不仅是学术研究的重要议题，也是制定合理的公共政策亟须解决的现实问题。为了解决上述问题，首先需要理清现有营养健康信息传播是否精准、有效到达消费者。因为消费者是复杂的，不同消费者在偏好、禀赋等方面均存在显著差别，其信息行为也呈现明显异质性。准确理解消费者营养健康信息行为是制定相关公共政策的必要前提。根据流行病学证据，不良饮食习惯是影响人类健康的重要因素，而通过饮食教育改善营养进而预防疾病的潜力巨大。因此，通过食育对公众进行饮食和营养教育是世界各国最常见也是最有效的应对做法。本章在梳理食育理论的发展和实践基础上，为改善营养健康信息传播以及公众营养教育提出明确的路径选择。

9.1　基于消费者分层的营养健康信息传播策略

9.1.1　研究设计

食品营养标签是向消费者提供食物营养特性的一种描述，包括营养成分标识和营养补充信息。2011年，我国政府制定了GB 28050—2011《食品安全国家标准预包装食品营养通则》，强制要求食品加工企业在其产品销售包装上标注核心营养素含量等营养信息，包括能量、蛋白质、脂肪、碳水化合物和钠。此外，政府还积极向社会大众推广《中国膳食指南》，并根据人体所需能量的差异向公众推荐不同的食物组合。当前，大众媒体尤其是新媒体已经成为我国营养健康信息传播的主要途径（张敏，2019）。以上措施为消费者提供了更多获取营养健康信息的渠道，有助于消费者更好地选择健康食品。实际上，由于消费者对各种营养健康信息来源的反应并不相同，政府如果采取“一刀切”的方法开展营养教育或实行干预措施，容易忽视不同群体在行为转变上的差异性（Visschers，2013）。对消费者进行细分能够更好地理解特定消费者群体的态度和行为，而不是单单理解一个“一般”消费者的想法和行为（Nie and Zepeda，2011），为更具针对性的传播策略提供有价值的信息。

在以往研究中，众多学者从以下不同的角度针对食物消费方面的消费者细分进行了大量工作，讨论了各种具体的细分标准，范围从实际购买行为到各种不同的心理测量，再到一般的人口统计消费者特征等。一些学者将消费者按照食物消费行为特点进行分层，得到不同的膳食特点的消费群体，进而对各类膳食特点人群的肥胖率及社会人口学特点进行比较（何宇纳，2008），考察不同消费群体对食品的偏好。食品相关生活方式在许多国家也被用作食品消费者细分的工具，并在细分方式的基本理论构建方面影响深远（Birch，2017）。研究者将食品购物者按照食品相关生活方式进行分组，分析其在不同种类食品消费方面的差异（Baviera-Puig，2021），进而发现与消费者对环境、知识和健康的关注以及一些人口特征、收入等因素有关。Nie（2011）运用潜在类别分析法作为对食品相关生活方式工具的调整，基于概率模型确定了五种不同的食物生活方式细分。从消费者自身出发，研究消费者细分情况也有助于进一步探索不同因素对消费者购买意愿的影响。也有部分学者根据不同心理测量标准对消费者细分进行研究，质量意识一直是较常见的标准之一（Sprotles and Kendall，2010）。Perdana 等（2021）基于食品的质量确定消费者细分，包括搜索、经验和信誉特征三个维度，并提出将其应用于营销和供应链策略非常重要。近年来，随着大众对环境保护的关注日益增加，一些学者从环境可持续发展的角度出发，将可持续发展与有机食品消费联系，研究消费者对环境友好型行为的态度差异对食品消费意愿的影响，提出针对特定群体的干预和沟通策略，促进环境友好型食品消费（Lazzarini，2018；Funk，2021）。也有一些学者从营养健康信息的使用角度对消费者进行聚类分析，根据消费者的营养健康信息使用情况和信任程度对消费者进行划分（Visschers，2013）或利用社会人口学变量、购买动机和消费情况来描述细分市场（Asante-Addo and Weible，2020）。然而，有学者提出以上人口统计学、社会经济学和心理学变量在很大程度上无法解释细分市场的差异，特别是普遍的从众倾向无法对“适应性”和“从众性”细分市场的消费者进行区分（Jaeger，2019）。基于以上研究，本章依据消费者营养健康信息的搜寻行为对不同消费群体进行了细分，将基于营养信息搜寻行为的消费者细分与食物消费行为联系起来，并分析在消费者分层下的营养健康信息传播策略，激励消费者搜索营养信息兴趣，进而提高饮食质量。

本章基于受访者自我评估寻求营养信息的频率进行聚类分析。具体而言，使用 Ward 的方法和欧氏距离的平方作为距离测量，进行层次聚类分析。在分类不确定的情况下，初步选择 3 ~ 6 来确定合适的聚类。按照 Demirmen 主观考虑最平均划分的群体选择标准，发现了群体重心之间距离相对较远的 4 个区间。多变量方差分析（MANOVA）程序的结果表明，七个不同信息源的平均值在四个选择的聚类之间有显著差异（$p<0.01$）。此外，基于等协方差矩阵的假设，Dun's 多区间检验也证实了各组之间存在显著差异，由此证明了四类别的合理性和稳健性。在聚类分析之后，本章进行了 MANOVA 分析，以探究所识别的聚类是否以及如何在对食物属性的态度、食物消费频率和营养信息寻求行为的主要决定因素方面存在差异。本部分使用数据是第 6 章的调查数据。

9.1.2　消费者分层结果分析

调查结果显示，大众传媒是消费者获取营养健康信息的主要渠道。在表 9 – 1 中，通过电视节目获取营养健康信息的频率最高，其次是通过互联网。与亲朋好友交流营养健康信息是同伴营养教育的一种方法，是常见的信息来源。除此以外，食品营养标签也是常用的营养健康信息来源。政府的宣传活动和与营养师的咨询没有得到广泛应用，超过一半的受访者表示很少通过这些渠道获取营养健康信息。基于前面讨论的七个信息源变量的聚类分析，本章确定了从相似来源获得营养信息的四类消费者群体。第一类消费者具有使用所有可用渠道获取营养信息的强烈意愿，因此，将这部分命名为“多渠道搜索者”（平均频率为 3.49），约 27% 的受访者被归为这一组。第二类消费者更倾向于依赖大众媒体和来自家人朋友的同伴教育，但他们不太愿意使用政府宣传活动和食品营养标签，这部分被标记为“大众媒体搜索者”（平均频率为 2.94），包含 20.58% 的受访者。第三类消费者是最大的群体，占被调查者的 27.88%，被认为是“中度搜索者”（平均频率为 2.71）。与“多渠道搜索者”组相比，第三类消费者更倾向于通过互联网等社交媒体搜索营养信息。此外，第三类消费者对食品营养标签的使用度要高于大众媒体搜索者。第四类被称为“无兴趣搜索者”（平均频率为 2.26），包含约 24% 的受访者。考虑到所有使用的营养信息来源都低于样本的平均值，第四类消费者的营养健康信息寻求水平最低。

表 9－1　　描述性统计和 MANOVA 分析

分层	多渠道搜索者 (n=124)		大众媒体搜索者 (n=93)		中度搜索者 (n=126)		无兴趣搜索者 (n=109)		总体样本 (n=452)		F(3,448)
	Mean	SD	Mean	SD	Mean	SD	Mean	SD	Mean	SD	
互联网	3.47[b]	1.108	3.88[a]	0.832	3.91[a]	1.004	1.96[c]	0.838	3.31	1.240	99.30 ***
电视节目	3.89[a]	0.876	3.53[ab]	1.089	2.74[c]	0.965	3.37[b]	1.086	3.37	1.087	28.63 ***
报纸和广播电台	3.69[a]	0.932	3.28[b]	0.852	2.14[d]	0.846	2.42[c]	0.955	2.87	1.102	77.07 ***
政府运动	3.21[a]	0.819	2.15[b]	0.722	1.76[c]	0.650	1.75[c]	0.596	2.24	0.934	115.94 ***
饮食指导	2.75[a]	0.934	1.78[b]	0.705	1.63[bc]	0.678	1.53[c]	0.554	1.94	0.890	69.94 ***
亲属和朋友	3.45[a]	0.896	3.53[a]	0.892	2.98[b]	0.925	2.72[c]	1.035	3.16	0.991	18.15 ***
营养标签	3.99[a]	0.924	2.44[c]	0.800	3.78[b]	0.725	2.06[d]	0.831	3.15	1.170	153.54 ***

注：*** $p<0.01$ 为所有 F 值。当不同的字母出现在分层中，意味着它们在5%的水平上显著不同；当相同的字母出现在分层中，意味着每个分层之间没有区别。下面的情况也是一样的。a、b、c、d 的平均水平呈下降趋势。

进一步的结果显示，多渠道搜索者对健康饮食最感兴趣（M＝13.67），其次是大众媒体搜索者和中度搜索者，而无兴趣搜索者对健康饮食最不感兴趣（M＝11.85）。健康饮食意识这一变量在多渠道搜索者、大众媒体搜索者和中度搜索者中有近似的结果，中度搜索者（M＝8.21）的健康饮食意识明显高于无兴趣搜索者（M＝7.74）。然而，尽管已经确定了多渠道搜索者的营养知识水平最高，但营养知识这一变量在四个组之间几乎没有统计差异（见表 9－2）。

表 9－2　　四类人群的食物素养

变量	多渠道搜索者 (n=116)	大众媒体搜索者 (n=91)	中度搜索者 (n=124)	无兴趣搜索者 (n=107)	总体样本 (n=438)	F(3,434)
	M(SD)/%	M(SD)/%	M(SD)/%	M(SD)/%	M(SD)/%	
健康饮食兴趣	13.67[a]	12.54[bc]	12.76[b]	11.85[c]	12.73	13.10 ***
	(1.928)	(1.951)	(2.101)	(2.708)	(2.284)	
营养知识	15.16	14.80	15.09	14.50	14.90	1.54
	(2.560)	(2.320)	(2.505)	(2.889)	(2.588)	
健康饮食意识	8.16[ab]	8.09[ab]	8.21[a]	7.74[b]	8.06	3.74 **
	(1.087)	(1.061)	(0.998)	(1.462)	(1.173)	

注：** $p<0.05$，*** $p<0.01$。a、b、c 的平均水平呈下降趋势。

表9－3显示了消费者在性别、年龄、教育程度和其他社会人口变量的差异。就年龄结构而言，中度搜索者组别的消费者最年轻（M＝37.43），多渠道搜索者以中年消费者为主，而大众媒体搜索者则包括年轻和年长的消费者，无兴趣搜索者是年龄最大的群体。与之前的研究一致，从无兴趣搜索者到多渠道搜索者群体，受教育程度呈现上升趋势。其中，中等搜索者的教育水平最高（M＝15.64）。中等搜索者的家庭收入均值最高（M＝2.39），且该值要显著高于多渠道和无兴趣搜索者的均值。除此之外，调查结果显示，多渠道搜索者在特殊饮食（M＝52.59）、营养相关背景（M＝10.34）、食品购买频率（M＝4.04）和家庭规模（M＝5.56）方面的水平均为最高。

表9－3　　四类人群的社会人口统计分析

变量	多渠道搜索者（n＝16）	大众搜索者（n＝91）	中度搜索者（n＝124）	无兴趣搜索者（n＝107）	总体样本	F(3,434)
	M(SD)/%	M(SD)/%	M(SD)/%	M(SD)/%	M(SD)/%	
性别（%）						0.27
男性	46.55	48.35	45.97	51.40	47.95	
女性	53.45	51.65	54.03	48.60	52.05	
年龄（years）	44.72^{b}	47.45^{b}	37.43^{c}	54.06^{a}	4.88	27.96***
	(12.136)	(16.121)	(11.116)	(15.912)	(14.997)	
年龄（分类%）						26.37**
年龄18～30岁	12.09	25.27	34.68	12.15	21.23	
年龄34～40岁	27.59	25.27	33.06	12.15	24.89	
年龄41～50岁	32.76	17.58	20.97	13.08	21.46	
年龄51～60岁	16.38	8.79	7.26	25.23	14.38	
年龄60岁以上	11.21	23.08	4.03	37.38	18.04	
教育	15.18^{ab}	14.60^{b}	15.64^{a}	12.79^{c}	14.61	23.58***
（年数）	(2.283)	(2.691)	(2.427)	(3.397)	(2.918)	
教育（分类%）						23.00***
中学	6.90	8.79	4.84	29.91	12.33	
高中	9.48	19.78	9.68	23.36	15.07	
技校	28.45	12.09	13.71	15.89	17.81	
本科	38.79	49.45	44.35	23.36	38.81	
研究生	16.38	9.89	27.42	7.48	15.98	

续表

变量	多渠道搜索者（n=16）	大众搜索者（n=91）	中度搜索者（n=124）	无兴趣搜索者（n=107）	总体样本	F(3,434)
	M(SD)/%	M(SD)/%	M(SD)/%	M(SD)/%	M(SD)/%	
特殊饮食（%）	52.59[a]	32.97[b]	39.52[ab]	36.45[ab]	40.87	3.35**
营养相关背景（%）	10.34[a]	8.79[ab]	4.84[ab]	1.87[b]	6.39	2.71**
食物购买频率	4.04（0.879）	3.74（0.917）	3.79（0.965）	3.71（1.108）	3.83（0.977）	2.76**
家庭成员数	3.56[a]（1.066）	3.09[b]（1.161）	3.39[ab]（1.187）	3.15[b]（1.235）	3.31（1.174）	3.76***
家庭月收入（分类%）	2.51[b]	2.67[ab]	2.89[a]	2.42[b]	2.63	4.20***
收入小于5000元	15.52	8.79	5.65	19.43	12.33	
收入5000~10000元	41.38	42.86	35.48	42.99	40.41	
收入10001~18000元	25.86	28.57	33.06	20.56	27.17	
收入18001~30000元	11.21	12.09	16.13	9.35	12.33	
收入在30000元以上	6.03	7.69	9.68	7.48	7.76	

注：** $p<0.05$，*** $p<0.01$。a、b的平均水平呈下降趋势。

问卷还询问了参与者如何评价食物的一般属性，如营养、价格、味道和方便性。整体来说，消费者对营养的态度是积极的，但在四个部分之间差异显著（M=76.79%）。表9-4展示了四个消费者细分群体对食物态度的比较。具体而言，多渠道搜索者在营养方面得分最高（M=85.09%），无兴趣搜索者在营养方面得分最低（M=62.24%）。多渠道搜索者和中度搜索者对营养的重视程度都明显高于大众媒体搜索者，说明使用营养信息的频率越高越重视更健康食物的消费，这个结果与在健康饮食方面的兴趣结果相一致。除了营养之外，大众媒体搜索者比其他消费者更看重价格和方便，而中度搜索者对口味的偏好最高。

总体而言，相对于其他群体来说，多渠道和大众媒体搜索者在健康食物上的消费更加频繁。具体来说，多渠道搜索者最看重食物营养，该群体拥有相对健康的食物消费模式，表现在相对较高的水果和鱼/家禽消费量，以及较低的快餐消费频率。这部分人也比无兴趣搜索者群体消费更多的蔬菜和牛奶/乳制品。大众媒体搜索者的蔬菜和牛奶的消费量要高于其他群体，同时其水果消费的频率也要高于无兴趣组。作为最年轻的群体，中度搜索者最看重口味且对快餐的消费最高。然而，这一组的受访者吃蔬菜和鱼的频率甚至比无兴趣搜索者的那一组更低。然而，在四个组别中，中度搜索者的水果摄入量最高，牛奶/乳制品的摄入量也相对较高。无兴趣搜索者比其他组吃得更少，水果和牛奶的摄入量也比其他组低。此外，无兴趣搜索者对快餐等不健康食品的摄入量相对较高。

表 9-4　　四类人群对食物属性态度和食物消费情况

变量	多渠道搜索者（n=116）	大众媒体搜索者（n=91）	中度搜索者（n=124）	无兴趣搜索者（n=107）	总体样本（n=438）	F(3,434)
	M(SD)/%	M(SD)/%	M(SD)/%	M(SD)/%	M(SD)/%	
对食物属性的态度（%）						
营养	85.09a	75.00^{ab}	82.20^{a}	62.24^{c}	76.79	6.26***
价格	35.84ab	53.41a	34.75^{b}	44.90^{ab}	41.63	2.98**
味道	34.21	38.64	47.46	45.92	41.63	1.77
便捷性	5.26	14.77	7.63	12.24	9.57	2.19*
饮食健康	4.31 (0.863)^{a}	3.90 (0.910)^{bc}	3.98 (0.762)^{b}	3.59 (1.044)^{c}	3.96 (0.926)	11.47***
食物消费频率						
蔬菜	30.59 (12.852)^{ab}	32.85 (12.484)^{a}	29.10 (13.879)^{b}	30.63 (13.137)^{ab}	30.66 (13.159)	13.7
水果	11.63 (9.596)^{b}	11.60 (8.848)^{ab}	13.19 (10.493)^{a}	8.27 (6.340)^{ac}	11.28 (9.205)	5.44***
鱼和家禽	2.40 (2.676)	3.71 (15.006)	1.91 (1.973)	2.01 (1.905)	2.45 (7.164)	1.26
奶和奶制品	5.26 (3.935)^{ab}	6.01 (3.740)^{a}	5.49 (3.781)^{ab}	4.447 (3.662)^{b}	5.36 (3.799)	1.82
快餐	0.24 (0.499)	0.40 (1.583)	0.50 (1.028)	0.42 (1.164)	0.39 (1.101)	1.08

注：* $p<0.1$，** $p<0.05$，*** $p<0.01$。a、b、c 的平均水平呈下降趋势。

9.1.3 消费者分层下营养健康信息传播策略

传统的营养健康信息传播通常将所有的消费者需求都看作是相似的，但这种广泛的信息传播方法可能是无效且高成本的，进行消费者细分能够更加精准地对目标群体进行定位。本章的研究结果有力地支持了具有针对性的信息传播策略，即通过确定不同消费者群体，分别激发他们搜索营养信息的兴趣，进而提高整体饮食质量。

多渠道和大众媒体搜索者比其他两组获得营养信息要更加容易。由于这些群体对自己的饮食和健康比较在意，针对这些群体只需要进行简单告知即可。事实上，多渠道搜索者组中有一半的消费者都有特殊饮食习惯，他们可能需要更多提供具体饮食指导的信息。在多渠道搜索组中，具有营养背景的消费者所占比例较高，这在一定程度上解释了为什么消费者愿意并能够主动搜索营养信息。这一发现为在学生时期普及营养教育的公共政策提供了重要的依据。2006 年我国引入食育，尽管目前在国家层面还没有建成一个系统的、全面的食品教育体系，但一些发达地区已经率先开展了食育实践活动。“食育”的重要性不仅在于提高人口的健康水平、解决食物消费行为中存在的问题，而且在于创造有利于年轻人形成健康饮食偏好的社会环境，为人类社会的长期繁荣和发展作出贡献。

大众媒体搜索者在购买食品时，从大众媒体中获取营养信息的倾向相对较高，但阅读食品标签的倾向较低。针对此类消费者，可以在大众媒体上推广营养标签，从而激励大众媒体搜索者更多地获取营养信息。当前研究表明，食品标签的作用体现在为已经有健康饮食偏好，但在购买时缺乏信息的群体填补相关知识空白。本章的研究有一致证据表明，营养信息表在营养知识水平高、饮食习惯健康、收入水平高的多渠道和中等搜索者群体中得到了广泛使用。在我国，食品营养信息的利用率较低，缺乏认知以及认为信息无用是造成这一问题的主要原因。因此，营养标签政策应该首先致力于通过广泛的认可和接受来最大限度地提高消费者的反应。其次应该实施大众媒体教育计划，以提高消费者对营养标签使用的理解和主观信任。此外，政府应加大力度对食品行业进行监督，使其遵守更加严格的标识标准，以满足目标人群所寻求信息的准确性、完整性和可见性。

中度搜索者是受访者中人数最多的群体，他们是最年轻也是受教育程度最高的。由于信息渠道较少，如果只通过提供营养信息可能很难触及他们。这一群体对饮食和健康的意识有所增强，对健康饮食感兴趣，但不太可能寻求营养信息，有时对使用互联网和食品标签表现出兴趣。这部分人群的改善可以通过减少他们相对较多的快餐消费来实现。因此，针对这部分群体可以侧重于宣传新鲜食品制备的健康益处。对于中度搜索者来说，社交媒体是一个快捷且直接的获得有针对性营养教育的方式。在我国，微博、微信和自媒体等社交平台已成为获取营养信息和提高健康素养的重要途径。但由于网络的开放性，任何人都可以发布和传播信息，从而导致了信息质量的参差不齐，信息污染严重，消费者很难区分信息的真实性。因此，应该更有效地识别出虚假营养信息的特征，并加以约束或消除，从根本上提高网络信息质量，净化信息传播环境。此外，在社交媒体上，意见领袖是政府与公众之间的重要桥梁，通过建立权威的意见领袖（侯筱蓉，2016），可以有效地将营养信息传达给公众。

无兴趣搜索者是最难接触到的，他们的营养信息搜索频率最低。这一组的参与者年龄较大，且男性所占比例较大。无兴趣搜索者受教育程度和健康饮食意识也是最低的。此外，这一群体似乎比其他群体更重视价格，其健康食品（如水果和乳制品）消费频率最低。由于对不同信息源的利用不充分，加上膳食知识水平低，如果试图有意识地激励和教育这些对营养信息不感兴趣的人可能无法起到改善作用。因此推广营养标签或改进社交媒体可能对无兴趣搜索者并没有帮助。最近基于行为经济学的研究发展迅速，这些方法提出通过饮食环境的细微变化来改善饮食行为。例如，在不限制提供或降低满意度情况下，在就餐地点，如学校、工作场所食堂和餐馆，采用更健康的默认选项，非信息性策略能显著促进消费者对健康食品的选择。例如，在环境中加入关于控制体重的暗示；又如瘦削的人形雕塑，能够无意识地驱动消费者决策，并在减少卡路里摄入中发挥关键作用。研究还表明，与只提供一种蔬菜相比，提供多种蔬菜的组合，如胡萝卜、西兰花和玉米，能够增加其摄入量。这些“助推”的特点是在改变的环境中对消费者选择的影响相对显著，且成本相对较低，在消费者中推行的阻力很小。

综上所述，为了达到健康饮食的目的，营养政策的制定应重视以下三个行动领域。首先，制定相关政策来创造更有效的信息传播环境，为那些希望获得营养信息的人提供更多机会和途径。同时，为确保营养信息对消费者的食物选择产生直接影响，政策的制定应该以特定的消费者群体为基础，准确识别实际推行过程中存在的困难和障碍，如能力匮乏、流动性不足或社会支持等问题。其次，通过开展“食育”，为学校进行食物和营养教育提供支持性的社会环境，形成青少年对健康食物的偏好。最后，可以考虑使用非信息性的助推策略来改变食物就餐环境，以促进健康的饮食行为。因此，以下将从食育理论的发展和全面的营养教育政策体系构建两个方面展开深入分析。

9.2 食育理论的发展及在中国的实践

9.2.1 食育理论的由来和发展

早在明治时代（1896年），日本著名养生专家石冢左玄在其著作《食物养生法》一书中提出“食育”一词。在日本的食育中，主要是通过幼儿接触食物，从而对其进行食物、食品相关知识的饮食教育，达到树立儿童正确的饮食习惯、艺术思维以及人生观念。李里特（2006）首次将食育的概念引入我国，认为随着人们对生活方式和食品安全和健康问题的日益关注，食育与原来的德育、智育、体育相结合是十分必要的；食育不是枯燥地学习知识，而是能够满足身心需要的愉快实践，有效的食育应该从婴幼儿开始。此后，众多国内学者对食育的概念和内涵进行补充。傅利军（2013）提出食育是通过科学的营养知识普及活动，以适合国情的方式，让居民渐渐养成良好的饮食和生活习惯。施宝华（2015）认为食育是对全体民众进行持续的饮食卫生、饮食安全、饮食营养适量平衡的知识和技能教育，是人类社会走向现代化征程中应对饮食安全与营养失衡导致人类健康危害而采取的应对之策。食育，既是回归生活的教育，也是一种回归教育的生活。实际上，食育的思想在我国早已出现，《齐民要术》作为我国第一部农书，提出要认识物种和食物功用的思想，如“不违农时，谷不可胜食”。《黄帝内经》中也提到“上古之人，食饮有节，起居有常，不妄作劳，故能形与神俱，而尽终其天年，度百岁乃去”，强调饮食不调是致病的重要因素。中华文明拥有五千年历史悠久的饮食文化，食育理念在这之中不断发展，尽管其概念还未得到完整的表述，但食育早已融入了国人的日常起居和饮食习惯之中。

受经济社会发展水平、食物生产状况以及居民营养健康认知等多种因素的影响，不同国家的食育产生的时间和发展路径不尽相同，但其产生的社会环境却具有一定的相似性。20世纪中晚期，快餐文化在全世界流行，其方便、廉价的特点被世界各地的人们所接受，使得民众忽略本国饮食文化，由于一系列食品安全问题和生命健康问题的出现，各国开始逐渐重视本国的食育建设和发展（苏佳，2021）。随着时间的推进，各国食育内容和方式也得到了不断丰富和创新，让更多人能够接受食育的理念并养成健康的饮食方式，当前世界各国对食育和营养教育的重视程度也在不断增加。对食育的有关研究进行梳理，可以发现国外研究主要以营养教育和干预实验为手段，进行大量对比实验和分析类的研究工作，其内容主要包括不同形式下营养教育干预的适用主体、内容设计、实践方式和作用效果等。Contento 等（2002）总结了 265 项营养教育干预研究中使用的评估措施，提出干预对象、内容设计以及推行方式的调整会直接影响干预措施的实际效果。营养教育的内容是影响干预措施实施效果的关键因素，根据被教育对象的不同饮食状况以及食物认知水平，定制交互式的个性化营养教育内容能够激励其主动学习营养知识和改善自身饮食习惯的行为（Oenema et al.，2001）。然而有研究者发现针对同一种营养干预措施，其干预效果在不同的干预对象中出现显著差异，对更低年级的学生进行营养干预的效果要明显超过对高年级学生进行相同的营养干预措施（Tilles-Tirkkonen et al.，2018），由此说明营养教育的开展时间越早实施效果越好。

从整体来看，国外在食物营养干预、食育法制化以及食育内容和形式探索等方面积累了丰富的经验，欧美等发达国家食育已基本进入普及阶段，以食育为核心的学术研究和实践推广活动多样性、丰富性特征显著。我国现代食育的发展起步较晚，食育推进缺乏制度指导和实践经验，因此，对国外食育与营养教育的发展进行深入的研究与总结，不但有助于加深对国外食育与营养教育的理解，同时也能够为我国食育的发展提供有益的参考。以下主要列出了日本、美国和英国的食育推进现状以及实践内容，对这些国家多年的食育发展过程进行总结，并结合我国当前食育发展的现状和存在的问题提出对应建议。

9.2.2 国外食育理论的实践

9.2.2.1 日本

日本作为第一个提出食育概念并进行食育实践的国家，在食育研究领域拥有丰富的理论和实践经验，并在 20 世纪 90 年代晚期日益成熟完善，成为日本学校教育与相关理论研究领域的重要内容。在食育推行方面，日本以制度建设为主，在全国范围内推行食育实践。为了改善国民营养健康状况，日本政府在 1945 年颁布了本国的《饮食生活指南》，指导国民健康饮食，随后在 1952 年颁布《营养改善法》，1954 年又颁布《学校给食法》，严格规定学校供餐的卫生管理和食材选择的多样性，获得明显成效，使原本体型矮小的日本人身高较战前增高了约12厘米（刘晓洁，2020）。1985年发布的《为打造健康的饮食生活指南》和2000年《“健康日本21”计划》对日本居民健康饮食做出了科学指导。1993年，厚生省监修了《思考食育时代的食品》一书，这是以政府行为推广食育思想的第一步。2003年，小泉纯一郎在施政方针演说时直接使用了“食育”一词，食育理念从此进入一般大众的视野中。2005年，日本政府颁布了作为本国食育建设法律体系基础的《食育基本法》，规定每年六月为食育月，每月19日为食育日，提升公众对于食育的参与度。在2006年订立了九个五年期的食育推进计划，开展全国范围内食育推行实践行动。为响应计划，农林水产省修订了《食料·农业农村基本法》，规定由各地农政局派人至中小学进行食育和农事指导，到目前为止，日本已经出台了三次《食育推进基本计划》，分别在2006年、2011年、2016年颁布，标志着日本食育实施体系已基本建立，食育逐渐被确立为日本的基本国策之一。另外，日本政府还定期向社会发布《运动基准与运动指南》和《食育白皮书》，及时向社会介绍食育实践近况、存在问题以及未来实施的重点方向。

日本的食育实践十分注重国家、社会、学校、家庭等多方主体力量的融合，在食育建设中都扮演着不可替代的角色。日本详细规定了内阁府、社会、学校、家庭等在食育推进中的责任和义务，明确各个主体在其中应该发挥的作用，从而促使食育实践获得更好的效果。在推进食育的过程中，日本政府十分注重食育人才的培养，将同时具备国家级营养师资格和教师资格的教师称为营养教师，作为食育人才科学化管理。在实践内容方面，为婴幼儿、小学和中学等不同阶段开展有针对性的食育教育。除此之外，日本食育实践还注重本国传统饮食特色的融入，推广日本传统饮食习惯，如尊重多样、新鲜食材的原味，尊重自然，吃季节性的食物、健康的饮食生活和营养均衡的重要，并向世界各国宣传本国饮食特色，传播日本食材的理念。

9.2.2.2 美国

美国饮食的一大特点是将多民族或者多地区的烹饪方法相互融合，形成全新的烹饪风格，如热狗、披萨等。但正是对这些高热量食品的过度依赖造成了美国人的饮食结构不均衡，《2015～2020年美国居民膳食指南》显示，约3/4美国人每天摄入的蔬菜、水果、食用油和乳制品不足，且一半美国人日常摄入了超过该指南推荐值的谷物和蛋白总量。由于偏好高脂肪和高钠高糖，加之全谷物和水果蔬菜摄入的不足，美国人糖尿病、肥胖症以及心脏病的患病概率增加。美国现有1/3的儿童超重或肥胖，由此将导致大额的医疗保险费用，到2030年，由于肥胖导致的医疗保健总成本可能高达9570亿美元。儿童时期形成的饮食习惯可能会持续一生，因而为孩子们创造一个健康饮食的环境尤为重要。通过对儿童进行食育教育，使儿童从小获得烹饪、品尝、园艺和食物来源相关的知识和操作能力，从而自觉选择健康食品并具备判断食品信息的能力。从总体上来看，美国作为农业大国，与社会非营利组织合作推进食育实践，主要通过政府与民间的力量，制定相关政策法案作为保障并与社会组织合作开展农场进校园等形式多样的食育活动，让食育在学校扎根，通过食育提升人民的健康意识，并降低慢性病的发生率与死亡率。

美国是较早开展食育的国家之一。为了改善儿童的营养状况，1946年美国联邦法律《国家午餐法》推行，以国家为主体推行学校午餐计划，通过学校来为符合贫困标准的学生提供免费或低成本午餐。1966年《儿童营养法案》的颁布，进一步推进学校午餐计划、特别牛奶计划以及学校早餐计划，用于满足儿童的营养需求。1993年，美国政府颁布《2000年目标——教育法案》，确定到2000年前对全体学生进行营养保健教育的目标。2010年美国对《健康、无饥饿儿童法》《儿童营养法案》进行重新授权，以推进学校膳食计划，紧接着在2011年又颁布饮食指南《我的菜盘》来指导民众预防和改善肥胖及生活习惯。2015年，美国政府提出实施《从农场到学校法案》，以促进当地农民牧民参与到学校营养教育之中，同年颁布的《营养教育法》提出要对学龄儿童进行全面的临床营养教育。以上这些法律法规为美国的食育发展提供了政策保障，形成了美国食育的基本制度体系，另外，饮食指南也为美国居民养成健康饮食习惯提供了科学指导。

美国在食育实践上注重政府与优秀的社会非营利组织进行合作，如早在1995年推行的“可食校园计划”，目标是建立从幼儿园到高中的食育课程，将学校的食育体验与学生的日常生活体验联系起来。该组织与学校和社区紧密联系，将教学区和专用厨房连接到科学和人文课程上，从建立开始就得到了广泛的关注和参与，对美国食育发展影响重大。还有2007年的“国家农场进校园网络”，将当地食材、学校菜园和粮食及农业教育纳入学校和教育系统，同时推出了农场到学校活动。2009年实施的“食品部门计划”，专注于健康食品、烹饪以及园艺等方面的实践教育，负责帮助学校改造餐厅，并为学生塑造终身健康的饮食习惯。此外，美国用于食育的课程资源还包括跨33门学科的Plant Health计划，该课程由哈佛大学公共卫生学院开发。与其他国家相比，美国的食育内容更加偏重营养教育，以及对与之相关的食物来源、生产和加工制作等方面的教育。

9.2.2.3 英国

20世纪中后期，与其他国家一样，快餐文化也受到大量英国年轻人的欢迎。由于速食和高卡路里食物的流行，英国青少年的肥胖率不断上升，由此产生了一系列的健康问题。20世纪60年代开始，Fanny Craddock通过BBC平台的公益类“冒险烹饪”节目面向观众讲授适宜家庭烹饪的食谱，激发了英国民众对烹饪和健康的关注。在民众不断发起的健康饮食倡议下，英国卫生署于1998年与教育部门共同发起了全国健康校园项目，旨在提高学龄者的膳食和营养状况。从2002年起，英国卫生部开始拨款开展“British Food Fortnight”，该活动在每年的9月17日至10月2日举办，以提高本国人民对食物的认识和喜爱。

2005年，英国名厨Jamie Oliver与孩童校园饮食倡议者Jeanette Orrey发起Feed Me Better运动，提出英国小学的营养午餐充斥冷冻食品及加入过多人工色素的高糖分甜点等问题。Oliver认为要改善英国人的健康状况最好的方法就是教育，例如学童厨艺、耕种计划，让学童能够真正明白每日的食物来源与加工方式，以培养学生判断食物优劣的能力。2006年，土壤协会（Soil Association）、关注食物运动（Focus on Food Campaign）、健康教育信托（Health Education Trust）、有机庭园（garden organic）共同创办“生活饮食伙伴联盟”（Food for Life Partnership），希望能够整合各界资源来改善学校饮食，其中包含制订校园食材标准、使用时令的有机食材、校园推行烹饪教学和农事体验课程等内容。

随着国内对食育的重视不断增加，教育部门开始逐步调整国家教育课程。先是在2005年编列三年28000万英镑的全国校园午餐预算，到2006年提出了35项改善方针的报告书，公布校园午餐营养的相关规范，并于2013年提出新版规范以及校园午餐计划。教育部公布的教学大纲中，“烹饪”列为必修课程，依照不同年龄设计烹饪课程。到2014年，提出结合烹饪课与校园午餐的全面饮食教改方案，明确规定7~14岁的学童必须学会20道料理才能毕业，其中特别要求所有公立中学都要开设针对11~16岁的中学生的烹调课，总学时不能少于24小时，学分将计入总成绩，通过课程考核的学员，将会得到教育部的初级厨师资格证书。改革的核心目的除为了让餐点符合营养外，更重要的是让学童知晓食物的来源、享受烹饪的愉悦，避免饮食教育的断层引起的健康与文化的危机。

英国的食育实践主要由政府与许多民间团体共同合作进行（唐洪涛等，2020），由Jamie Oliver所倡导的“校园菜园计划”，是英国食育实践的重要形式之一，并得到英国政府及社会团体的大力支持。该项目由政府为学校提供，开辟学校菜园，学生们可以进行食物种植、收获和烹饪。其次，英国学校的食育课程内容十分丰富，主要为在校学生开设烹饪课程。由政府部门领导的"British Food Fortnight"活动中，医院、学校食堂、百货公司、广播公司、教堂和体育场等均可参与举办，并在其中发挥不同功能。该活动也逐渐以社会力量为主导不断发展壮大，在英国社会中拥有相当大的影响力。总的来说，英国的食育改革通过政府与民间团体的大力合作推动，在过程中建构出学校经营改革、本土可持续性食物体系的结合，让健康信息更广泛地融入各种教育活动中，并带动家长饮食意识的提升，促进全社会更认同食育教育的理念。

9.2.3 中国的食育实践与发展

9.2.3.1 食育实践现状

目前我国的食育发展仍在起步阶段，食育的内容和实践形式也在丰富和拓展中。1990年颁布《学校工作卫生条例》，要求将健康教育列入学校课程大纲，在普通中小学开设健康教育课程；1992年《全国学生常见病综合防治方案》中则更详细补充了健康教育的基本内容，即食物营养与健康的相关知识；1993年颁布的《九十年代食物结构改革与发展纲要》提出要加大对膳食营养知识的普及力度，提高公众的认识程度。21世纪以来，我国政府积极推进食育建设，陆续发布多个纲领性文件，如《中国食物与营养发展纲要》《中小学健康教育指导纲要》《中国食物与营养发展纲要》《"健康中国2030"规划纲要》等，为推动居民膳食素养、改善营养结构发挥了重要作用。为贯彻落实《"健康中国2030"规划纲要》，2017年健康中国行动推进委员会发布《国民营养计划（2017～2030年）》，要求增加营养专业人才培养，开展学生营养改善行动，2019年继续发布《健康中国行动（2019～2030年）》，对个人、家庭、学校三方均设置相应责任，以推进中小学健康促进行动的开展。2020年以来，我国食育推进的脚步进一步加快。2020年国务院印发《关于深入开展爱国卫生运动的意见》，提出开展健康知识科普，倡导文明健康、绿色环保的生活方式。为防止食品浪费，2021年4月29日通过的《中华人民共和国反食品浪费法》，规定学校食堂餐饮服务管理应当按需供餐，改进供餐方式，科学营养配餐；按照规定开展国情教育，通过学习实践、体验劳动等形式，开展反食品浪费专题教育活动，培养学生形成勤俭节约、珍惜粮食的习惯。同年国务院发布《中国儿童发展纲要（2021～2030年）》，要求加大儿童健康知识宣传普及力度，强化父母或其他监护人是儿童健康第一责任人的理念，促进儿童养成健康行为习惯；构建全媒体健康知识传播机制，发挥健康科普专家库和资源库作用；加强食育教育，预防控制儿童超重和肥胖。践行食育，不仅要有政府在政策和规定上的支持，也需要社会力量的共同助力。近年来，我国以“食育”为主题的论坛、研讨会等活动逐渐增多，政府、学校、科研院所、社会团体、企业等组织单位开始纷纷投入与食育相关活动的举办，关注和探讨儿童食育与学生营养健康方面的内容。除此之外，大量的民间食育团队的加入也壮大了我国食育的力量，为我国食育工作的推进发挥了不可忽视的作用。

9.2.3.2 *存在问题和发展方向*

当前我国食育发展仍存在众多难题亟待解决。首先，政府方面缺乏引导和统筹规划，政策落实未达预期目标成效。虽然我国已经颁布了食品安全法，但最基本的食育系列法律法规如《营养法》还未提出，中小学乃至高校都缺乏相应的课程体系。另外，我国的食品行业也缺乏营养指导和监管。其次，食育相关实践尚未使全民共同参与，人们对食育认识不够。目前我国的食育并未达到全社会参与的规模，社会上对食育的了解依然十分有限，需要加强对科学食育思想的宣传，提高公众对食育教育的了解和认可度，才能让更多人参与到食育推进当中。再次，我国的食育实践缺乏专业人才队伍配备，这使得学校营养健康教育缺乏专业指导。一方面存在食育专业人员稀缺、无法满足十几亿人饮食教育需要的问题；另一方面又存在营养专业毕业生找工作难，食文化研究偏重文字考据、难与实际生活结合的局面。最后，食育实践的内容形式较单一，没有很好地将家庭融入食育实践之中。目前我国的食育实践开展仍是星星之火，还未形成燎原之势，与国外相比，食育推进的方式创新不够，达到的效果也远不及预期，未来食育实践的模式要进一步改进，将内容和形式进一步丰富，提高食育教育的趣味性。未来我国要继续推进食育建设，解决上述存在的问题，不断提高食育的全民参与度，提高我国居民营养健康水平。

未来促进我国食育发展的主要思路，一是加快立法推进，完善食品营养教育体系。当前我国正处于建立完善食育相关法律体系与政策的关键阶段。在立法的同时明确食育的整体方向，融合我国传统饮食文化的特色，编制具有中国特色的食育基本法，向世界宣传和展示我国传统饮食文化，树立公民文化自信，进而完善我国整体的食育体系。二是促进家、校、社会融合，多主体共同协作推进食育。要明确学校的主渠道地位，体现企业的辅助性作用，强化家庭的重要地位。系统地推进食育发展进程，由于各主体处于食育推进链的不同环节，在资源禀赋和职能属性上也有很大的差别，因此需要各主体充分发挥优势，密切协作，才能使食育进程的顺利推进。三是联合社会非营利机构力量，共同开展多样食育活动。因而可以借鉴国外经验，发挥社会组织的力量，更好地将学校的食育体验与学生日常生活联系起来。四是细化不同教育阶段食育内容，将食育纳入学生技能考核。目前，我国基础教育改革后，没有把食育作为一门独立的学科来看待，这就导致了学生对它的关注不足。因此，加速建立中小学食育课程体系迫在眉睫。目前，仅靠宣传、政策的引导并未取得预期的成效，把食育相关课程纳入考核系统，可以更好地发挥指导和监督的作用，政府和学校应加快制定和推广专业食育教材与之配套，从而真正把食育教育加入素质教育的行列中。五是加快食育人才队伍建设，为食育活动的推动提供人才支持。食育人才是推动我国食育事业发展的基础和保证，鉴于目前我国食品营养教育人才和食品营养教师匮乏的情况，需要制定相应的政策，鼓励培育食品方面的专门技术人员，吸引更多从业者投入食育工作；还应重视对餐饮业、食品加工业甚至家庭内食物加工制作的营养健康教育和培训。

9.3 营养政策体系的构建思路

9.3.1 营养政策的作用机制

依据变革理论对使营养政策产生效果的关键机制进行识别，可以发现以下四类现象在该理论形成过程中发挥着重要影响。第一，食物偏好严重影响着人们的饮食行为，而食物、社会和信息环境又影响着食物偏好的形成。第二，人们在获取、准备和食用健康食物时存在障碍，尤其是社会经济地位低的人障碍可能更大。第三，食物价格和食物的呈现形式影响人们的购买和消费选择。第四，食品系统中影响食品环境的活动，如生产、分销、加工和营销，会受到营养政策的影响。而作为食物偏好和饮食行为的中介，环境因素是上述变革理论的核心。根据上述的四种现象，本章提出营养政策发挥效果的具体路径：一是营养政策能为养成健康饮食偏好提供有利的食物、社会和信息环境；二是营养政策可以帮助人们克服环境中阻碍健康饮食偏好的因素；三是营养政策促使人们在选择和购买食物时重新评估现有的不健康偏好；四是营养政策能激发食物系统的响应。以下将依次讨论这四种路径的作用机制（见图9－1）。

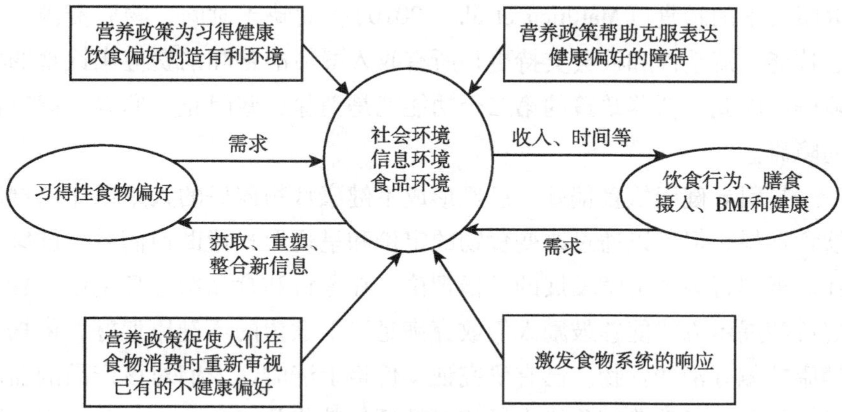

图9-1　营养政策发挥作用的四个影响路径

一是改善饮食环境。虽然部分食物偏好是先天存在的，但大多数食物偏好要靠后天习得。研究表明，食物偏好已成为影响食物摄入的决定性因素（Drewnowski and Hann，1999）。心理学把食物偏好狭义定义为对某种食物或某种具体味道的喜爱，但食物偏好广义上也包含人们想吃的食物以及食用该食物的数量和频率。已有研究证明，人们对高能量食物的偏好主要受所处家庭环境的影响（Alison et al.，2014），同时社会和文化规范也影响人们的食物偏好（Ball et al.，2010）。信息也会对食物偏好产生影响。广告可以通过向人们传递产品信息，直接影响人们的食物偏好。经常看电视的儿童，会接触到更多的食品广告并表现出强烈的偏好倾向。例如，在同类产品下，相比于普通品牌，他们更偏好选择名牌食品和饮料（Robinson et al.，2007）。此外，固定的消费环境能使人们形成特定的消费习惯，进而演变为食物偏好。经常处于同一食物环境能无形中使人们养成某些习惯，并造成其对某些行为和选择的偏好。因此，过去的消费行为可以预测未来的选择倾向。食物偏好的这种灵活性表明，人类可以通过后天持续的学习来了解食物的能量和属性（Wardle and Cooke，2008）。食物偏好的学习可以增强先天偏好，同时也能使人们改变天生厌恶和不太喜欢的食物。这说明在生命早期阶段，营养政策具有强大的潜在功能，营养教育能够为幼儿和孩童习得健康的食物偏好创造良好环境。

二是消除阻碍因素。即使人们具有健康的饮食偏好，却存在多种障碍致使其消费和获得健康饮食的能力不足，且这一问题在经济状况较差的群体中尤为严重。农村地区可能存在营养食品供应不足的现象，即使是城市地区，各社区间提供的食品数量和质量也存在不平衡问题。研究表明，健康食品的物价往往比不健康的替代食品高，且低收入家庭的能力难以负担起健康科学的膳食（Matthieu et al.，2010）。而缺乏时间、物质资源、信息、技能、流动性和社会支持更是所有收入群体准备和消费健康饮食的额外障碍。因此，营养政策的第二个功能就是消除这些阻止人们表达健康偏好的障碍。

三是引导健康饮食偏好。已经形成不健康食物偏好的人难以作出健康的饮食选择，但可以通过改变食物的定价和呈现形式帮助他们做出健康的选择。根据行为经济学发展的助推理论，在零售和食品服务环境中，食品的定价和展示方式能够鼓励人们放弃满足当下欲望的不健康偏好，依据长期健康的偏好消费食物。已有研究证实价格上涨时，人们对该产品的需求下降，更倾向于消费其价格水平相对较低的替代品（Green et al.，2013）。因此，营养政策的第三个功能是通过影响健康食品的价格、可得性和呈现方式，促使消费者重新审视他们的偏好并做出替代选择。

四是改善食物系统。影响消费者选择的营养政策也可以刺激食品系统中相关联部分的响应。例如，美国政府强制要求标明食品反式脂肪含量的政策，促使食品行业重新制定配方以降低食品含有的反式脂肪含量。政府为克服健康食品供应瓶颈和提高可用食品的营养质量，在食品系统上游采取的干预措施，也会影响食品环境（Hawkes et al.，2013）。因此，营养政策的第四个功能是诱导食品系统产生系统动态正面的反馈。

综上所述，为了达到长期、持久和公平合理的政策效果，首要是在食品生产、信息环境和社会环境领域综合采取政策，为婴幼儿后天养成健康偏好创造有利的环境。营养政策的目标不仅是让消费者更加容易地作出健康选择，还要让健康的选择成为人们的首选。

9.3.2 营养政策的国外实践

9.3.2.1 营养标签

研究一致表明，强制性或广泛实施的热量标签或特定营养素标签通过食品系统反应机制产生效果。据报道，荷兰推行的“Choice”标识，韩国、加拿大和美国实行的强制性反式脂肪标签，新西兰推出的“Pick the Tick”标识，以及华盛顿州强制性餐单营养标识政策均促使生产者重新制定产品配方，以改善产品的营养成分。这些实践表明，营养标签主要通过促使食品制造商和连锁餐厅重制产品配方，广泛地影响人类的膳食。因此，营养标签政策首先应致力于刺激生产商重新研发产品配方，力求最大限度地激发食品系统的响应。其次，为了能直接影响消费者的行为选择，政策制定者应针对特定消费者群体关注的环境和食物制定政策措施。以上两个目标的实现要求营养成分标签需要具备显而易见、易于理解且清晰明确的特点，所列营养素要能引起目标群众的关注并且利于生产者研制配方。

9.3.2.2　学校环境

学校环境能够影响孩童的行为偏好。改善校园饮食的具体政策行动包括提供水果和蔬菜、依据食物和营养标准提供膳食、改变食物的呈现方式、用经济工具影响食物消费以及开展营养教育。实践证明，提供水果和蔬菜的方式增加了孩子食用水果和蔬菜的频率，进而改变其在校内外对水果和蔬菜的态度，能够促进对水果和蔬菜的消费（Cauwenberghe et al.，2010）。采取多种政策增加人们对某种食物的接触，能影响食物偏好，进而习得偏好是政策干预发挥作用的主要路径。相对于付费方案，免费方案的成功进一步表明，学校免费提供水果的政策，能够使得原本喜爱蔬果却无法在家中获得蔬果的孩子实现了偏好，也就是说，该政策通过消除食物获取障碍的路径发挥作用。限制高热量食物、饮料的供应和份量的政策实践，有助于消除偏好学习过程产生的负外部性影响。学校层面的政策干预能有效减少孩子在校内摄入的热量，增加健康食物的摄入量（Bae et al.，2012）。但是，在孩子对于限制供应量的食物已经形成了偏好的情况下，如果政策设计和实施不当，政策的实施效果容易被削弱。因为即使采取了限制措施，孩子也会通过自己携带限制食物和饮料进校或是在校外消费购买限制食物的方式，满足自己的食欲，故采取综合全面的政策措施往往能产生更积极的效果。

也有研究表明，学校层面的营养政策能鼓励孩童在食物消费时重新审视自己的食物偏好，进而发挥政策作用，如调整公共或私人机构自助餐上菜的顺序利于形成更健康的消费模式（Wansink and Hanks，2013）。但也有研究表明，在其他情况下，单一的营养教育手段不足以引起变化。智利的一系列政策干预表明，在多数儿童来自低收入家庭的条件下，开展营养教育对孩童在校饮食习惯的改善效果微乎其微（Kain et al.，2009）。这主要归因于政策实施不当、学校食品环境缺乏配套的改变以及孩童、家长与老师已形成的不良偏好。以上发现表明，相比于单纯的教授知识，以促进学习、提升技能水平和行动能力为目标的营养教育措施实施效果更好。同时表明，已有偏好、态度、知识水平、性别、饮食习惯和社会人口特征等调节因素对政策效果有关键影响。有效的营养政策应在考虑学校人口特征的基础上，采取一系列措施，如持续经常性地提供健康食物，采用全面统一的食品标准，对儿童（包括幼儿）、教师和餐饮人员开展技能和知识为导向的营养教育，进而为习得健康饮食偏好创造环境。

9.3.2.3 经济工具

经济工具的运用一般包括针对性的食品税和补贴。购买食品时，考虑到食品价格，消费者会重新审视自己的食物偏好，而为了促进健康饮食设立的食品税会影响消费者的评估。征收食品税可能减少消费者对征税食品和饮料的购买量，丹麦饱和脂肪税（2011～2012年）的征收使得征税食品消费量下降了10%～15%（Jensen and Smed，2012）。由于在食物选择时需要考虑经济能力，食品税更易影响低收入人群的食物消费选择。长期来看，税收可以通过促进健康的偏好来发挥作用。长期减少对应税产品的消费，更易改变人们的习惯和偏好，所以税收政策的长期效果大于短期效果。税收也会引发食品系统的反应，例如，面对匈牙利政府的食品税政策，食品生产商只能彻底去除食品中含有的应税成分，或者重新研制食品配方以减少应税成分的含量（Nnoaham et al.，2009）。

食品补贴政策通常旨在增强低收入人群对健康食品的消费能力。政府通过发放优惠券、财政激励、水果和蔬菜盒等措施，促进低收入家庭对于目标产品的消费（An，2013）。此外，相关研究发现，财政激励手段不仅影响低收入群体，对高收入群体也有效果（An et al.，2013），说明补贴政策能通过促使人们重新审视现有消费偏好发挥作用。有针对性的食品补贴政策能反馈食品系统参与者的政策反应。与税收政策一样，补贴政策的实施效果也可能受到已有不健康偏好的影响。在某些情况下，与增加健康食品消费量相比，补贴政策减少不健康食品消费量的效果较弱，且不能降低购买食品总体的热量水平（Andreyeva et al.，2012）。

9.3.3 构建高质量营养政策的思路

9.3.3.1 营养信息

营养健康信息传播是构建高质量营养政策的关键。第一，不同人群获取营养健康信息的主要渠道不同，公共政策的制定需要注意信息传播渠道的合理性，以提高政策的精准性和有效性。第二，要增加营养健康信息供给。营养健康信息传播帮助科学素质较低人群提高辨识能力，减少教育在营养健康素养上的差异，从而减少教育在饮食行为上的差异，这对社会整体福利水平的提升尤为重要。需要设计标签来鼓励消费者在购物时重新审视他们的选择，并配套实施提高公众对标签的意识和认知的宣传推广活动。第三，健全营养健康信息管理制度，通过权威渠道进行信息发布，加强信息内容的监管，使消费者及时有效地了解相关信息，并增强对“伪信息”的辨别能力。第四，拓展营养健康信息干预的范围，进一步完善食品营养标签制度，还可以与食品生产商接洽，利用营养标签，促使其重新研发更健康的产品。根据我国消费者目前的饮食特征，应该进一步探索在外就餐、外卖等场景的营养健康信息干预措施。第五，对信息未能触及的消费者，还需要结合供给侧的环境“助推”手段和经济工具构建普惠性的改善膳食营养的消费环境。

9.3.3.2 学校环境

学校层面的“食育”对学生形成健康饮食习惯尤为重要。第一，政府可以通过向学生们持续提供水果、蔬菜这类健康食品，以吸引其口味偏好。尤其是在存在获取障碍的地方为学生免费提供食品，进而改变学生的习得性健康偏好。这样不仅能够改变儿童、教师、父母、看护者和社区成员对水果和蔬菜的知识、意识、态度和行为，同时也可以充分利用提高的市场准入门槛对果蔬生产商和制造商进行激励。第二，进一步提高学校的食品标准。包括学校内部、附近经营场所和购买渠道，对于所有潜在的不健康的替代品进行监管（如含糖饮料），同时为流行的食品和饮料提供健康的替代品（如水或低热量饮料）。学校还应该与教师、家长和看护人积极沟通，减少学生自带不健康食品的行为，并可以通过改变学校食品采购标准促使食品系统做出响应。第三，在学校领域内开展营养教育活动。改变青少年、教师、家长、看护人和社区成员对健康校餐和零食的知识、意识、态度和行为。应该专注于各类食品和营养知识、购物、烹饪等饮食技能，并且在学前阶段就开始对孩童进行营养教育，对教师、父母和看护人进行相关营养教育培训。

9.3.3.3 经济工具

经济工具是营养教育政策的重要补充。第一，可以通过增加税收来鼓励人们重新审视现有的不健康偏好。考虑到潜在替代品可能降低整体膳食质量，可以针对有更健康替代品的食品征税，而且要确保健康的替代品价格实惠。在选择征税食品的种类时，可以优先考虑受年轻人喜爱并使其养成不健康习惯的食品，还应该鼓励食品系统作出积极反应，如重新研发产品配方、改变产品组合、改变定价策略等。第二，可以通过食物补贴政策来解决阻碍偏好表达的经济、物质不足等问题。既要关注目标人群有偏好但难以大量消费的这类食物，还要关注有孩子的家庭，为其学习健康偏好提供有利环境。可以利用经济激励措施鼓励消费者重新审视不健康偏好，或补充相关信息以提高消费者购物时的健康意识，鼓励消费者习得健康偏好。

第10章 结论与展望

本书以微观视角探索教育水平、信息接受和食物消费的关系，为我国广泛开展营养教育和健康干预，建立良好的膳食结构，有效提高公众健康水平提供理论依据和实证支持。食物的涵盖面广泛，从广义上定义，包含食物消费、营养摄入和膳食质量。食物消费侧重食物种类和数量角度的考察；营养摄入是对食物消费的深入角度的精准考察，重点关注是否达到营养要求的数量考察；膳食质量是从膳食结构合理性角度的考察，同时也直接关系到健康状况。本书致力于解决五个问题：第一，食物作为影响健康的重要因素，教育和该因素有何种关系？第二，教育水平是否以及在哪一发展阶段成为解释食物消费、营养摄入及其膳食质量的关键变量？第三，如果成立，教育如何发挥作用？即学历教育背后隐含的营养健康信息效率差异是否是关键的影响渠道？第四，在不同的消费情境下，如何合理揭示营养健康信息对食物消费行为的影响机制？第五，如何进一步优化我国营养健康信息传播和公众营养教育的相关政策和路径选择？

为了解决上述问题，基于营养均衡理论、营养变迁理论和教育的非货币收益分析的理论基础，使用中国健康与营养调查（CHNS）和消费者调研数据展开研究。首先，运用描述性统计的方法分别梳理了我国城乡居民食物消费、营养摄入和膳食质量的变化趋势。其次，依据《中国居民营养膳食指南》中食物推荐摄入量和膳食营养素参考摄入量作为健康目标的基准，判断收入水平和教育水平对食物消费、营养摄入和膳食质量的影响。再次，运用食物消费决定的两阶段面板数据模型和系统估计模型、面板数据的分位数回归模型、多因素方差分析和截面数据模型深入分析收入和教育水平等因素对我国居民食物消费数量和结构变化、营养素数量和结构变化以及膳食质量变化的动态影响。如果教育可以改善膳食质量，那么教育发挥作用的渠道是什么？即学历教育背后隐藏的膳食知识水平的差异是否是重要的中介变量？为保持以上章节的系统和连贯性，研究数据均来自中国健康与营养调查（CHNS）。同时，使用三次消费者调查数据，通过研究消费者营养健康信息搜寻及其对食物消费的影响、农村居民食品营养标签使用情况及支付意愿、解释水平视角下信息干预对食物消费行为的影响，揭示出营养健康信息对食物消费行为的影响机制。最后，结合消费者分层研究以及食育理论的发展和实践基础上，为改善营养健康信息传播以及公众营养教育提出明确的路径选择。本章作为全书结尾部分，对主要结论总结和归纳，根据相关研究结论提出健康干预和营养教育的政策建议，并为后续研究提出延伸性思考方向。

10.1 主要研究结论

第一，我国居民的食物消费结构已经发生显著变化。动物性食物特别是畜肉类和蛋类的消费量显著增加，并且城乡居民的肉类消费量均高于膳食推荐量；谷类和根茎类消费量下降，城镇居民的蔬菜消费量已经低于推荐量；城乡居民对奶类和水果类的消费量增速较快，但是与合理膳食的推荐摄入量相比，仍然有较大差距。教育水平提高改善了我国居民的食物消费结构，而且对动物性食物抑制和植物性食物促进的调节作用有明显的时期效应。教育水平提高对食物消费结构的改善前期主要表现为对动物性食物需求的抑制作用，2009 年以后教育水平提高对植物性食物的促进作用开始显现，现阶段，教育水平提高对食物消费结构的改善可以概括为抑制动物性食物消费、增加和促进植物性食物消费增长的“双管齐下”的作用。收入增长和教育水平提高对我国居民膳食行为影响的群体效应明显，我国低收入群体和低等受教育群体面临的膳食不健康的风险更大。

第二，我国城乡居民营养状况和营养结构变化显著。热量、碳水化合物和蛋白质的摄入量均呈现出下降的趋势，脂肪摄入量逐年增加，尤其是农村居民的增幅最大；碳水化合物供能比呈现明显的递减趋势，膳食中蛋白质和脂肪的比例逐步提高。收入提高和教育水平的提高，都带来蛋白质摄入的内部结构的改善；收入提高对脂肪内部结构的改善没有起到正向作用，甚至还有负向作用，教育水平提高对脂肪结构的改善作用已经显现。我国城乡居民营养结构改善主因正从收入因素转向教育因素。营养素摄入量的弹性结果显示，主要营养素都缺乏收入弹性；教育水平对热量摄入量的影响显著为负。估计教育水平的动态边际影响，结果表明，教育水平提高对膳食营养的改善主要表现在对脂肪摄入数量的抑制和结构的改善。

第三，我国居民膳食质量的主要问题已经从摄入不足的膳食摄入量问题转变为部分食物营养摄入不足和部分食物营养摄入过量并存的膳食结构问题。教育和收入对膳食质量的影响有梯度效应：教育水平提高对膳食摄入不足的改善作用在增强，相反的，收入水平提高对膳食摄入不足的改善作用减弱；教育水平的提高降低了营养摄入过量的程度，收入的偏效应从降低过量程度的作用转变为提高过量程度；收入对膳食失衡影响的梯度效应明显，教育对膳食失衡调整的梯度效应开始显现。利用 CHNS 数据库建立消费者的膳食知识指数，结果发现，我国居民的膳食知识水平显著提高，面板数据工具变量法的估计结果充分证明教育水平提高确实部分通过提高膳食知识水平来改善膳食质量。

第四，以北京市消费者为调查对象，发现消费者对营养健康信息的搜寻频率相对较高，大众传媒是消费者获取营养健康信息的主要渠道。构建消费者营养健康信息搜寻行为的分析框架，结果表明，消费者教育水平的提高，对营养健康信息的搜寻有显著的正向影响；教育水平、营养意识和参与程度对各信息渠道的搜寻频率都有正向影响，但显著性水平随着渠道不同有所差异。建立消费者的营养健康信息存量方程和食物摄入方程，证明教育对营养健康信息存量的正向影响，而且教育水平提高通过增加营养健康信息存量影响食物消费行为，即不同的学历教育水平背后隐含的营养健康信息效率差异是教育影响食物消费行为的关键渠道。

第五，以河南省农村居民为调研对象，研究发现，虽然多数农村居民意识到饮食营养健康信息的重要性，但主动了解营养健康信息的频率较低。在信息渠道上，主要以网络渠道和通过亲朋好友告知获取营养健康信息，通过政府宣传、报纸、广播和学校课堂讲解等官方途径了解食品营养信息的农村居民较少。近半数居民偶尔甚至不使用食品营养标签，对食品营养标签上健康信息的接收能力也存在不足。实证结果发现，居民的经济状况、知识水平和健康状况显著影响食品营养标签使用频率。在以食用植物油为食品代表的选择实验中，结果发现，相比于价格和转基因标识等食品属性，农村居民更在意食品是否有营养声称以及是否为知名品牌。带有营养声称以及知名品牌的食品营养标签能显著增强居民对食物的消费偏好，且相比于营养声称，农村居民更加信赖大品牌的食物。居民对食品营养标签的偏好也存在明显的异质性，中等及以上收入水平的居民以及自评健康状况较好的居民对营养声称和品牌的偏好程度更高，更愿意接受带有转基因标识的食品。

第六，运用解释水平理论，通过两个经济学实验分别探讨了解释水平与信息内容（美味/营养信息）和信息类型（收益类/损失类信息）的交互作用对消费者购买决策的影响及其中介机制。实验一结果表明，解释水平与美味/营养信息的交互作用会影响消费者的购买决策。当消费者处于高解释水平时，营养信息比美味信息更容易使消费者产生更高的购买倾向；当消费者处于低解释水平时，美味信息比营养信息更容易使消费者产生更高的购买倾向。研究进一步表明，未来结果感知在解释水平与美味信息/营养信息交互影响消费者的购买倾向中起到部分中介效应。实验二结果表明，解释水平与收益类信息/损失类信息的交互作用影响消费者的购买决策。当消费者处于高解释水平时，收益类信息比损失类信息更容易使消费者产生更高的购买倾向；当消费者处于低解释水平时，损失类信息比收益类信息更容易使消费者产生更高的购买倾向。研究进一步表明，卷入度在解释水平与收益类信息/损失类信息交互影响消费者的购买倾向起到部分中介效应。

第七，营养健康信息有助于消费者更好地选择健康食品，制定合理的营养健康信息的传播策略对提高消费者健康饮食意识至关重要。当前大众媒体尤其是新媒体已经成为我国营养健康信息传播的主要渠道，除此之外，同伴营养教育以及食品营养标签也是较为重要的营养健康信息来源。依据营养健康信息搜寻行为对消费者进行分类之后，不同类型的消费者细分群体在对食物的态度出现了显著差异，多渠道和大众媒体搜索者要更加看重食物营养。对消费者进行细分能够更好地制定针对不同消费者的营养健康信息传播策略，为进一步提高营养健康信息的传播力度，应该在确定不同消费者群体的基础上，有针对性地激发其搜索营养健康信息的兴趣，进一步提高大众健康饮食的意愿，进而提高整体饮食质量。

为综合提高国民饮食质量，亟须制定合理有效的公共营养政策，以提升全民健康饮食意识。公共营养政策可以通过饮食环境改善、消除阻碍因素、引导健康饮食偏好和改善食物系统响应四个机制对食物、社会和信息环境产生影响，进一步引导消费者饮食偏好、改善饮食行为来发挥作用。依据不同政策方案的实践经验，有效营养政策的构建应该注意以下三个方面。在营养信息方面，政策制定要注意信息传播的渠道，增加营养健康信息供给，健全营养健康信息管理制度等；在学校环境方面，政府可以为学生免费提供蔬菜水果等健康食品，同时提高食品标准并在校内积极开展营养教育活动，为习得健康偏好创造良好的环境；在经济工具方面，可以结合食品税和食品补贴来鼓励消费者重新审视现有的不健康偏好，同时解决阻碍偏好表达的经济问题。

10.2 政策建议

本书的研究有着重要的政策含义。首先，证实了教育对合理膳食的重要性。教育不仅使人们通过知识资本的积累获得货币性收益，也通过促进合理膳食实现改善健康的非货币性价值。然后，本书挖掘出教育通过膳食知识渠道和营养健康信息渠道发挥对膳食行为的调节作用，为更加有效率地配置社会资源，提高健康人力资本的积累，提供精准方向。最后，在不同消费情境下，证实需要采用差异化信息传播手段引发消费者的积极响应，提高大众健康饮食的意愿，进而提高整体饮食质量。据此，提出以下政策建议。

第一，健康干预政策应该由收入救济向健康教育倾斜。在经济发展初期，收入增加能够有效改善居民营养状况，特别是解决低收入群体的营养摄入不足问题，我国营养改善的巨大成就已经印证收入增加对于消除饥饿和营养摄入不足的积极作用。但是，随着营养变迁的不断深入，消费者营养结构巨变，非传染性慢性疾病显著增加，收入增加对消除营养问题的局限性逐渐暴露。因此有必要重新审视通过经济增长来解决公众营养和健康问题的政策措施。本书的研究结论表明，单纯依靠收入增加来消除营养和健康问题并不完备，不一定从总体上改善居民的福利水平，甚至会走向另一个极端；教育对膳食行为的改善作用已经显著表现出来，政府有必要加强对公众的健康教育，减少收入增长给居民营养和健康可能带来的负面影响。

第二，着力发展健康教育，尤其是营养教育。提高健康水平的公共政策制定不能笼统处理教育对健康的作用，本书从食物和营养渠道的研究为健康干预和营养教育提供了明确的政策方向。在宏观政策的制定方面，加强各部门各行业的沟通协作，形成促进健康的合力作用。开展全国居民营养与基本健康监测工作，开展多地区的食物消费调查，定期发布食物消费与营养健康状况报告，引导居民合理膳食，提高营养水平。制定并实施国民营养计划，深入开展食物营养功能评价研究，发布适合不同人群特点的膳食指南，全面普及膳食营养知识，引导居民形成科学合理的膳食习惯，推进健康饮食文化的建设。将健康教育特别是营养教育纳入国民教育体系，把“食育”作为所有教育阶段的重要内容，以中小学为重点，建立学校营养健康教育的推进机制。

第三，广泛开展多层次和多形式的营养教育，引导居民形成科学的膳食习惯。多层次的营养教育从人群分类上应该兼顾学生、上班族和老年人。将食物与营养知识纳入中小学素质教育，加强对教师、家长的营养教育和对学生食堂及学生营养配餐单位的指导，引导学生养成科学的膳食习惯；工作单位应该开展健康和营养促进宣传，发放营养指导手册，提供餐饮的单位可以配合营养标签的标注和知识普及；对独居老年人进行饮食家访和营养知识讲解，并对养老机构进行营养指导。多层次的营养教育从地区分类上应该兼顾城市和农村，特别关注流动人群集中及新型城镇化地区，加强对在外就餐人员及新型城镇化地区居民膳食指导，倡导合理膳食模式，控制高热量、高脂肪、高盐饮食，降低慢性非传染性疾病的发病率。多形式的营养教育指的是发挥主流媒体对营养知识进行公益宣传的主渠道作用，增强营养知识传播的科学性和广泛性。随着消费者越来越频繁地搜寻营养健康信息，应该有针对性地扩大营养健康信息的传播渠道，保证信息渠道的通畅性，充分发挥营养健康信息提高膳食质量和促进合理膳食的作用。本书的研究结果显示，电视节目、网络和食品营养标签是消费者接收营养健康信息的主要渠道，因此如何利用这些渠道更好地对消费者进行营养教育，对提高消费者利用程度、有效改善消费者的膳食行为十分重要。在信息传播中，尽量利用通俗易懂的形式，生动宣传不健康膳食与肥胖、高血压、高血脂、糖尿病等慢性疾病的关系，使得公众获得健康膳食知识，提高自身保健能力，遏制与营养相关慢性病的上升趋势，提高全民族的健康水平。例如，电视节目可以利用互动式的、通俗易懂的形式对消费者开展营养教育；公共部门或者食品制造企业可以通过积极宣传食品营养标签，来提高消费者对营养标签的信任度和理解力，进而增加食品营养标签的使用。

10.3 延伸性思考

本书立足于我国居民食物消费、营养摄入现状以及营养健康信息环境，从经济学视角深入探究教育水平、信息接受对居民食物消费行为的影响机制，明确提出促进居民健康饮食的公共营养政策路径选择。学术研究应该保持连贯和可持续性，本书完成之后，根据现阶段我国居民的食物消费现状，提出两个值得进一步探讨的问题和粗浅的思考，也是后续研究努力的方向。

10.3.1 外食场景下的信息干预

10.3.1.1 外食的消费特征

随着在外就餐比重的不断提高，食物消费研究已经关注就餐行为变化对消费数量的影响。孙香玉（2010）研究发现外出就餐受到时间、收入和社会因素的制约。关于时间约束，张彩萍和白军飞（2010）严格区分了收入约束和时间约束，发现妻子在外工作时间增加10%，家庭外出就餐的概率增加2.1%，但外出就餐支出基本不变；而妻子收入增加10%，家庭外出就餐的概率不变，外出就餐支出增加7.6%。以上研究都提及居民外出食物消费在传统调研中被低估的问题。因此，闵师等（2014）以六个城市的1340户家庭为基础做了系统评估。他们发现，城市家庭人均在外肉类消费在肉类总消费中平均约占30%，并且随着居民收入水平的提高，在外肉类消费显著增加。

消费者根据成本、口味、营养和便利性来选择食物。如果在家就餐和在外就餐这些因素的相对权重不同，则选择可能会有所不同。研究发现，在外就餐时，消费者可能会偏爱健康程度较低的食物（Todd et al.，2010）。Ruhm（2012）提供了对这种可能性的支持，他认为食物消费由一个深思熟虑的“理性系统”和一个“情感系统”控制，情感系统对暗示和刺激做出反应，但不考虑当前行动的长期影响。当在饭店里设计食物以吸引味觉而不是考虑长期营养健康时，情感系统的重要性可能会上升。根据《赫芬顿邮报》（2013）的报道，通过对5178名消费者的就餐习惯进行调查，发现虽然有50%的人声称自己在家中饮食健康，但只有25%的人表示在外就餐同样考虑营养健康。最常被提及的原因是外出就餐时渴望“吃我想要的东西”。餐馆提供许多很难在家准备的美味食物来促进这种自我放纵。相关研究表明，餐馆中较不健康的食物与较高的肥胖率和超重率显著相关（Strupat et al.，2021）。国内研究也有类似结论。杜文雯（2014）利用CHNS（1991～2011年）数据发现，在外就餐时，成年居民会摄入较高的脂肪和蛋白质以及较低的碳水化合物和维生素C。进一步有研究发现，成年居民中男性在外聚餐频率与肥胖显著相关，而女性在外就餐频率与肥胖无统计学意义（田美娜，2022）。儿童在外就餐时，更易选择高脂肪高糖高能量食物，经常在外就餐可能会增加超重肥胖风险（张容，2023）。从已有研究可以看出，在外就餐时，不健康饮食行为的发生概率明显增加。

10.3.1.2 餐单营养标识对外食行为的影响

随着美国、英国和澳大利亚等国的肥胖率以及消费者在外地食品上的消费持续增长，餐馆菜单上的营养标签被作为一种信息补救措施，帮助消费者通过更好地了解营养信息来调节和限制对不健康食品的消费决策和促进更健康的食物选择。2014 年 11 月，美国食品和药物管理局（FDA）强制要求，所有在美国拥有 20 家或 20 家以上餐厅的连锁餐厅在菜单上显示热量信息。目前，研究餐单营养标识对餐馆消费行为的影响是重要而及时的消费者福利和公共政策问题。尽管国外学者已经开始对在外就餐的营养健康信息干预效果进行研究，但对于餐饮业消费行为标签化的结果却缺乏共识。有研究报告认为在餐单营养标识后，每笔交易中购买的食品的能量含量（热值）略有下降（Bollinger，2011），而且提出了菜单信息影响饮食行为的不同机制，如学习效应、显著性效应以及与感知冲突食物信息相关的压力效应。随着美国在全国范围内实施餐单营养标识，以及英国等其他国家正在考虑餐单营养标识立法，这类研究具有更大的现实意义。

现实中人们摄入食物的品类或数量易被外界环境影响，这种影响有时甚至是无意识的，从而使得饮食行为产生与理性模型的偏差。已有研究表明，在外就餐时，不健康饮食行为的发生概率明显增加。欧美国家正在推广餐厅的餐单营养标识公共政策，我国目前尚无相关标准法规对餐馆食物的营养标识进行规范和要求，就餐者较难辨识高能量、高脂和高盐食物。在确定信息干预措施时，可以考虑两种方案：一是沿用欧美国家做法，对餐单标注营养信息，主要是热量、脂肪和钠含量。但此措施在中餐厅有一定难度。二是提供中性的膳食建议，可操作性更高。在具体研究思路上，从消费者“有限理性”出发，确定膳食建议的框架类型。在营养和健康领域出现较多的是损益框架，即等价信息以损失或收益为不同表述时，对于决策倾向产生影响。其中，收益框架是指信息以做某种行为的潜在健康获益表述，损失框架是指以不做某种行为造成的可能健康受损表述。根据预期理论，当面对潜在收益时，人们决策倾向于规避风险；而当面对潜在成本或损失时，人们又是风险寻求。信息框架对消费者响应具有非常重要的影响，但对于哪一种信息框架更能有效地引发消费者响应进而产生最终行动，需要进一步实验研究。

跨理论行为改变模型（TTM）由美国罗德岛大学心理学教授 James Prochaska 及弟子于 20 世纪 70 年代末创立，目前被广泛应用于健康行为领域。已有研究表明，利用 TTM 理论将个体行为改变过程划分为不同的变化阶段，处于不同阶段的个体信息需求、信息获取、信息利用等情况具有差异性。因此本书认为消费者在外部信息接收和自身行为变化阶段的交互作用下，做出消费决策。由于个体所处的行为改变阶段不同，对外营养健康信息加工程度不同，因此可能导致认知差异，其决策结果也将产生差异。近年来，跨理论行为改变模型在饮食行为改变方面的应用更加广泛和有效，尤其在医学领域和公共健康领域的应用十分普遍。有研究表明，将TTM理论应用于高血压患者的低盐饮食健康教育中，能够提高低盐饮食依从性，同时降低高盐食物的食用频率（陈小芳，2011）；另外，基于TTM理论的家庭访视护理也能够改变高血压患者低盐饮食的行动改变阶段，显著提高患者的低盐饮食的意愿，进而帮助患者控制血压（刘曼，2017）。同样，在对糖尿病患者进行饮食干预时，TTM理论也能发挥类似作用。基于TTM理论的饮食干预能够提高糖尿病患者的营养知识水平，培养良好饮食行为并改善生活质量（朱淑青，2016）；在另一项研究中，社区医生基于TTM理论来对糖尿病患者的饮食行为进行干预，能够使患者的饮食决策发生正向改变，同时患者饮食的行为阶段也会随之向前推进，这也验证了TTM理论在饮食行为方面的干预的有效性（孙昕霙，2022）。在营养健康信息框架、餐单营养标识对消费者影响的理论模型中，需要进一步考虑消费者所处的自身行为变化阶段，即将跨理论行为改变模型与框架效应相结合。

10.3.2 外卖场景下的营养教育

10.3.2.1 外卖的发展及其产生的营养健康问题

随着互联网在我国的快速发展以及人民生活节奏的日益加快，餐饮行业迎来了新的转型升级，外卖食品行业凭借其省时便捷、价格便宜且选择多样化的特点迅速崛起，日益成为推动餐饮行业发展的重要力量（张琼芳，2017）。中国互联网络信息中心发布的数据显示，截至2022年12月，我国网民规模达10.67亿，较2021年12月增长3549万，互联网普及率达75.6%，2022年在线外卖用户在网民中的普及率高达61.44%。受疫情影响，2022年在线外卖成为满足居民餐饮消费需求的重要保障，在新消费需求拉动下，线上外卖收入占全国餐饮业收入比重从2018年的10.9%，增加至2022年的25.4%①。由此可见，近年来外卖行业在我国正蓬勃发展，其发展背后带来的问题也应该得到更多关注。

本书对消费者在不同场景下就餐的考虑因素进行调查，结果显示，消费者的关注因素具有显著差异性。根据表10－1，大多数消费者在家吃饭

---

① 中国互联网络信息中心．第51次《中国互联网络发展状况统计报告》[EB/OL]．[2023－03－20]．https：//www.cnnic.net.cn/n4/2023/0303/c88－10757.html.

时最关注的是营养健康和安全卫生，不太关注节约时间；在餐馆吃饭时，多注重于食品是否美味好吃以及节约时间，而对营养健康和安全卫生的关注较低；在食堂吃饭时，一半以上消费者优先关注价格是否便宜以及节约时间。相较于以上三种就餐场景，消费者在点外卖时是最不关心营养健康和安全卫生的（占比分别为5.1%和7.0%），约73.1%的消费者选择外卖就餐优先关注是否节约时间，其次是美味好吃和价钱便宜。这体现在生活中大多数选择点外卖的消费者更多地注重食物获取是否便捷、迅速和价廉，很少考虑外卖食品在补充自身营养素和维持健康的功能，有可能会导致一系列健康问题的出现。

表10－1　　不同就餐场景下消费者优先考虑因素

场景	营养健康	美味好吃	价钱便宜	节约时间	安全卫生
在家吃饭	723 （75.4%）	327 （34.1%）	349 （36.4%）	110 （11.5%）	623 （65.0%）
在餐馆吃饭	74 （7.7%）	566 （59.0%）	97 （10.1%）	565 （58.9%）	105 （10.9%）
在食堂吃饭	116 （12.1%）	109 （11.4%）	503 （52.5%）	519 （54.1%）	184 （19.2%）
点外卖	49 （5.1%）	223 （23.3%）	112 （11.7%）	701 （73.1%）	67 （7.0%）

外卖快速发展的过程中也存在着监督不健全、管理不规范、安全卫生不达标等一系列食品安全问题，单纯追求饮食便捷、口味刺激、价格低廉的外卖饮食，对营养素的需求很少考虑，这会使得消费者承担更多食品安全隐患。而且外卖食品通常是高能量、低营养、高盐、高油、高糖的食品，经常食用容易增加肥胖、高血压、糖尿病、冠心病等患病风险（Ford and Dietz，2013）。基于外卖就餐在我国越来越普及的发展趋势，需要关注在此情境下的营养健康教育问题。同时，营养健康知识在外卖行业的普及需要政府和社会给予更多重视，为营养健康教育提供配套的政策和环境。

10.3.2.2　外卖的营养教育实践

外卖已经成为人们日常不可缺少的一种生活方式，并已呈现多元化发展态势，其中外卖餐饮正在向食品安全与营养健康方面升级换代。2016年国务院印发的《“健康中国2030”规划纲要》（以下简称《纲要》）提出了全民健康素养大幅提高，健康生活方式得到全面普及，有利于健康的生产生活环境基本形成，食品药品安全得到有效保障，消除一批重大疾病危害的目标，外卖行业作为餐饮界的重要组成部分，该领域的营养教育实践行动是不可或缺的。相比于疫情之前，人们对于餐饮安全和健康营养品质诉求都进一步提高，这促使外卖行业重视食品的营养健康以实现可持续发展。

《纲要》提到“共建共享”是建设健康中国的基本路径。外卖的营养教育实践不仅需要政策的外部支持，更需要作为主体的外卖平台转变其发展思维，以提升用户健康为目标，并以此作为外卖产业自身发展的内在需求。从这一发展思路出发，以美团、饿了么为代表的外卖龙头企业开始投入营养健康转型当中，为营养健康教育的实践注入了企业力量，极大地丰富了外卖领域营养健康教育实践的具体形式。

在营养健康促进方面，外卖平台积极开展多种实践活动，加强用户健康饮食意识，促进自身健康转型。从2019年开始，美团外卖利用自身作为服务平台的优势，开展了一系列大数据分析，致力于寻找人们健康饮食问题的缺口，并联合利益相关方共同探讨解决方案。例如，发布《按时吃饭报告》，研究我国居民的饮食现状；发布《外卖包装常识科普》，不断更新面向公众的健康餐饮科普；发布的《轻食消费大数据报告》，联合人民日报健康客户端、健康时报社组织相关领域专家编制的《疫情防控期居民外卖饮食安全与营养指引》；联合10个餐饮品牌与多位营养专家发起“为营养下单”的倡议等，向商户和消费者提供了及时、权威的科学配餐、合理膳食建议等。美团外卖在内部启动了“良食计划”，系统性地规划和推动外卖全产业链条的健康水平，并且还多次发起“健康跑嘉年华”、营养周“为营养下单”等一系列营养健康教育实践活动。2020年6月，美团外卖联合人民日报社《健康时报》共同成立全民健康生活促进研究院，首次将主流媒体、服务平台和知名院士专家整合到一起发挥三方的综合作用，分别从商家、外卖平台、骑手、产业链协同等四个角度出发，联合各方在营养健康、食品安全、心理健康、急救教育、安全用药等方面合作，提升健康供给、建设科普阵地、促进骑手职业健康、引领外卖行业的健康风向。

除此之外，基于当前网络餐饮交易平台点餐的普遍性，有专家提出鼓励在网络点餐、外卖容器上要标注标识营养信息，推动营养健康工作落地①。饿了么、百度外卖在2018年启动了网络订餐菜品营养标识试点。试点城市共有来自30家餐饮企业的1857家商户的餐品进行了营养标识。2018全民营养周期间，中国营养学会和饿了么、百度外卖签署《网络餐饮营养与健康社会共治合作备忘录》，共同展开网络订餐数据的共享和发掘研讨，剖析网络订餐人群的饮食消费方式，评价网络订餐人群的膳食构造与养分摄入情况，给予消费者正确的营养膳食指导，并推动更多餐饮企业参与营养标识试点。外卖的“营养标识”是未来的发展趋势，只有标识和标签明确，消费者对于外卖的安全和营养性才能更加了解，这样才能推动外卖行业的营养健康教育进一步发展。

10.3.2.3 外卖的营养教育改善策略

基于外卖就餐场景下存在的诸多食品安全以及营养健康问题，迫切需要对消费者提供科学、有效且易于理解的营养健康行为教育和指导，从而提高消费者营养健康知识水平，提高其辨别虚假健康知识的能力，引导消费者建立正确的饮食习惯，进而降低外卖就餐给消费者带来的潜在健康风险。外卖领域的营养健康教育改善需要政府、社会、企业以及消费者自身等多方力量的共同努力。

第一，针对外卖产业出台更加细致的营养健康教育保障政策。首先，要强化对外卖行业产业链的市场监管，杜绝食品安全问题发生。严苛的监管是餐饮业的“良心”保证，强有力的惩戒机制能够让经营者产生敬畏之心，不敢违规、不能违规，才能最大限度地杜绝各类违法违规行为。其次，对外卖平台主体责任的设定与落实，需要引导其增加对健康饮食的重视程度，加大对健康饮食的推送力度；对外卖商家进行强制健康教育，提高其营养健康意识，以及保障消费者营养健康方面的责任和能力，同时加强对外卖配送人员的健康监督管理；强制外卖包装注明营养标识，方便消费者准确计量每餐的营养素和能量摄入，进行科学的饮食健康管理。

第二，发动社会非营利机构力量，积极营造人人健康饮食的良好社会氛围。通过引导各种民间组织健康协会的共同参与，壮大营养健康教育实践的参与队伍，助力健康中国2030目标的实现。需要从社会环境出发将人民群众联系起来，通过人际间的交往来传播营养健康相关知识，这有助于人们更好地理解和接受营养健康教育；拥有一定影响力度的社会媒体要

---

① 中国营养协会．助力2018全民营养周：饿了么、百度外卖平台加盟全民营养周“吃动平衡，健康体重”宣教活动，推进外卖餐饮行业健康发展［EB/OL］．［2018－05－18］．https//www.cnsoc.org/scienpopuln/851810201.html.

响应政策号召，助力全民健康素养大幅提高，可以发挥自身优势，加大对社会群众的营养健康知识宣传力度，增加营养健康信息传播渠道，丰富营养信息宣传形式，积极扩大营养信息的宣传范围，将真正科学的营养健康信息尽可能多地传达给消费者。

第三，企业需要肩负自身责任，共同营造健康消费环境。首先，外卖平台要以自身为健康责任主体，积极整治外卖乱象。特别是要激活网络订餐第三方平台的自律监管职责通过平台监管入网商家。例如，在商家准入环节，外卖平台要落实审查责任，确保入网商家具有实体经营门店的资格。在生产环节，平台要加强抽查检测，确保线上线下餐饮服务同标同质，严查“双重标准”。在配送环节，平台要确保送餐人员个人卫生，容器、餐具、包装等无毒、清洁，严控“配送污染”。其次，外卖餐饮企业需要树立健康发展观，目前我国没有相关法律法规明确要求餐饮企业必须聘用营养师，或者规定餐饮食物必须达到某个营养质量，但餐饮企业需要担当起更好地保重消费者健康的责任，做营养健康教育的践行者。

第四，消费者的营养意识需要提高，作为消费者，在进行外卖就餐时，应当更加关注自身的营养需求，减少高糖、高油、高盐食物的摄入，尽量选取食材多样化、营养均衡的餐品，在保证身体正常能量摄入的同时，降低高糖高油高盐食品可能给健康带来的潜在危害。在平时生活中应积极搜寻、了解并掌握更多科学膳食营养知识，可以参考我国居民平衡膳食宝塔中推荐的每日营养素摄入含量，如成年人每人每天摄入谷类200～300g，薯类50～100g；每天蔬菜摄入量至少达到300g，水果200～350g，以提供必要的膳食纤维和微量营养素；适量食用的新鲜的鱼、禽、肉、蛋等动物制品，提供身体必需的优质蛋白质、脂肪和脂溶性维生素，少吃加工类肉制品等；努力保持良好的饮食和生活习惯，维护自身身体健康。

参考文献

[1] Adhikari, M., Paudel, L., Houston, J. E., Paudel, K. P.. The impact of cholesterol information on meat demand: application of an updated cholesterol index [J]. Journal of Food Distribution Research, 2006, 37 (12): 321-324.

[2] Adams, J., Nettle, D.. Time perspective, personality and smoking, body mass, and physical activity: an empirical study. British Journal of Health Psychology, 2009, 14 (1), 83-105.

[3] Alexander, JR., Salovey, P., Antone C.. The Influence of Message Framing on Internet to Perform Health Behaviors. Journal of Experimental Social Psychology, 1993, 39 (5), 408-433.

[4] Alison, F., Hm, V. J. C., Llewellyn, C. H., et al. Nature and nurture in children's food preferences. American Journal of Clinical Nutrition, 2014, 99 (4), 911-917.

[5] An, R., Patel, D., Segal, D., Sturm, R.. Eating Better for Less: A National Discount Program for Healthy Food Purchases in South Africa. American Journal of Health Behavior, 2013, 37 (1), 56-61.

[6] An, R.. Effectiveness of subsidies in promoting healthy food purchases and consumption: a review of field experiments. Public Health Nutrition, 2013, 16 (7), 1215-1228.

[7] Andreyeva, T., Luedicke, J., Middleton, A. E., et al. Positive Influence of the Revised Special Supplemental Nutrition Program for Women, Infants, and Children Food Packages on Access to Healthy Foods. Journal of the Academy of Nutrition and Dietetics, 2012, 112 (6), 850-858.

[8] Asante-Addo, C., Weible, D.. Profiling consumers based on information use and trust in a developing economy. International Journal of Consumer Studies, 2020, 44 (3), 285-295.

[9] Berger. M. C. , Leigh, J. P. . Schooling, Self-Selection, and Health. The Journal of Human Resources, 1989, 24 (3), 433 -455.

[10] Brown, D. J. , Schrader, L. F. . Cholesterol Information and Shell Egg Consumption. American Journal of Agricultural Economics, 1990, 72 (3), 548 -555.

[11] Berning, J. P. , Chouinard, H. H. , Mccluskey, J. J. . Do Positive Nutrition Shelf Labels Affect Consumer Behavior? Findings from a Field Experiment with Scanner Data. American Journal of Agricultural Economics, 2011, 93 (2), 364 -369.

[12] Bollinger, B. , Leslie, P. , Sorensen, A. . Calorie posting in Chain restaurants [J]. American Economic Journal: Economic Policy, 2011, 3 (1): 91 -128.

[13] Barr-Anderson, D. , Larson, N. , Nelson, M. , Neumark-Sztainer, D. , Story, M. . Does television viewing predict dietary intake five years later in high school students and young adults? [J]. International Journal of Behavioral Nutrition and Physical Activity, 2009, 6 (1): 1 -8.

[14] Balcombe, K. , Fraser, I. , Lowe, B. , Souza M. D. . Information customization and food choice [J]. American Journal of Agricultural Economics, 2016, 98: 54 -73.

[15] Becker, G. S. . A Theory of the Allocation of Time. The Economic Journal, 1965, 75 (299), 493 -517.

[16] Behrman, J. R. , Deolalikar, A. B. . Health and nutrition. Handbook of Development Economics, 1988.

[17] Barreiro-Hurlé, J. , Gracia, A. , De-Magistris, T. . Does Nutrition Information on Food Products Lead to Healthier Food Choices? Food Policy, 2010, 35 (3), 221 -229.

[18] Bundorf, M. K. , Wagner, T. H. , Singer, S. J. , Baker, L. C. . Who Searches the Internet for Health Information? Health Services Research, 2006, 41 (3pl), 819 -836.

[19] Besler, HT. , Buyuktuncer, Z. , Uyar, MF. . Consumer understanding and use of food and nutrition labeling in Turkey. Journal of Nutrition Education and Behavior, 2012, 44 (6), 584 -591.

[20] Bolin, JH. . Introduction to Mediation, Moderation, and Conditional Process Analysis: A Regression-based Approach. Journal of Education meas-

urement, 2014, 51 (3), 335 -337.

[21] Bornemann, T., Homburg, C.. Psychological distance and the dual role of price. Journal of Consumer Research, 2011, 38 (3), 490 -504.

[22] Bae, S. G., Kim, J. Y., Kim, K. Y., et al. Changes in Dietary Behavior Among Adolescents and Their Association With Government Nutrition Policies in Korea, 2005 - 2009. Journal of Preventive Medicine and Public Health, 2012, 45 (1), 47 -59.

[23] Ball, K., Jeffery, R, W., Abbott, G., et al. Is healthy behavior contagious: associations of social norms with physical activity and healthy eating. International Journal of Behavioral Nutrition and Physical Activity, 2010, 7 (1), 86.

[24] Baviera-Puig, A., Montero-Vicente, L., Escribá - Pérez, C., et al. Analysis of chicken and turkey meat consumption by segmentation of Spanish consumers using food-related lifestyle. Spanish Journal of Agricultural Research, 2021, 19 (1), e0101.

[25] Birch, D.. Modular food-related lifestyle: A new instrument for consumer segmentation in food marketing. International Food Marketing Research Symposium, 2017.

[26] Bollinger, B., Leslie, P., Sorensen, A.. Calorie posting in Chain restaurants. American Economic Journal: Economic Policy, 2011, 3 (1), 91 -128.

[27] Chang, J. B., Moon, W., Balasubramanian, S. K.. Consumer valuation of health attributes for soy-based food: A choice modeling approach [J]. Food Policy, 2012, 37: 335 -342.

[28] Chou, S. Y., Rashad, I., Grossman, M.. Fast-food restaurant advertising on television and its influence on childhood obesity [J]. Journal of Law and Economics, 2008, 51: 599 -618.

[29] Cheng, G., Duan, R., Kranz, S., et al. Development of a dietary index to assess overall diet quality for Chinese school-aged children: the Chinese children dietary index. Journal of the Academy of Nutrition and Dietetics, 2016, 116, 608 -617.

[30] Cutler, D. M., Lleras-Muney, A.. Understanding Differences in Health Behaviors by Education. Journal of Health Economics, 2010, 29, 1 - 28.

[31] Celsi, R. L., Olson, J. C.. the Role of Involvement in Attention and Comprehension Processes. Journal of Consumer Research, 1988, 15 (2), 210-224.

[32] Chern, W., Zuo, J.. Impacts of Fat and Cholesterol Information on Consumer Demand: Application of News Indexes. Working Paper: AEDE-WP-0043-06, 2006.

[33] Cha, E., Kim, KH., Lerner, HM., Dawkins, CR., Bello, MK., Umpierrez, G., Dunbar, SB.. Health literacy, self-efficacy, food label use, and diet in young adults. Am J Health Behav, 2014, 38 (3), 331-9.

[34] Cecchini, M., Warin, L.. Impact of food labelling systems on food choices and eating behaviours: a systematic review and meta-analysis of randomized studies. Obes Rev. 2016, 17 (3), 201-10.

[35] Creswell, J.. Is It 'Natural'? Consumers, and Lawyers, Want To Know. New York Times, 2018.

[36] Cadario, R., Chandon, P.. Viewpoint: Effectiveness or consumer acceptance? Tradeoffs in selecting healthy eating nudges. Post-Print, 2019.

[37] Chen, X., Jahns, L., Gittelsohn, J.. Who is missing the message? Targeting strategies to increase food label use among US adults. Public Health Nutrition, 2012, 15 (5), 760-772.

[38] Cheng, FF., Wu, CS.. Debiasing The Framing Effect: The Effect of Warning and Involvement. Decision Support System, 2010, 49 (3), 328-334.

[39] Churchill, S., Pavey, L.. Promoting fruit and vegetable consumption: The role of message framing and autonomy. British Journal of Health Psychology, 2013, 18 (3), 610-622.

[40] Claeys, AS., Cauberghe, V.. What Makes Crisis Response Strategies Work? The Impact of Crisis Involvement and Message Framing. Journal of Business Research, 2014, 67 (2), 182-189.

[41] Cauwenberghe, E. V., Maes, L., Spittaels, H., et al. Effectiveness of school-based interventions in Europe to promote healthy nutrition in children and adolescents: systematic review of published and 'grey' literature. British Journal Of Nutrition, 2010, 103 (6), 781-797.

[42] Contento, I. R., Randell, J. S., Basch, C. E.. Review and Analysis of Evaluation Measures Used in Nutrition Education Intervention Re-

search. Journal of Nutrition Education & Behavior, 2002.

[43] Drichoutis, A. C., Lazaridis, P., Nayga, R. M.. Nutrition Knowledge and Consumer Use of Nutritional Food Labels. European Review of Agricultural Economics, 2005, 32 (1), 93 - 118.

[44] Dassen, F. C., Houben, K., Jansen, A.. Time orientation and eating behavior. Unhealthy eaters consider immediate consequences, while healthy eaters focus on future health. Appetite, 2015, 91, 13 - 19.

[45] Dogan, M., Erdogan, BZ.. Effects of congruence between individuals and hotel commercials construal levels on purchase intentions. Journal of Hospitality Marketing & Management, 2020, 29 (8), 987 - 1007.

[46] Dweck, CS., Leggett, EL.. A social-cognitive approach to motivation and personality. Psychological Review, 1988, 95, 256 - 273.

[47] Drewnowski, A., Hann, C.. Food preferences and reported frequencies of food consumption as predictors of current diet in young women. American Journal of Clinical Nutrition, 1999, 70 (1), 28.

[48] Emery, S. L., Szczypka, G., Powell, L. M., Chaloupka, F. J.. Public health obesity-related TV advertising: lessons learned from tobacco [J]. American Journal of Preventive Medicine, 2007, 33 (4, Supplement): S257 - S63.

[49] Epstein, S.. Cognitive-Experiential Self-Theory of Personality. Handbook of Psychology, 2003, 5, 159 - 184.

[50] Fuchs, V. R.. Time Preference and Health: An Exploratory Study. NBER Chapters, 1982, 93 - 120.

[51] Fletchera, J. M., Frisvoldb, D. E.. Higher Education and Health Investments: Does More Schooling Affect Preventive Health Care Use? Journal of Human Capital, 2009, 3 (2), 144 - 176.

[52] Fern, E. B., Heribert, W., Barclay, D. V., et al. The Nutrient Balance Concept: A New Quality Metric for Composite Meals and Diets. Plos One, 2015, 10 (7), e0130491.

[53] Feick, L., Herrmann, R.. Search for Nutrition Information: A Probit Analysis of the Use of Different Information Sources. Journal of Consumer Affairs, 1986, 20 (2), 173 - 192.

[54] Freitas, AL., Langsam, KL., Clark, S., Moeller, SJ.. Seeing oneself in one's choices: Construal level and self-pertinence of electoral and

consumer decisions. Journal of Experimental Social Psychology, 2008, 44 (4), 1174 -1179.

[55] Funk, A., Sütterlin, B., Siegrist, M.. Consumer segmentation based on Stated environmentally-friendly behavior in the food domain. Sustainable Production and Consumption, 2021, 25, 173 -186.

[56] Ford, E. S., Dietz, W. H.. Trends in energy intake among adults in the United States: findings from NHANES. American Journal of Clinical Nutrition, 2013, 97 (4), 848 -853.

[57] Gracia, A., Loureiro, M. L., Nayga, R. M.. Consumers' valuation of nutritional information: A choice experiment study [J]. Food Quality and Preference, 2009, 20: 463 -471.

[58] Grossman, M.. The Correlation between Health and Schooling. Household Production and Consumption, 1976, 147 -224.

[59] Grossman, M.. On the Concept of Health Capital and the Demand for Health. Journal of Political Economy, 1972, 80 (2), 223 -255.

[60] Gao, Z., Yu, X., Lee, J. - Y.. Consumer Demand for Diet Quality: Evidence from the Healthy Eating Index. Australian Journal of Agricultural and Resource Economics, 2013, 57 (3), 301 -319.

[61] Gil JM, Gracia A, Prez LPY. Food consumption and economic development in the European Union [J]. European Review of Agricultural Economics, 1995 (3): 385 -389.

[62] Grunert, K. G., Fernández-Celemín, L., Wills, J. M., Bonsmann, S.. Use and understanding of nutrition information on food labels in six European countries [J]. Journal of Public Health, 2010 (3): 261 -277.

[63] Gracia, A., Loureiro, M. L., Nayga, R. M.. Consumers' valuation of nutritional information: A choice experiment study [J]. Food Quality and Preference, 2009, 20: 463 -471.

[64] Grossman, M., Kaestner, R.. Effects of Education on Health. Paper presented at conference "Social Benefits of Education: Can They Be Measured?" Meridian International Center, Washington DC, 1995.

[65] Gedrich, K., Karg, G.. Dietary Habits of German VS Non-German Residents in Germany. Culinary Arts and Sciences III-Global and National Perspectives, 2001, 419 -428.

[66] Guenther, P. M., Casavale, K. O., Reddy, J., Kirkpatrick,

S. I. , Hiza, H. A. B. , Kuczynski, K. J. , Krebs-Smith, S. M. . Update of the Healthy Eating Index: HEI -2010. Journal of the Academy of Nutrition and Dietetics, 2013, 113 (4), 569 -580.

[67] Guenther, P. M. , Reedy, J. , Krebs-Smith M. , S. . Development of the Healthy Eating Index - 2005. Journal of the American Dietetic Association, 2008, 108 (11), 1896 -1901.

[68] Gorski Findling, M. T. , Werth, P. M. , Musicus, A. A. , et al. . Comparing five front-of-pack nutrition labels 'influence on consumers' perceptions and purchase intentions. Preventive Medicine, 2018, 106, 114 -121.

[69] Graham, DJ. , Heidrick, C. , Hodgin, K. . Nutrition Label Viewing during a Food-Selection Task: Front-of-Package Labels vs Nutrition Facts Labels. J Acad Nutr Diet. , 2015, 115 (10), 1636 -46.

[70] Givens, DI. . Milk and meat in our diet: good or bad for health?. Animal, 2010, 4 (12), 41 -52.

[71] Gong, XX. , Jiang, XT. . Understanding consumer impulse buying in livestreaming commerce: The product involvement perspective. Frontiers in Psychology, 2023, 14.

[72] Green, R. , Cornelsen, L. , Dangour, A. D. , et al. The effect of rising food prices on food consumption: systematic review with meta-regression. BMJ, 2013, 346 (jun17 1), f3703.

[73] Haveman, R. H. , Wolfe, B. L. . Schooling and Ecoomic Well Being: the Role of Nonmanrket Effect. The Journal of Human Resources, 1984, 19 (3), 377 -407.

[74] Huang, W. . Understanding the Effects of Education on Health: Evidence from China. IZA Discussion Papers, No. 9225, 2015.

[75] Harris, J. L. , Bargh, J. A. , Brownell, K. D. . Priming effects of television food advertising oneating behavior [J]. Health Psychology, 2009, 28 (4): 404.

[76] Haines, P. S. , Popkin, B. M. , Guilkey, D. K. . Modeling Food Consumption Decisions As a Two-step Process. American Journal of Agricultural Economics, 1988, 70 (3), 543 -552.

[77] Haines, P. S. , Popkin, B. M. . The Diet Quality Index Revised: a Measurement Instrument for Populations. Journal of the American Dietetic Association, 1999, 99 (6), 697 -704.

[78] Hawley, K. L., Roberto, C. A., Bragg, M. A., et al.. The science on front-of-package food labels. Public Health Nutrition, 2013, 16 (3), 430 - 439.

[79] Hare, TA., Camerer, CF., Rangel, A.. Self-control in decision-making involves modulation of the vmpfc valuation system. Science, 2009, 324 (5927), 46 - 84.

[80] Henderson, M. D.. Mere physical distance and integrative agreements: When more space improves negotiation outcomes. Journal of Experimental Social Psychology, 2011, 47 (1), 7 - 15.

[81] Hsu, T., Lee.. The Refinement of Measuring Consumer Involvement-an Empirical Study. Competitiveness Review, 2003, 13 (1), 56 - 65.

[82] Hawkes, C., Thow, A. M., Downs, S. M.. Identifying effective food systems solutions for nutrition and non-communicable diseases: Examples from the fats supply chain. SCN News, 2013.

[83] Iii, V. L. F., Keast D. R.. Drewnowski A. Development and Validation of the Nutrient-Rich Foods Index: A Tool to Measure Nutritional Quality of Foods. Journal of Nutrition, 2009, 139 (8), 1549 - 1554.

[84] Ippolito, P. M., Mathios, A. D.. Information and Advertising: The Case of Fat Consumption in the United States. The American Economic Review, 1995, 85 (2), 91 - 95.

[85] Ikonen, I., Sotgiu, F., Aydinli, A.. Consumer effects of front-of-package nutrition labeling: an interdisciplinary meta-analysis. Journal of the Acad. Mark. Sci, 2020, 48 (3), 360 - 383.

[86] Jesús Barreiro-Hurlé, Gracia, A., De-Magistris, T.. Does nutrition information on food products lead to healthier food choices? [J]. Food Policy, 2010, 35 (3): 221 - 229.

[87] Julia, C., Etilé, F., Hercberg, S.. Front-of-pack Nutri-Score labelling in France: an evidence-based policy. Lancet Public Health, 2018, 3 (4), 164.

[88] Jia, YH., Tian, j., Liu, HY.. The Roles of Mental Construal Level Theory in the Promotion of University Students' Pro-Environmental Behaviors. Frontiers in Psychology, 2021, 28 (10), 253 - 261.

[89] Joireman, J., Strathman, A., Balliet, D., Shaffer, MJ.. Promotion orientation explains why future-oriented people exercise and eat healthy:

evidence from the two-factor consideration of future consequences – 14 scale. Personality and Social Psychology Bulletin, 2012, 38 (10), 12 –32.

[90] Jaeger, S. R., Roigard, C. M., et al. Perceived situational appropriateness for foods and beverages: consumer segmentation and relationship with stated liking. Food Quality and Preference, 2019, 78.

[91] Jensen, J. D., Smed, S.. The Danish tax on saturated fat. Short run effects on consumption and consumer prices of fats [J]. IFRO Working Paper, 2012, 42 (2), 18 –31.

[92] Kim, S. R., Chern, W. S.. Alternative measures of health information and demand for fats and oils in Japan [J]. Journal of Consumer Affairs, 1999, 33: 92 –109.

[93] Kaabia, M. B.. Health information and the demand for meat in Spain [J]. European Review of Agriculture Economics, 2001, 28: 499 –517.

[94] Kiesel, K., Villas-Boas, S. B.. Can Information Costs Affect Consumer Choice? NutritionalLabels in a Supermarket Experiment. International Journal of Industrial Organization, 2013, 31 (2), 153 –163.

[95] Kemptner, D., Jürges, H., Reinhold, S.. Changes in Compulsory Schooling and the Causal Effect of Education on Health: Evidence from Germany. Journal of Health Economics, 2011, 30 (2), 340 –354.

[96] Kenkel, D. S.. Health Behavior, Health Knowledge and Schooling. Journal of Political Economy, 1991, 99 (2), 287 –305.

[97] Kennedy, E., Ohls, J., Carlson, S., Fleming, K.. The Healthy Eating Index: Design and Applications. Journal of the American Dietetic Association, 1995, 95 (2), 1103 –1109.

[98] Kang, HT., Shim, JY., Lee, YJ., et al.. Reading nutrition labels is associated with a lower risk of metabolic syndrome in Korean adults: the 2007 –2008 Korean NHANES. Nutrition, Metabolism, and Cardiovascular Diseases: NMCD, 2013, 23 (9), 876 –882.

[99] Kahneman, D., Tversky, A.. Prospect Theory-Analysis of decision under risk. Econometrica, 1979.

[100] Kain, J., Leyton, et al. Two-year controlled effectiveness trial of a school-based intervention to prevent obesity in Chilean children. public health nutrition, 2009.

[101] Lusk, J. L., Fields, D., Prevatt, W.. An incentive compatible conjoint ranking mechanism [J]. American Journal of Agricultural Economics, 2008, 90: 487-498.

[102] Lleras-Muney, A., Lichtenberg, F.. The Effect of Education on Medical Technology Adoption: Are the More Educated More Likely to Use New Drugs? National Bureau of Economic Research, 2002, w9185, 1-47.

[103] Liaukonyte, J., Rickard, B. J., Kaiser, H. M.. Economic and health effects of fruit and vegetable advertising: evidence from lab experiments [J]. Food Policy, 2012, 37 (5): 543-553.

[104] Liu, R., Hoefkens, C., Verbeke, W.. Chinese Consumers' Understanding and Use of a Food Nutrition Label and Their Determinants. Food Quality and Preference, 2015, 41, 103-111.

[105] Link, B. G., Phelan, J. C.. Understanding Sociodemographic Differences in Health: The Role of Fundamental Social Causes. American Journal of Public Health, 1996, 86 (4), 471-473.

[106] Lancaster, K. J.. A New Approach to Consumer Theory. Journal of Political Economy, 1966, 74 (2), 132-157.

[107] Luce, R. D.. On the possible psychophysical laws. Psychological Review, 1959, 66 (2), 81-95.

[108] Lee, AY., Keller, PA., Sternthal, B.. Value from regulatory construal fit: The persuasive impact of fit between consumer goals and message concreteness. Journal of Consumer Research, 2010, 36 (5), 735-747.

[109] Levin, IP., Schneider, SL., Graeth, GJ.. All Frames Are Not Created Equal: A Typology and Critical Analysis of Framing Effects. Organizational Behavior and Human Decision Process, 1998, 76 (2), 149-188.

[110] Liberman, N., Trope, Y.. The role of feasibility and desirability considerations in near and distant future decisions: A test of temporal construal theory. Journal of Personality and Social Psychology, 1998, 75 (1), 5-18.

[111] Lii, YS., Chien, CS., Pant, A., Lee, M.. The challenges of long-distance relationships: The effects of psychological distance between service provider and consumer on the efforts torecover from service failure. Journal of Applied Social Psychology, 2013, 43 (6), 1121-1135.

[112] Liu, QH., Zhang, XY., Huang, S., Zhang, LY., Zhao, Y.. Exploring Consumers' Buying Behavior in a Large Online Promotion Activity:

The Role of Psychological Distance and Involvement. Journal of Theoretical And Applied Electronic Commerce Research, 2019, 15 (1), 66 – 80.

[113] Luan, J., Filieri, R., Xiao, J., Sun, Y.. Consumer-brand relationships and social distance: A construal level theory perspective. Psychology & Marketing, 2023.

[114] Lusk, JL., Briggeman, BC.. Food values. American Journal of Agricultural Economics, 2011, 45 (1), 345 – 350.

[115] Lynch, John G., Jr. Zauberman, Gal., Construing consumer decision making. Journal of Consumer Psychology, 2007, 17 (2), 107 – 112.

[116] Lazzarini, G. A., Visschers, V. H. M., Siegrist, M.. How to improve consumers' environmental sustainability judgements of foods. Journal of Cleaner Production, 2018, 198 (PT. 1 – 1652), 564 – 574.

[117] Mocan, N., Altindag, D. T.. Education, Cognition, Health Knowledge, and Health Behavior. Koç University-TÜSİAD Economic Research Forum Working Paper Series, No. 1310, 2013.

[118] Monteiro, C. A., Conde, W. L., Popkin. B. M.. Independent Effects of Income and Education on the Risk of Obesity in the Brazilian Adult Population. The Journal of Nutrition, 2001, 131 (3), 881 – 886.

[119] Madden, J. P., Yoder, M. D.. Program Evaluation: Food Stamps and Commodity Distribution in Rural Areas of Central Pennsylvania. Department of Agricultural Economics and Rural Sociology, The Pennsylvania State University, College of Agriculture, 1971.

[120] Mitchell, V. – W., Boustani, P.. The Effects of Demographic Variables on Measuring Perceived Risk. In Proceedings of the 1993 Academy of Marketing Science (AMS) Annual Conference, 1993, 26, 663 – 669.

[121] McFadden, D., Train, K.. Mixed MNL models for discrete response. Journal of Applied Econometrics, 2000, 15 (5), 447 – 470.

[122] Maganja, D., Buckett, K., Stevens, C., Flynn, E.. Consumer choice and the role of front-of-pack labelling: the Health Star Rating system. Public Health Res Pract, 2019, 29 (1), 2911909.

[123] Meas, T., Hu, W., Batte, M. T., et al.. Substitutes or Complements? Consumer Preference for Local and Organic Food Attributes. American Journal of Agricultural Economics, 2014, 97 (4), 1044 – 1071.

[124] Mai, R., Hoffmann, S.. Taste lovers versus nutrition fact seek-

ers: how health consciousness and self-efficacy determine the way consumers choose food products. Journal of Consumer Behaviour, 2012, 11 (4), 316-328.

[125] Mcelroy, JC., Hendrickson, AR., Townsend, AM., DeMarie, SM.. Dispositional factors in internet use: personality versus cognitive style. Mis Quarterly, 2007, 31 (4), 809-820.

[126] Matthieu, M., Nicole, D., Adam, D.. Are the lowest-cost healthful food plans culturally and socially acceptable? Public Health Nutrition, 2010, 13 (8), 1178-1185.

[127] NiMC, Eyles, H., Jiang, Y.. Do nutrition labels influence healthier food choices? Analysis of label viewing behaviour and subsequent food purchases in a labelling intervention trial. Appetite, 2018, 121, 360.

[128] Ni Mhurchu, C., Eyles, H., Jiang, Y., Blakely, T.. Do nutrition labels influence healthier food choices? Analysis of label viewing behavior and subsequent food purchases in a labelling intervention trial. Appetite, 2018, 121, 360-365.

[129] Nyilasy, G., Lei, J., Nagpal, A., Tan, J.. Color correct: the interactive effects of food label nutrition coloring schemes and food category healthiness on health perceptions. Public Health Nutr, 2016, 19 (12), 2122-7.

[130] Nan, XL., Iles, L., Ma, ZX.. Impact of Self-Affirmation on Responses to Health Warning Messages: Does Consideration of Future Consequences Matter? Health Communication, 2021.

[131] Nie, C., Zepeda, L.. Lifestyle segmentation of US food shoppers to examine organic and local food consumption. Appetite, 2011, 57 (1), 28-37.

[132] Nnoaham, K. E., Sacks, G., Rayner, M., et al. Modelling income group differences in the health and economic impacts of targeted food taxes and subsidies. International Journal of Epidemiology, 2009, 38 (5), 1324-1333.

[133] Ollberding, N. J., Wolf, R. L., Contento, I.. Food Label Use and Its Relation to Dietary Intake among US Adults. Journal of the American Dietetic Association, 2010, 110 (8), 1233-1237.

[134] Øvrum, A., Alfnes, F., Almli, V. L., Rickertsen, K.. Health

information and diet choices: Results from a cheese experiment [J]. Food Policy, 2012, 37, 520 -529.

[135] Orquin, J. L. , Scholderer, J.. Consumer judgments of explicit and implied health claims on foods: Misguided but not misled. Food Policy, 2015, 144 -157.

[136] Oenema, A. , Brug, J. , Lechner, L.. Web-based tailored nutrition education: results of a randomized controlled trial. Health Education Research, 2001, 16 (6), 647 -660.

[137] Popkin, B. M. , Kim, S. , Rusev, E. R. , Du, S. , Zizza, C.. Measuring the Full Economic Costs of Diet, Physical Activity and Obesity-Related Chronic Diseases. Obesity Reviews, 2006, 7 (3), 271 -293.

[138] Popkin, B. M.. Nutritional Patterns and Transitions. Population and Development Review, 1993, 19 (1), 138 -157.

[139] Popkin, B. M.. Global Nutrition Dynamics: the World is Shifting Rapidly Toward a Diet Linked With Noncommunicable Diseases. The American Journal of Clinical Nutrition, 2006, 84, 289 -298.

[140] Popkin, B. M. , Zizza, C. , Siega-riz, A. M.. Who Is Leading the Change? U. S. Dietary Quality Comparison Between 1965 and 1996. American Journal of Preventive Medicine, 2003, 25 (1), 1 -8.

[141] Patterson, R. E. , Haines, P. S. , Popkin, B. M.. Diet Quality Index: Capturing a Multidimensional Behavior. Journal of the American Dietetic Association, 1994, 94 (1), 57 -64.

[142] Palanisamy, R. , Wong.. Impact of Online Consumer Characteristics on Web-Based Banner Advertising Effectiveness. Global Journal of Flexible Systems Management, 2003, 4 (2), 15 -25.

[143] Piko, BF. , Brassai, L.. The role of individual and familial protective factors in adolescents'diet control. Journal of Health Psychology, 2009, 14 (6), 810 -819.

[144] Poushneh, A.. How close do we feel to virtual product to make a purchase decision? Impact of perceived proximity to virtual product and temporal purchase intention. Journal of Retailing And Consumer Services, 2021, 63.

[145] Preacher, K. J. , Rucker, DD. , Hayes, AF.. Assessing Moderated Mediation Hypotheses: Theory, Methods, Prescriptions. Multivariate Behavioral Research, 2007, (42), 185 -227.

[146] Perdana, H. H., Hermiatin, F. R., Perdana, T., et al. Consumer Segment Based on Food Quality Dimension. Journal of Southwest Jiaotong University, 2021, 56 (2), 512-523.

[147] Rusmevichientong, P., Streletskaya, N. A., Amatyakul, W., Kaiser, H. M.. The Impact of Food Advertisements on Changing Eating Behaviors: An Experimental Study. Food Policy, 2014, 44, 59-67.

[148] Ross, C. E., Wu, C.. The Links Between Education and Health. American Sociological Review, 1995, 60 (5), 719-745.

[149] Roosen, J., Marette, S., Blanchemanche, S., Verger, P.. Does health information matter for modifying consumption? A field experiment measuring the impact of risk information on fish consumption [J]. Review of Agricultural Economics, 2009, 31: 2-20.

[150] Roberto, C. A., Shivaram, M., Martinez, O., et al.. The smart choices front-of-package nutrition label: Influence on perceptions and intake of cereal. Appetite, 2012 (58), 651-657.

[151] Rimpeekool, W., Yiengprugsawan, V., Kirk, M., et al.. Nutrition label experience, obesity, high blood pressure, and high blood lipids in a cohort of 42, 750 Thai adults. PLoS One, 2017, 12 (12).

[152] Reyes, M., Garmendia, M. L., Olivares, S., et al.. Development of the Chilean front-of-package food warning label. BMC Public Health 19, 2019.

[153] Robinson, T. N., Borzekowski, D., Matheson, D. M., et al. Effects of Fast Food Branding on Young Children's Taste Preferences. Arch Pediatr Adolesc Med, 2007, 161 (8), 792-797.

[154] Ruhm, C. J.. Understanding overeating and obesity. Journal of Health Economics, 2012, 31 (6), 781-796.

[155] Schultz, T.. The Value of the Ability to Deal with Disequilibria. Journal of Economic Literature, 1975, 13 (3), 827-846.

[156] Shimokawa, S.. When Does Dietary Knowledge Matter to Obesity and Overweight Prevention? Food Policy, 2013, 38 (1), 35-46.

[157] Shiratori, S., Kinsey, J.. Media Impact of Nutrition Information on Food Choice. Annual Meeting of Agricultural and Applied Economics Association, July 24-26, 2011, 1-22.

[158] Stigler, G. J.. The Economics of Information. Journal of Political

Economy, 1961, 69 (3), 213 - 225.

[159] Shangguan, S., Afshin, A., Shulkin, M., et al.. Food PRICE (Policy Review and Intervention Cost-Effectiveness) Project. A Meta-Analysis of Food Labeling Effects on Consumer Diet Behaviors and Industry Practices. Am J Prev Med, 2019, 56 (2), 300 - 314.

[160] Satia, JA., Galanko, JA., Neuhouser, ML.. Food nutrition label use is associated with demographic, behavioral, and psychosocial factors and dietary intake among African Americans in North Carolina. Journal of the American Dietetic Association, 2005, 105 (3), 392 - 402.

[161] Septianto, F., Lee, MWS., Putra, PG.. Everyday "low price" or everyday "value"? The interactive effects of framing and construal level on consumer purchase intentions. Journal of Retailing And Consumer Services, 2021, 58.

[162] Sullivan, N., Hutcherson, C., Harris, A., Rangel, A.. Dietary self-control is related to the speed with which attributes of healthfulness and tastiness are processed. Psychological, Science, 2015, 26 (2), 122 - 134.

[163] Sprotles, G. B., Kendall, E. L.. A Methodology for Profiling Consumers' Decision-Making Styles. Journal of Consumer Affairs, 2010, 20 (2), 267 - 279.

[164] Strupat, C., Farfán, G., Moritz, L., et al. Obesity and Food away from home: What drives the socioeconomic gradient in excess body weight? Economics & Human Biology, 2021, 101048.

[165] Todd, J. E., Variyam, J. N.. The decline in consumer use of food nutrition labels, 1995 - 2006 [R]. Washington DC: U. S. Department of Agriculture, Economic Research Service, Technical Report, 2008, No. 63.

[166] Tonsor, G. T., Mintert, J. R., Schroeder, T. C.. U. S. meat demand: Household dynamics and media information impacts [J]. Journal of Agricultural and Resource Economics, 2010, 35: 1 - 17.

[167] Teisl, M. F., Levy, A. S., Derby, B. M.. The Effects of Education and Information Source on Consumer Awareness of Diet-Disease Relationships. Journal of Public Policy & Marketing, 1999, 18 (2), 197 - 207.

[168] Taylor, C L., Wilkening, V L., How the Nutrition Food Label Was Developed, Part 1: The Nutrition Facts Panel. Journal of the American Dietetic Association, 2008, 108 (3), 437 - 442.

[169] Thagard, P.. Explanatory coherence. Behavioral and Brain Sciences, 1989, 12, 435 - 502.

[170] Trope, Yaacov., Liberman, Nira., Wakslak, Cheryl.. Construal levels and psychological behavior. Journal of Consumer Psychology, 2007, 17 (2), 113 - 117.

[171] Tilles-Tirkkonen, T., Nuutinen, O., Sinikallio, S., et al. Theory-informed nutrition education curriculum Tools For Feeling Good promotes healthy eating patterns among fifth grade pupils: cross-sectional study. Journal of Human Nutrition & Dietetics, 2018.

[172] Todd, J. E., Lisa, M., Biing-Hwan, L.. The impact of food away from home on adult diet quality. Economic Research Report, ERR - 90, Economic Research Service, U. S. Department of Agriculture, 2010.

[173] Ülkümen, G., Cheema, A.. Framing goals to influence personal savings: The role of specificity and construal level. Journal of Marketing Research, 2011, 48 (6), 958 - 969.

[174] Visschers, V. H., Hess, R., Siegrist, M.. Health motivation and product design determine consumers' visual attention to nutrition information on food products [J]. Public Health Nutrition, 2010, 13 (7): 1099 - 106.

[175] Variyam, J. N.. Double Impact: Educational Attainment and the Macronutrient Intake of US Adults. Health, nutrition and food demand, 2003, 53 - 72.

[176] Variyam, J. N., Blaylock, J., Smallwood, D.. Informational Effects of Nutrient Intake Determinants on Cholesterol Consumption. Journal of Agricultural and Resource Economics, 1998, 23 (1), 110 - 125.

[177] Variyam, J. N., Blaylock, J., Smallwood, D.. Information, Endogeneity, and Consumer Health Behavior: Application to Dietary Intakes. Applied Economics, 1999, 31 (2), 217 - 226.

[178] Vargas-Meza, J., Jáuregui, A., Contreras-Manzano, A., et al. Acceptability and understanding of front-of-pack nutritional labels: an experimental study in Mexican consumers. BMC Public Health 19, 2019.

[179] Van Loo, E J., Caputo, V., Nayga, R. M., et al.. Consumers 'Willingness to Pay for Organic Chicken Breast: Evidence from Choice Experiment. Food Quality and Preference, 2011, 22 (7), 603 - 613.

[180] Vaughn, BE., Taraldson, B.. Relationships between neonatal

behavioral organization and infant behavior during the 1st year of life. Infant Behavior & Development, 1980.

[181] Vallacher, RR., Wegner, DM.. What do people think they're doing? Action identification and human behavior. Psychological Review, 1987, 94 (1), 3 - 15.

[182] Vallacher, RR., Wegner, DM.. Levels of Personal Agency: Individual Variation in Action Identification. Journal of Personality and Social Psychology, 1989, 57 (4), 660 - 671.

[183] Vaugh, R.. How Advertising Works: A Planning Model. Journal of Advertising Research, 1980, 20 (5), 27 - 33.

[184] Van't, RJ., Ruiter, RA., Werrjj, MQ.. Self-efficacy moderates message-framing effects: The case of skin-cancer detection. Psychol Health, 2010, 25 (3), 339 - 349.

[185] Van't, Riet, J., Ruiter, RAC., Smerecnik, C., de Vries, H.. Examining the Influence of Self-Efficacy on Message-Framing Effects: Reducing Salt Consumption in the General Population. Basic And Applied Social Psychology, 2010, 32 (2), 165 - 172.

[186] Visschers, V., Hartmann, C., Leins-Hess, R., et al. A consumer segmentation of nutrition information use and its relation to food consumption behaviour. Food Policy, 2013, 42, 71 - 80.

[187] Wisdom, J., Downs, J. S., Loewenstein, G.. Promoting healthy choices: information versus convenience [J]. American Economic Journal: Applied Economics, 2010, 2: 164 - 178.

[188] Wansink, B., Chandon, P.. Can 'low-fat' nutrition labels lead to obesity? [J]. Journal of marketing research, 2006, XLIII (4): 605 - 617.

[189] Watson, W. L., Hughes, C., Chapman, K.. Can front-of-pack labeling schemes guide healthier food choice? Consumer research into shoppers' responses. Asia-Pacific Journal of Clinical Oncology, 2014, 10, 109 - 109.

[190] Wu, G., Liang, LF.. Examining the effect of potential tourists' wine product involvement on wine tourism destination image and travel intention. Current Issues in ourism, 2020, 24 (16), 2278 - 2293.

[191] Wang, Y., Thier, K., Lee, SY., Nan, XL.. Persuasive Effects of Temporal Framing in Health Messaging: A Meta-Analysis. Health

Communication, 2023.

[192] White, K., Macdonnell, R., Dahl, DW.. It's the Mind-set That Matters: The Role of Construal Level and Message Framing in Influencing Consumer Efficacy and Conservation Behaviors. Journal of Marketing Research, 2011, 48 (3), 472 -485.

[193] Wright, S., Manolis, C., Brown, D., Guo, XN., Dinsmore, J., Chiu, ?CY., Kardes, R F.. Construal Level Mind-sets and the Perceived Validity of Marketing Claims. Marketing Letters, 2012, 23 (1): 253 -261.

[194] Yoo, JS., Han, KT., Chung, SH., Park, EC.. Association between awareness of nutrition labeling and high-density lipoprotein cholesterol concentration in cancer survivors and the general population: The Korean National Health and Nutrition Examination Survey (KNHANES) 2010 -2016. BMC Cancer, 2019, 19 (1), 16.

[195] Ye, F., Lord, D.. Comparing three commonly used crash severity models on sample size requirements: Multinomial logit, ordered probit and mixed logit models. Analytic Methods in Accident Research, 2014 (1), 72 -85.

[196] Yaacov, T., Nira, L.. Temporal construal. Psychological Review, 2003, 403 -421.

[197] Yao, FS., Shao, JB., Zhang, H., Is Creative Description Always Effective in PurchaseIntention? The Construal Level Theory as a Moderating Effect. Frontiers in Psychology, 2021, 12 (8), 363 -369.

[198] Zhu, C., Lopez, R. A., Liu, X.. Information cost and consumer choices of healthy foods [J]. American Journal of Agricultural Economics, 2016, 98: 41 -53.

[199] Zimmerman, J. F., Bell, J.. Associations of television content type and obesity in children [J]. American Journal of Public Health, 2010, 100 (2): 334 -340.

[200] Zhai, F., Du, S., Wang, Z., Zhang, J., Du, W., Popkin, B. M.. Dynamics of the Chinese Diet and the Role of Urbanicity, 1991 -2011. Obesity Reviews, 2014, 15 (S1), 16 -26.

[201] Zhu, C., Liu, X., Kydd, J.. Consumer responses to front-of-package labeling in the presence of information spillovers. Food Policy, 2019, 86.

[202] Zhang, D., Li, Y., Wang, G., Moran, AE., Pagán, JA.. Nutrition Label Use and Sodium Intake in the U. S. Am J Prev Med, 2017, 53 (6S2), S220 - S227.

[203] Zhao, XS., Lynch, JR., Chen, Q.. Reconsidering Baron and Kenny: Myths and Truths about Mediation Analysis. Journal of Consumer Research, 2010, 37 (2), 197 - 206.

[204] Wansink, B., Hanks, A. S.. Slim by Design: Serving Healthy Foods First in Buffet Lines Improves Overall Meal Selection. Plos One, 2013, 8 (10), e77055.

[205] Wardle, J., Cooke, L.. Genetic and environmental determinants of children's food preferences. Br J Nutr, 2008, 99 (S1), S15.

[206] 陈雨生，薛晓蕾，冯昕，陈宁．消费者对海产品可追溯信息属性的偏好及支付意愿——基于选择实验的实证分析［J］．宏观质量研究，2019，7（1）：110 - 119.

[207] 陈春明，赵文华，杨正雄，翟屹，武阳丰，孔灵芝．中国慢性病控制中膳食关键因素的研究［J］．中华流行病学杂志，2006，27（9），739 - 743.

[208] 陈卫平，牛明婵．消费者对食品营养标签的使用行为及其影响因素［J］．中国人民大学学报，2009（4）：105 - 113.

[209] 陈强．高级计量经济学及Stata应用（第二版）．北京：高等教育出版社，2014，468 - 481.

[210] 程令国，张晔，沈可．教育如何影响了人们的健康？——来自中国老年人的证据［J］．经济学（季刊），2014，14（1），305 - 330.

[211] 柴俊武，赵广志，何伟．解释水平对品牌联想和品牌延伸评估的影响［J］．心理学报，2011，43（2）：175 - 187.

[212] 陈梁，袁聪医．"现在"还是"未来"？基于时间框架、未来结果的考虑与自我效能的体育锻炼健康传播效果研究［J］．武汉体育学院学报，2022，56（4）：5 - 14.

[213] 陈小芳，汪国成，曾宇谷等．跨理论模型在高血压病人低盐饮食健康教育中的应用［J］．护理研究：下旬版，2011（6）：3.

[214] 代璇，何更生．健康饮食指数与中国膳食平衡指数的比较研究［J］．卫生研究，2009，38（2）：244 - 247.

[215] 段若男，刘言，薛红妹，周雪，成果．膳食整体质量评价方法——膳食指数法［J］．卫生研究，2014，43（4）：653 - 657.

[216] 戴建华，马海云，吴滢滢. 网店信息呈现的框架效应对消费者购买决策的影响研究 [J]. 中国管理科学，2020，28 (3)：152－161.

[217] 邓颖. 心理距离对社会偏好框架效应的影响 [D]. 武汉：华中师范大学，2017.

[218] 杜文雯. 中国成年居民在外就餐变化趋势及对营养状况的影响 [M]. 北京：中国疾病预防控制中心，2014.

[219] 傅利军. 食育与中华饮食文化——专访中国农业大学教授、教育部食品科学营养教学指导委主任李里特 [J]. 食品科学，2013，34 (2)：10－12.

[220] 何婷超，薛勇，焦玮玉，张玉梅，王培玉. 日本膳食模式与健康关系 [J]. 营养学报，2016，38 (4)，318－321.

[221] 何宇纳，张晓勇，Hans Dagevos 等. 食物消费与肥胖——基于食物特点的消费者分层研究 [J]. 中国农村观察，2008，No. 82 (4)：35－40＋61＋81.

[222] 何宇纳，翟凤英，葛可佑. 建立中国膳食平衡指数 [J]. 卫生研究，2005，34 (2)：208－211.

[223] 何宇纳，翟凤英，杨晓光，葛可佑. 修订中国膳食平衡指数 [J]. 营养学报，2009，31 (6)，532－536.

[224] 何宇纳，房玥晖，夏娟. 中国膳食平衡指数的修订：DBI_16 [J]. 营养学报，2018，40 (6)：526－530.

[225] 黄泽颖，黄贝珣. 美国营养事实标签发展经验与启示 [J]. 食品与机械，2021，37 (12)：221－226.

[226] 胡晓云，徐芳. 关于卷入度 (involvement) 问题研究的追踪溯源 [J]. 广告研究 (理论版)，2006 (1)：22－26.

[227] 侯筱蓉，黄成，刘愉等. 基于路径分析的自媒体健康信息扩散模式研究 [J]. 情报科学，2016，34 (9)：6.

[228] 金瑛. 我国居民膳食多样化与营养状况及慢性疾病关系的研究 [D]. 北京，中国疾病预防控制中心营养与食品安全所，2009.

[229] 李军，刘生龙. 教育对健康的影响——基于中国 1986 年义务教育法的实证分析 [J]. 数量经济技术经济研究，2019，36 (6)：117－134.

[230] 李翔，徐迎军，尹世久，高杨. 消费者对不同有机认证标签的支付意愿——基于山东省 752 个消费者样本的实证分析 [J]. 中国软科学，2015 (4)：54－61.

[231] 李翔，赵昕东. 教育如何影响我国老年人健康水平？[J]. 财经研究，2020，46（3）：139－153.

[232] 李黎明，杨梦瑶，李知一. 生命历程视角下教育对健康的影响及其中介机制研究 [J]. 西安交通大学学报（社会科学版），2020，40（6）：69－79.

[233] 李清光. 消费者对食品安全信息搜寻行为的特征分析——基于微博指数与百度指数的分析 [J]. 价格理论与实践，2018（9）：78－81.

[234] 李实，丁赛. 中国城镇教育收益率的长期变动趋势 [J]. 中国社会科学，2003（6），58－72.

[235] 李群峰. 基于分位数回归的面板数据模型估计方法 [J]. 统计与决策，2011（17），24－26.

[236] 李丹，常颖. 理想膳食模式（DDP）——介绍一种评价膳食营养水平的新方法 [J]. 国外医学（卫生学分册），1992（5）：282－285.

[237] 刘华，胡雪枝. 中国城镇居民收入增长对营养需求的影响研究 [J]. 农业技术经济，2013（2），95－103.

[238] 刘扬，邹伟. 收入增长是否一定带来营养改善和营养均衡 [J]. 经济学动态，2011（6），77－81.

[239] 龙菲平，范志红，王璐，余萍. 酸奶产品健康相关信息对各类消费者选购意图的影响 [J]. 中国食物与营养，2013，19（6），48－52.

[240] 李月琳，蔡文娟. 国外健康信息搜寻行为研究综述 [J]. 图书情报工作，2012，56（19），128－132.

[241] 李艳平，何宇纳，翟凤英，杨晓光，胡小琪，赵文华，马冠生. 称重法、回顾法和食物频率法评估人群食物摄入量的比较 [J]. 中华预防医学杂志，2006，40（4），273－280.

[242] 李春雨，赵芳红，贾海先等. 北京市居民食品营养标签素养现状及其影响因素调查分析 [J]. 中国健康教育，2022，38（12）：1133－1138，1143.

[243] 李俊良，唐会周，陈姣姣，王惠群. 贵阳市市售预包装食品营养标签标示现况调查 [J]. 中国食品卫生杂志，2015，27（6）：665－669.

[244] 李翔，徐迎军，尹世久等. 消费者对不同有机认证标签的支付意愿——基于山东省 752 个消费者样本的实证分析 [J]. 中国软科学，2015，（4）：49－56.

[245] 廖宇婷，黄金城，段晓霞等. 成都市快食简餐类外卖商家对营

养标签的认知、行为及态度 [J]. 卫生研究, 2020, 49 (6): 902 - 907.

[246] 刘红艳, 李爱梅, 王海忠, 卫海英. 不同促销方式对产品购买决策的影响——基于解释水平理论视角的研究 [J]. 心理学报, 2012, 44 (8): 1100 - 1113.

[247] 刘曼, 卜秀梅, 刘晓亭等. 基于跨理论模型的家庭访视护理对社区高血压病人低盐饮食依从性的影响 [J]. 护理研究: 下旬版, 2017, 31 (5): 4.

[248] 李里特. “食育”是国民健康的大事 [J]. 中国食物与营养, 2006 (3): 4 - 7.

[249] 刘晓洁. 食育在中国 2019 [M]. 北京: 科学普及出版社, 2020.

[250] 马光荣. 中国大饥荒对健康的长期影响, 来自 CHARLS 和县级死亡率历史数据的证据. 世界经济, 2011 (4), 104 - 123.

[251] 闵师, 白军飞, 仇焕广, 王晓兵. 城市家庭在外肉类消费研究——基于全国六城市的家庭饮食消费调查 [J]. 农业经济问题, 2014, 35 (3): 90 - 95, 112.

[252] 倪国华, 郑风田. 西式快餐、肥胖与公共健康危机———基于行为经济学偏好理论的实证分析 [J]. 中国农村经济, 2011, (9): 37 - 48.

[253] 庞雪, 吕厚超, 华生旭. 延迟满足: 基于未来时间洞察力的自我调节 [J]. 心理科学, 2014, 37 (1): 78 - 82.

[254] 乔田, 段若男, 成果. 修订中国儿童膳食指数 [J]. 营养学报, 2019, 41 (2): 105 - 109.

[255] 沈辰, 沈国际, 吴建寨等. 基于多国数据的食物消费聚类与演化分析 [J]. 中国农业大学学报, 2021, 26 (9): 244 - 256.

[256] 孙路平, 王兴元. 善因营销广告诉求目标框架效应对消费者购买意愿的影响 [J]. 东岳论丛, 2016, 37 (12): 144 - 151.

[257] 孙瑾, 苗盼. 近筹 vs. 远略——解释水平视角的绿色广告有效性研究 [J]. 南开管理评论, 2018, 21 (4): 195 - 205.

[258] 施宝华. 食育: 亟待制定的国策 (上) [J]. 食品工业科技, 2015, 36 (1): 18 - 23.

[259] 苏佳. 日本食育理论体系与实践经验对中国推行食育行动的启示 [J]. 食品与机械, 2021.

[260] 孙香玉. 在外就餐与食品消费结构关系研究——南京城镇居民

的调查［J］. 首都经济贸易大学学报，2010，12（4）：72－79.

［261］孙昕霙，陈雪莹，闵鹤葳等．跨理论模型在社区医生干预2型糖尿病患者饮食行为中的应用效果［J］. 中国健康教育，2022，38（8）：5.

［262］唐海英，崔杉杉，马玲玲．太原市消费者营养标签知识调查及影响因素研究［J］. 中国卫生统计，2014，（2）：217－220.

［263］唐洪涛，刘锐，夏蕊等．国内外食育实践发展现状［J］. 中国食物与营养，2020，26（1）：5－8.

［264］田美娜，张翠，乔晓芳等．2015年河北省18～59岁居民在外就餐行为及其对肥胖的影响［J］. 中国健康教育，2022，38（8）：691－695＋735.

［265］王兴稳，樊胜根，陈志钢．中国西南贫困山区农民膳食营养与其健康人力资本——基于贵州住户调查数据的分析［J］. 南京农业大学学报（社会科学版），2011，11（4），38－45.

［266］王茵，何秀荣．教育能否产生健康收益？——基于倾向分值匹配的异质性分析［J］. 教育与经济，2015（5），55－61.

［267］王爽，陆娟．信息一致性对消费者态度的影响——基于营养标签信息的实证研究［J］. 经济经纬，2012（3）：126－130.

［268］王志刚，许前军．探索农村食品消费结构的转变规律：一个嵌入时间路径的LA/AIDS模型的应用［J］. 数量经济技术经济研究，2012（1）：50－64.

［269］文洪星，韩青，芦千文．食品安全丑闻报道与市场需求结构反应［J］. 经济经纬，2019（6）：133－140.

［270］王崇梁，曹锦丹，王珅等．信息框架对健康风险认知和行为改变决策的影响［J］. 图书情报工作，2020，64（4）：68－77.

［271］王潇．时间洞察力与解释水平对进食冲动的影响［D］. 长沙：湖南师范大学，2016.

［272］肖雪，胡冰川．中国城乡居民食品消费分析——基于QUAIDS模型和EASI模型［J］. 世界农业，2022，No.519（7）：67－81.

［273］薛菲，陈燕．膳食纤维与人类健康的研究进展［J］. 中国食品添加剂，2014（2），208－213.

［274］徐爱萍，何梅，杨月欣．八城市消费者营养标签的认知能力调查［J］. 卫生研究，2010，39（5）：624－625.

［275］叶华，石爽．转型期劳动力的教育差异与健康后果［J］. 中山大学学报（社会科学版），2014，54（4），149－159.

[276] 于晓华，刘畅，曾起艳．百年农民营养与福利变化：测度与政策［J］．农业经济问题，2023，No.521（5）：100－113.

[277] 余明阳，薛可，王爽．风险偏好对感知风险信息劝说效果的影响——基于食品营养标签的实证研究［J］．中国流通经济，2014（6）：82－88.

[278] 尹世久，王一琴，李凯．事前认证还是事后追溯？——食品安全信息标识的消费者偏好及其交互关系研究［J］．中国农村观察，2019（5）：127－142.

[279] 蚁碧珍，杨婷婷，曾健莹．预包装食品营养标签中钠的标示问题分析［J］．食品安全质量检测学报，2021，12（1）：351－354.

[280] 尹业兴，贾晋，申云．中国城乡居民食物消费变迁及趋势分析［J］．世界农业，2020，497（9）：38－46.

[281] 应飞虎．我国食品营养标签制度的理论认知与完善建议［J］．法学，2020，（2）：83－102.

[282] 于航宇，樊永祥，张哲等．中国消费者食品标签认知度调查及食品标签识读习惯研究［J］．中国食品学报，2021，21（6）：380－385.

[283] 余伟萍，毛振福．广告信息框架对有机食品购买意愿的影响机制研究［J］．软科学，2019，33（1）：130－133.

[284] 赵忠，侯振刚．我国城镇居民的健康需求与Grossman模型——来自截面数据的证据［J］．经济研究，2005（10），79－90.

[285] 张宝顺，于林月，陈龙．教育对老年人健康的影响机制研究［J］．西北人口，2020，41（1）：22－31.

[286] 郑淑荣．我国居民油脂摄入现状及对健康的影响．中国食物与营养，2012，18（9），84－88.

[287] 郑志浩．信息对消费者行为的影响：以转基因大米为例［J］．世界经济，2015（9）：144－165.

[288] 张传统，陆娟．食品标签信息对消费者购买决策的影响研究——以婴幼儿食品为例［J］．统计与信息论坛，2012，27（9），106－112.

[289] 曾庆奇，曹望楠，纪颖，常春．五城市居民营养标签阅读及其影响因素研究［J］．卫生研究，2013（4）：600－604.

[290] 张海玲，刘国蓉，孙伟等．北京市昌平区高血压和糖尿病人群预包装食品营养标签知信行调查［J］．中国预防医学杂志，2015，（6）：442－445.

［291］赵雨菡，侯永萍，于晶等．预包装食品标签中常见不合格项分析［J］．食品安全质量检测学报，2021，12（12）：5039－5045.

［292］周莹，谢清心，张林秀等．新冠肺炎疫情对农村居民食物消费的影响——基于江苏省调查数据的实证分析［J］．农业技术经济，2022，（7）：34－47.

［293］张琼芳．互联网餐饮外卖行业现状及发展策略研究［J］．科技创业月刊，2017，30（19）：3.

［294］张容，吴襄仪，朱一民等．就餐地点与儿童肥胖的定性循证研究［J/OL］．中国儿童保健杂志：1－6［2023－04－25］.

［295］朱淑青，张利霞，赵姜楠等．基于跨理论模型的饮食干预对糖尿病前期人群的影响［J］．现代预防医学，2016，43（10）：4.

［296］张慧，徐富明，李彬等．基于健康保健的消息框架效应［J］．心理研究，2014，7（1）：3－9.

［297］张敏，车雨霏，张艳．社交媒体健康信息传播行为研究系统综述［J］．图书馆，2019（5）：9.

［298］张彩萍，白军飞．在外饮食消费决策中的收入效应与时间效应——对北京市居民饮食消费的实证研究［J］．中国软科学，2010（9）：56－65，85.

［299］钟颖琦，黄祖辉．食品安全信息标签猪肉的消费偏好与生产意愿差异研究［J］．农业现代化研究，2022，43（1）：38－47.

附录一：第6章调查问卷

“营养健康信息对食物消费行为的影响”调查问卷

一、营养信息知晓

1. 根据膳食营养专家的建议，下列食物应该多吃？少吃？或者不变？（不变指的是多吃和少吃中间的量）请在右边相应方框内打√。

	多吃	不变	少吃	不知道
蔬菜、水果	□	□	□	□
谷类（米/面/杂粮）	□	□	□	□
鱼、禽、瘦肉	□	□	□	□
奶类、豆制品	□	□	□	□
烹调油、盐	□	□	□	□
油炸食物	□	□	□	□
腌制、熏制食物	□	□	□	□

2. 您知道优质蛋白的主要来源有哪些吗？________【可多选】

A. 五谷杂粮　B. 瘦肉、蛋奶类　C. 蔬菜水果

D. 豆类　E. 不知道

3. 您认为以下哪种食物的胆固醇含量最高？________【单选】

A. 动物肝脏　B. 禽蛋黄　C. 瘦肉

D. 动物脑　E. 不知道

4. 维生素C的主要食物来源是________？【单选】

A. 五谷杂粮　B. 豆类　C. 新鲜蔬菜/水果

D. 肉类　E. 不知道

5. 您认为以下哪种肉类的脂肪含量最高？________【单选】

A. 猪肉　B. 牛羊肉　C. 鱼肉

D. 禽肉　E. 不知道

6. 下列何种食物摄入过多会导致高血压？________【单选】

A. 肉类　B. 食用油　C. 食盐

D. 糖　E. 不知道

7. 成人每日食盐摄入量不要超过多少克？________【单选】

A. 3 克　　B. 6 克　　C. 9 克

D. 12 克　　E. 不知道

8. 您认为下列膳食不当会不会造成健康问题？

（1）肥胖________

A. 会　　B. 不会　　C. 不知道

（2）吃太多胆固醇________

A. 会　　B. 不会　　C. 不知道

（3）吃太多糖或甜食________

A. 会　　B. 不会　　C. 不知道

（4）吃太少膳食纤维________

A. 会　　B. 不会　　C. 不知道

9. 您是否同意下列观点？请在下面相应的方框内打√。

	同意	不同意	不知道
主食吃得越少越好	□	□	□
饮奶有利于预防骨质疏松	□	□	□
吃不同种类的食物对健康有益	□	□	□
蔬菜水果的摄入可影响血压与心血管疾病	□	□	□
脂肪和胆固醇对身体健康有害，应该尽量不吃	□	□	□
应该经常更换烹调油的种类，食用多种植物油	□	□	□
适当多吃白肉对预防血脂异常和心脑血管疾病等具有重要作用	□	□	□

二、营养健康信息搜寻行为

1. 您是否主动去了解膳食营养健康方面的知识或信息________？

A. 总是　　B. 经常　　C. 偶尔

D. 很少　　E. 从不

2. 下面是获得膳食营养信息的不同途径，请勾出您的使用频率。请在相应的分数下打√。

	总是	经常	偶尔	很少	从不
网络	5	4	3	2	1
电视节目（例如养生堂）	5	4	3	2	1
报刊、广播	5	4	3	2	1
政府宣传	5	4	3	2	1

续表

	总是	经常	偶尔	很少	从不
咨询专家	5	4	3	2	1
食品营养标签	5	4	3	2	1
亲朋好友告知	5	4	3	2	1

3. 您认为以上途径获得的膳食营养信息对您的膳食是否有影响？______

A. 非常有影响　　B. 比较有影响　　C. 一般

D. 不太有影响　　E. 完全没影响

4. 如果有影响，请您指出具体的影响有哪些？________【可多选】

A. 更加重视健康均衡饮食

B. 膳食知识增加

C. 生病后会做一些利于康复的食物

D. 膳食习惯改善

E. 平时会利用食疗改善常见病

F. 把自己认为有用的信息推荐给亲朋好友

G. 以上都没有，被动接受

5. 如果有影响，请指出您的膳食具体有哪些变化？在右边相应的方框内打√。

	吃得多了	没变化	吃得少了	尽量不吃
蔬菜、水果	□	□	□	□
谷类（米/面/杂粮）	□	□	□	□
鱼、禽、瘦肉	□	□	□	□
奶类、豆制品	□	□	□	□
烹调油、盐	□	□	□	□
油炸食物	□	□	□	□
腌制、熏制食物	□	□	□	□

6. 根据您自身的情况，是否同意下列说法？请在下面相应的分数下打√。

	完全同意	大部分同意	不确定	小部分同意	完全不同意
和三年前相比，现在的饮食更加健康	5	4	3	2	1
合理食物和营养对维持身体健康有重要作用	5	4	3	2	1

续表

	完全同意	大部分同意	不确定	小部分同意	完全不同意
为了吃的健康，可以不吃或者少吃不健康的食物	5	4	3	2	1
了解怎么吃能促进健康很重要	5	4	3	2	1
想要了解一些营养健康饮食方面的信息	5	4	3	2	1
如果能多获得一些营养健康饮食的信息，就能增长相关知识并且用在生活中	5	4	3	2	1

三、食物消费频率和结构

1. 请您指出下列食物的食用频率。（请将食物相应次数的选项填在下面方框内）

选项：A 每天多次　B. 每天一次　C. 每周 4～6 次　D. 每周 1～3 次　E. 每月 1～3 次　F. 很少或从不

主食（米饭/面条馒头/面包）	蔬菜	水果	畜禽肉	鱼虾等水产品	大豆及豆制品	奶制品	鸡蛋	即食类（方便面、速冻食品、罐头）、快餐

2. 您平均每次五谷杂粮等主食的食用量有多少？________

A. 1～2 两　B. 3～4 两　C. 5～6 两

D. 6 两以上

3. 您平均每次蔬菜的食用量有多少？（参考，一个西红柿为 2～3 两，一个土豆为 4～5 两）________

A. 1～2 两　B. 3～4 两　C. 5～6 两

D. 6 两以上

4. 您平均每次水果的食用量有多少？（参考，一个一般大小的苹果为 200～250 克）________

A. 200 克以下　B. 200～300 克　C. 400～500 克

D. 500 克以上

5. 您平均每次肉类的食用量有多少？________

A. 1 两以下　B. 1～2 两　C. 3～4 两

D. 5～6 两　E. 6 两以上

四、个人基本情况

1. 您的性别________ A. 男　B. 女，年龄________，婚姻状况________ A. 已婚　B. 未婚

2. 您的最高学历________

A. 小学及以下　B. 初中　C. 高中

D. 大专　E. 本科　F. 硕士及以上

3. 您是否有营养学或者医学相关的背景（专业或职业）？________

A. 是　B. 否

4. 您目前从事的行业________

A. 政府机关及事业单位

B. 公司职员

C. 个体工商户、服务业

D. 医生、教师和科技人员

E. 学生

F. 退休人员

G. 其他

5. 家人数量（目前经常与您住在一起的亲人，包含您本人）____人；

A. 1 人　B. 2 人　C. 3 人

D. 4 人　E. 5 人及以上

是否有 6 岁以下的孩子？A. 没有　B. 有，是否有 75 岁及以上的老人？A. 没有　B. 有

6. 您的家庭月收入多少？________

A. 5000 元及以下　B. 5001～7000 元　C. 7001～10000 元

D. 10001～14000 元　E. 14001～18000 元　F. 18001～24000 元

G. 24001～30000 元　H. 30000 元以上

7. 您觉得自身健康状况怎么样？________

A. 非常好　B. 比较好　C. 一般

D. 比较差　E. 非常差

8. 您是否有以下症状？________

A. 高血压　B. 高血脂　C. 糖尿病

D. 心脏病　E. 脑血管疾病　F. 以上都无

9. 您目前的饮食状况如何________？【可多选】

A. 低盐饮食　B. 低糖饮食　C. 低脂肪/低胆固醇饮食

D. 素食主义　E. 无特殊饮食

10. 您经常参加体育锻炼吗（运动，散步等）？________

A. 每天锻炼　　B. 一周几次　　C. 一月几次

D. 很少　　E. 从来不

11. 您吸烟吗？________

A. 是　　B. 否

12. 您的身高________ cm，体重________ kg。

附录二：第7章调查问卷

"食品营养标签对农村居民支付意愿的影响"调查问卷

1. 您是否主动去了解饮食营养健康方面的知识或信息______？【单选】

A. 总是　　B. 经常　　C. 偶尔

D. 很少　　E. 从不

2. 下面是获得饮食营养信息的不同途径，请勾出您的使用频率。【单选】

	总是	经常	偶尔	很少	从不
网络（微信朋友圈、抖音等）	○	○	○	○	○
电视节目（例如养生堂）	○	○	○	○	○
报纸、广播	○	○	○	○	○
政府宣传	○	○	○	○	○
咨询专家	○	○	○	○	○
学校课堂讲解	○	○	○	○	○
亲朋好友告知	○	○	○	○	○

3. 您认为以上途径获得的饮食营养信息对您的日常饮食是否有影响？________【单选】

A. 非常有影响　　B. 比较有影响　　C. 一般

D. 不太有影响　　E. 完全没影响

4. 如果有影响，请您指出具体的影响有哪些？________【可多选】

A. 更加重视健康均衡饮食

B. 膳食知识增加

C. 生病后会做一些利于康复的食物

D. 饮食习惯改善

E. 平时会利用食疗改善常见病

F. 把自己认为有用的信息推荐给亲朋好友

G. 以上都没有

5. 您是否同意下列说法：（请在下面对应的○中打√）

	同意	不同意	不知道
1. 主食吃得越少越好	○	○	○
2. 精米、精面比粗粮、糙米含有更多的维生素和矿物质	○	○	○
3. 吃不同种类的食物对健康有益	○	○	○
4. 脂肪和胆固醇对身体健康有害，应该尽量不吃	○	○	○
5. 应该经常更换烹调油的种类，食用多种植物油	○	○	○
6. 水果和蔬菜可以互相替代，多吃水果就可以少吃蔬菜	○	○	○
7. 适当多吃粗粮有利于避免肥胖和糖尿病等慢性疾病	○	○	○
8. 多吃糖对健康有益	○	○	○
9. 平时吃得过咸容易得高血压	○	○	○
10. 鸡蛋和牛奶是人体优质蛋白的重要来源	○	○	○

6. 您为家庭食物购买的频率如何？________ 【单选】

A. 总是　　B. 经常　　C. 偶尔

D. 很少　　E. 从不

7. 您在决定购买食品时通常考虑哪些因素，请按顺序选出最优先考虑的前三个因素【排序】________

A. 外观和包装　　B. 营养价值　　C. 价格

D. 口味　　E. 是否方便烹饪　　F. 品牌

G. 质量安全

8. 您通常会比较关注哪些食品包装上的内容？【可多选】________

A. 价格　　B. 营养成分与配料表　　C. 生产日期和保质期

D. 生产厂家及品牌　　E. 质量安全认证　　F. 保存方法

G. 以上都不关注

9. 您在购买包装食品时，是否会看食品营养标签（如右图）？________

A. 总是　　B. 经常

C. 偶尔　　D. 很少

E. 从不

每1包装（平均43克）含有	
能量	脂肪
989kJ	14.9g
12%	25%
%营养素参考值	

营养成分表

项目	每100克（g）	NRV%
能量	2301千焦（kJ）	27%
蛋白质	6.7克（g）	11%
脂肪	34.7克（g）	58%
饱和脂肪	21.8克（g）	109%
碳水化合物	55.7克（g）	19%
钠	83毫克（mg）	4%

10. 您在选择某种没吃过的食品时，是否会看食品营养标签？________

A. 总是　　B. 经常　　C. 偶尔

D. 很少　　　　　　E. 从不

11. 您在两种或者更多食品之间做选择时，是否会看食品营养标签？【单选】________

A. 总是　　　　　　B. 经常　　　　　　C. 偶尔

D. 很少　　　　　　E. 从不

12. 您在考虑某种食品是否健康时，是否会看食品营养标签？【单选】________

A. 总是　　　　　　B. 经常　　　　　　C. 偶尔

D. 很少　　　　　　E. 从不

13. 您在选择食品过程中，是否有因为看了营养标签而改变购物决策的经历？【单选】________

A. 总是　　　　　　B. 经常　　　　　　C. 偶尔

D. 很少　　　　　　E. 从不

14. 如果以上情况下您都不看营养标签，原因是什么？【可多选】________

A. 平时很少购买包装食品

B. 购物时间短，没时间看营养成分

C. 没有注意到包装上有营养成分表

D. 看不懂、不理解

E. 食品的营养成分不重要（更看重价格、口味等）

F. 基本了解不同食物的营养成分，不需要看

15. 如果您要购买食用油，以下两种食用油中哪个更最吸引您？请每组选择一个。如果没有，请选择“无”（示例）________

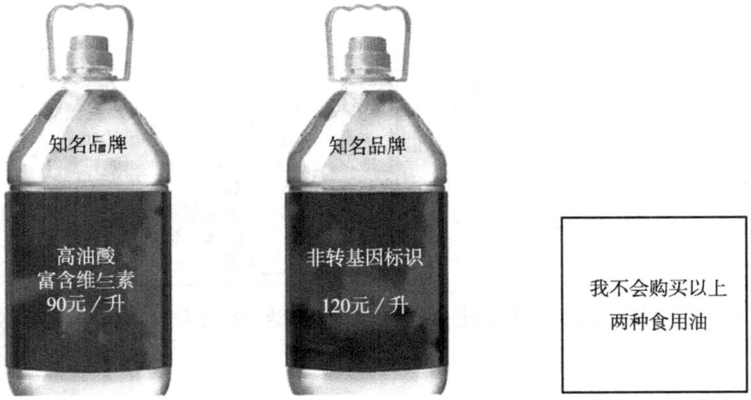

A.　　　　　　B.　　　　　　C.

16. 您的性别是：________

A. 男性　　B. 女性

17. 您的年龄：________

A. 18～20 岁　　B. 20～30 岁　　C. 30～40 岁

D. 40～50 岁　　E. 50～60 岁　　F. 60 岁以上

18. 婚姻状况：________

A. 已婚　　B. 未婚

19. 您的最高学历：________

A. 小学及以下　　B. 初中　　C. 高中

D. 大专　　E. 本科　　F. 研究生及以上

20. 您是否有营养学或者医学相关的背景（专业或职业）？________

A. 是　　B. 否

21. 除了务农以外，您有没有其他职业？________

A. 工厂、企业务工　　B. 个体户　　C. 经营企业

D. 医生、教师等　　E. 干部　　F. 直播带货

G. 无

22. 您的家庭人均月收入：________

A. 2000 元及以下　　B. 2000～4000 元　　C. 4000～6000 元

D. 6000～8000 元　　E. 8000 元以上

23. 您觉得自身健康状况怎么样？________

A. 非常好　　B. 比较好　　C. 一般

D. 比较差　　E. 非常差

24. 您目前的饮食状况如何？________【可多选】

A. 低盐饮食　　B. 低糖饮食　　C. 低脂肪/低胆固醇饮食

D. 素食　　E. 无特殊饮食

25. 您的身高________cm，体重________kg。

附录三：第 8 章调查问卷

“美味 VS 健康：食品信息对消费者行为的影响研究”调查问卷（1）

为了让我们更好地了解您，请先做以下测试。根据您的第一反应选择。比如看到“吃饭”，一些人首先想到的是“获取营养”，另一些人首先想到的是“一日三餐”，您首先想到哪个就勾选哪个，答案无对错之分。（请在○中打√）

1. 吃饭	○获取营养	○一日三餐	14. 洗手	○用水冲洗	○保持清洁卫生
2. 刷牙	○防止蛀牙	○使用牙刷和牙膏	15. 打扫房间	○扫地拖地	○保持干净
3. 打招呼	○见面说“你好”	○展现友善	16. 敲门	○确认是否有人	○敲门板/按门铃
4. 付房租	○交钱	○为了有地方住	17. 看书	○逐字逐句地看	○获得知识
5. 养花	○装饰房间	○定期浇水施肥	18. 洗衣服	○去除污渍	○手洗/洗衣机
6. 列清单	○逐条记录事情	○提高工作效率	19. 测量房间	○准备装修	○使用尺子
7. 补牙	○看牙医	○保护牙齿	20. 粉刷房间	○让房间变好看	○刷油漆
8. 投票	○填写选票	○选优评奖	21. 参军	○保卫国家	○报名
9. 心理测试	○了解自己	○回答问题	22. 拒绝诱惑	○回避拒绝	○展现道德品质
10. 种菜	○耕地施肥	○收获新鲜蔬菜	23. 和孩子交谈	○教孩子知识	○说简单的话
11. 考试	○考察知识水平	○填写考卷	24. 摘苹果	○有水果吃	○从树上摘果子
12. 锁门	○钥匙插进门锁	○保障房屋安全	25. 自驾游	○导航到达目的地	○欣赏自然景色
13. 照相	○记录风景/人物	○用相机、手机拍照			

感谢您完成上述问卷，调查的第二部分我们想了解您对目前市场上一款食品的购买意愿。请假设您正在选购一款饼干，看到某品牌饼干的广告如下：“低 GI，零蔗糖，高膳食纤维”。

1. 您是否能够理解这则广告信息？________

A. 完全不理解　　B. 大部分不理解　　C. 不确定

D. 大部分理解　　E. 完全理解

2. 您是否愿意购买该饼干？________

A. 肯定不买　　B. 不太可能买　　C. 不确定

D. 可能会买　　E. 一定会买

3. 看了这个广告，根据您的感觉，这款饼干健康还是不健康？______

A. 非常不健康　　B. 不太健康　　C. 不确定

D. 比较健康　　E. 非常健康

感谢您完成上述问卷，调查的第三部分我们想了解您对不同食物的偏好。

请根据您的喜欢程度对下列食物打分，在相应分数打√。

	1. 很不喜欢	2. 不喜欢	3. 一般	4. 喜欢	5. 很喜欢
1. 快餐（肯德基、麦当劳等）	1	2	3	4	5
2. 零食（薯片、辣条、饼干等）	1	2	3	4	5
3. 水果	1	2	3	4	5
4. 蔬菜	1	2	3	4	5
5. 饮料及含糖的果汁	1	2	3	4	5

请根据你在外就餐或点外卖的次数，在相应分数打√。（次数越多得分越高）

	1. 很少或从不	2. 每月一到三次	3. 每周一到三次	4. 每周四到六次	5. 每天都有
1. 在外吃早餐	1	2	3	4	5
2. 在学校或单位食堂吃午餐/晚餐	1	2	3	4	5
3. 在餐馆吃中式午餐/中式晚餐	1	2	3	4	5
4. 在西式快餐厅吃午餐/晚餐，如汉堡、披萨	1	2	3	4	5
5. 点外卖吃中式午餐/中式晚餐	1	2	3	4	5
6. 点外卖吃西式午餐/晚餐，如汉堡、披萨	1	2	3	4	5

在下列饮食场景，影响您选择吃什么的主要因素有哪些？每个场景，请选择您优先考虑的因素，在表格内打√。（最多选三个）

	营养健康	美味好吃	价钱便宜	节约时间	安全卫生
1. 在家吃饭					
2. 在餐馆吃饭					
3. 在食堂吃饭					
4. 点外卖					

感谢您完成上述问卷，调查的第四部分我们想了解您对饮食健康信息的认知情况。

请根据您的实际情况，判断以下说法是否符合您的情况，在相应表格里打√。

	非常不符合	不太符合	不确定	比较符合	非常符合
1. 我想吃啥就吃啥，不考虑其他的					
2. 我觉得现在没必要控制饮食，将来再说					
3. 未来的健康和眼前的美食享受相比，我认为健康更重要					
4. 我觉得吃什么对身体的影响不大，就算有影响也就几天					
5. 我尽量避免吃一些可能不利于健康的食物，即使未来不一定有严重后果					

续表

	非常 不符合	不太 符合	不确定	比较 符合	非常 符合
6. 我选择吃什么关键看吃什么方便					
7. 为了未来的健康，我愿意吃一些自己不喜欢吃的食物					
8. 为了未来的健康，我每天都控制自己的饮食，如少油少盐					
9. 我很少担心吃啥东西对健康不好，即使有问题那也是以后的事					
10. 为了未来的健康，我常常吃一些有利于健康的食物，如水果、牛奶					

根据您的认知，是否同意下列说法？请在相应的选项打√。

1. 主食吃得越少越好	A 同意	B 不同意	C 不知道
2. 深色蔬菜的营养价值一般优于浅色蔬菜	A 同意	B 不同意	C 不知道
3. 脂肪和胆固醇对身体健康有害，应该尽量不吃	A 同意	B 不同意	C 不知道
4. 应该经常更换食用油的种类，食用多种植物油	A 同意	B 不同意	C 不知道
5. 水果和蔬菜可以互相替代，多吃水果就可以少吃蔬菜	A 同意	B 不同意	C 不知道
6. 适当多吃粗粮有利于避免肥胖和糖尿病等慢性疾病	A 同意	B 不同意	C 不知道
7. 多吃糖对健康有益	A 同意	B 不同意	C 不知道
8. 平时吃得过咸容易得高血压	A 同意	B 不同意	C 不知道
9. 鸡蛋和牛奶是人体优质蛋白的重要来源	A 同意	B 不同意	C 不知道

10. 您是否主动去了解饮食营养健康方面的知识或者信息？【单选】 ________

A. 总是　B. 经常　C. 偶尔
D. 很少　E. 从不

11. 您最常用的获得营养健康信息的途径是什么？【单选】 ________

A. 电视、广播　B. 书籍/报纸/杂志
C. 微博、朋友圈、短视频　D. 自己上网查
E. 家人/朋友/同学告知　F. 专家讲座
G. 政府宣传　H. 从来不看这些信息

最后，我们还需要您的一些基本情况，本调研匿名，请放心选择。

1. 您的性别：________ A. 男　B. 女，婚姻状况：________ A. 已婚　B. 未婚

年龄：________，A. 18～25 岁　B. 26～30 岁　C. 31～40 岁　D. 41～50 岁　E. 51～60 岁　F. 60 岁以上

2. 您的最高学历：________

A. 小学及以下　B. 初中　C. 高中

D. 大专　E. 本科　F. 研究生及以上

3. 您是否有营养学或者医学相关的背景（专业或职业）？________

A. 是　B. 否

4. 您目前从事的职业：________

A. 政府机关及事业单位　B. 公司职员

C. 个体工商户、服务业　D. 医生、教师和科技人员

E. 学生　F. 退休人员

G. 其他

5. 您的个人月收入多少？________

A. 3000 元及以下　B. 3001～5000 元　C. 5001～8000 元

D. 8001～10000 元　E. 10001～15000 元　F. 15000 元以上

6. 您觉得自身健康状况怎么样？________

A. 非常好　B. 比较好　C. 一般

D. 比较差　E. 非常差

7. 您目前的饮食状况如何？________【可多选】

A. 低盐　B. 低糖　C. 低脂肪/低胆固醇

D. 素食　E. 偏爱甜食　F. 偏爱油炸食品

G. 口味偏咸　H. 无特殊饮食

8. 您的身高________cm，体重________kg。

“美味 VS 健康：食品信息对消费者行为的影响研究”调查问卷（2）

为了让我们更好地了解您，请先做以下测试。根据您的第一反应选择。比如看到“吃饭”，一些人首先想到的是“获取营养”，另一些人首先想到的是“一日三餐”，您首先想到哪个就勾选哪个，答案无对错之分。（请在○中打√）

1. 吃饭	○获取营养	○一日三餐	14. 洗手	○用水冲洗	○保持清洁卫生
2. 刷牙	○防止蛀牙	○使用牙刷和牙膏	15. 打扫房间	○扫地拖地	○保持干净
3. 打招呼	○见面说“你好”	○展现友善	16. 敲门	○确认是否有人	○敲门板/按门铃
4. 付房租	○交钱	○为了有地方住	17. 看书	○逐字逐句地看	○获得知识
5. 养花	○装饰房间	○定期浇水施肥	18. 洗衣服	○去除污渍	○手洗/洗衣机
6. 列清单	○逐条记录事情	○提高工作效率	19. 测量房间	○准备装修	○使用尺子
7. 补牙	○看牙医	○保护牙齿	20. 粉刷房间	○让房间变好看	○刷油漆
8. 投票	○填写选票	○选优评奖	21. 参军	○保卫国家	○报名
9. 心理测试	○了解自己	○回答问题	22. 拒绝诱惑	○回避拒绝	○展现道德品质
10. 种菜	○耕地施肥	○收获新鲜蔬菜	23. 和孩子交谈	○教孩子知识	○说简单的话
11. 考试	○考察知识水平	○填写考卷	24. 摘苹果	○有水果吃	○从树上摘果子
12. 锁门	○钥匙插进门锁	○保障房屋安全	25. 自驾游	○导航到达目的地	○欣赏自然景色
13. 照相	○记录风景/人物	○用相机、手机拍照			

感谢您完成上述问卷，调查的第二部分我们想了解您对目前市场上一款食品的购买意愿。请假设您正在选购一款饼干，看到某品牌饼干的广告如下：“低 GI，零蔗糖，高膳食纤维”。

1. 您是否能够理解这则广告信息？________

A. 完全不理解　　B. 大部分不理解　　C. 不确定

D. 大部分理解　　　E. 完全理解

2. 您是否愿意购买该饼干？________

A. 肯定不买　　　B. 不太可能买　　　C. 不确定

D. 可能会买　　　E. 一定会买

3. 看了这个广告，根据您的感觉，这款饼干健康还是不健康？______

A. 非常不健康　　　B. 不太健康　　　C. 不确定

D. 比较健康　　　E. 非常健康

感谢您完成上述问卷，调查的第三部分我们想了解您对不同食物的偏好。

请根据您的喜欢程度对下列食物打分，在相应分数打√。

	1. 很不喜欢	2. 不喜欢	3. 一般	4. 喜欢	5. 很喜欢
1. 快餐（肯德基、麦当劳等）	1	2	3	4	5
2. 零食（薯片、辣条、饼干等）	1	2	3	4	5
3. 水果	1	2	3	4	5
4. 蔬菜	1	2	3	4	5
5. 饮料及含糖的果汁	1	2	3	4	5

请根据你在外就餐或点外卖的次数，在相应分数打√。（次数越多得分越高）

	1. 很少或从不	2. 每月一到三次	3. 每周一到三次	4. 每周四到六次	5. 每天都有
1. 在外吃早餐	1	2	3	4	5
2. 在学校或单位食堂吃午餐/晚餐	1	2	3	4	5
3. 在餐馆吃中式午餐/中式晚餐	1	2	3	4	5
4. 在西式快餐厅吃午餐/晚餐，如汉堡、披萨	1	2	3	4	5
5. 点外卖吃中式午餐/中式晚餐	1	2	3	4	5
6. 点外卖吃西式午餐/晚餐，如汉堡、披萨	1	2	3	4	5

在下列饮食场景，影响您选择吃什么的主要因素有哪些？每个场景，请选择您优先考虑的因素，在表格内打√。（最多选三个）

	营养健康	美味好吃	价钱便宜	节约时间	安全卫生
1. 在家吃饭					
2. 在餐馆吃饭					
3. 在食堂吃饭					
4. 点外卖					

感谢您完成上述问卷，调查的第四部分我们想了解您对饮食健康信息的认知情况。

请根据您的实际情况，判断以下说法是否符合您的情况，在相应表格里打√。

	非常不符合	不太符合	不确定	比较符合	非常符合
1. 我想吃啥就吃啥，不考虑其他的					
2. 我觉得现在没必要控制饮食，将来再说					
3. 未来的健康和眼前的美食享受相比，我认为健康更重要					
4. 我觉得吃什么对身体的影响不大，就算有影响也就几天					
5. 我尽量避免吃一些可能不利于健康的食物，即使未来不一定有严重后果					
6. 我选择吃什么关键看吃什么方便					
7. 为了未来的健康，我愿意吃一些自己不喜欢吃的食物					
8. 为了未来的健康，我每天都控制自己的饮食，如少油少盐					
9. 我很少担心吃啥东西对健康不好，即使有问题那也是以后的事					
10. 为了未来的健康，我常常吃一些有利于健康的食物，如水果、牛奶					

根据您的认知，是否同意下列说法？请在相应的选项打√。

1. 主食吃得越少越好	A 同意	B 不同意	C 不知道
2. 深色蔬菜的营养价值一般优于浅色蔬菜	A 同意	B 不同意	C 不知道
3. 脂肪和胆固醇对身体健康有害，应该尽量不吃	A 同意	B 不同意	C 不知道
4. 应该经常更换食用油的种类，食用多种植物油	A 同意	B 不同意	C 不知道
5. 水果和蔬菜可以互相替代，多吃水果就可以少吃蔬菜	A 同意	B 不同意	C 不知道
6. 适当多吃粗粮有利于避免肥胖和糖尿病等慢性疾病	A 同意	B 不同意	C 不知道
7. 多吃糖对健康有益	A 同意	B 不同意	C 不知道
8. 平时吃得过咸容易得高血压	A 同意	B 不同意	C 不知道
9. 鸡蛋和牛奶是人体优质蛋白的重要来源	A 同意	B 不同意	C 不知道

10. 您是否主动去了解饮食营养健康方面的知识或者信息？【单选】

A. 总是　　B. 经常　　C. 偶尔

D. 很少　　E. 从不

11. 您最常用的获得营养健康信息的途径是什么？【单选】________

A. 电视、广播　　B. 书籍/报纸/杂志

C. 微博、朋友圈、短视频　　D. 自己上网查

E. 家人/朋友/同学告知　　F. 专家讲座

G. 政府宣传　　H. 从来不看这些信息

最后，我们还需要您的一些基本情况，本调研匿名，请放心选择。

1. 您的性别：________ A. 男　B. 女，婚姻状况：________ A. 已婚　B. 未婚

年龄：________，A. 18～25 岁　B. 26～30 岁　C. 31～40 岁　D. 41～50 岁　E. 51～60 岁　F. 60 岁以上

2. 您的最高学历：________

A. 小学及以下　　B. 初中　　C. 高中

D. 大专　　E. 本科　　F. 研究生及以上

3. 您是否有营养学或者医学相关的背景（专业或职业）？________

A. 是　　B. 否

4. 您目前从事的职业：________

A. 政府机关及事业单位　　B. 公司职员

C. 个体工商户、服务业　　D. 医生、教师和科技人员

E. 学生　　F. 退休人员

G. 其他

5. 您的个人月收入多少？________

A. 3000 元及以下　　B. 3001～5000 元　　C. 5001～8000 元

D. 8001～10000 元　　E. 10001～15000 元　　F. 15000 元以上

6. 您觉得自身健康状况怎么样？________

A. 非常好　　B. 比较好　　C. 一般

D. 比较差　　E. 非常差

7. 您目前的饮食状况如何________？【可多选】

A. 低盐　　B. 低糖　　C. 低脂肪/低胆固醇

D. 素食　　E. 偏爱甜食　　F. 偏爱油炸食品

G. 口味偏咸　　H. 无特殊饮食

8. 您的身高________ cm，体重________ kg。

“美味 VS 健康：食品信息对消费者行为的影响研究”调查问卷（3）

为了让我们更好地了解您，请先做以下测试。根据您的第一反应选择。比如看到“吃饭”，一些人首先想到的是“获取营养”，另一些人首先想到的是“一日三餐”，您首先想到哪个就勾选哪个，答案无对错之分。（请在○中打√）

1. 吃饭	○获取营养	○一日三餐	14. 洗手	○用水冲洗	○保持清洁卫生
2. 刷牙	○防止蛀牙	○使用牙刷和牙膏	15. 打扫房间	○扫地拖地	○保持干净
3. 打招呼	○见面说“你好”	○展现友善	16. 敲门	○确认是否有人	○敲门板/按门铃
4. 付房租	○交钱	○为了有地方住	17. 看书	○逐字逐句地看	○获得知识
5. 养花	○装饰房间	○定期浇水施肥	18. 洗衣服	○去除污渍	○手洗/洗衣机
6. 列清单	○逐条记录事情	○提高工作效率	19. 测量房间	○准备装修	○使用尺子
7. 补牙	○看牙医	○保护牙齿	20. 粉刷房间	○让房间变好看	○刷油漆
8. 投票	○填写选票	○选优评奖	21. 参军	○保卫国家	○报名
9. 心理测试	○了解自己	○回答问题	22. 拒绝诱惑	○回避拒绝	○展现道德品质
10. 种菜	○耕地施肥	○收获新鲜蔬菜	23. 和孩子交谈	○教孩子知识	○说简单的话
11. 考试	○考察知识水平	○填写考卷	24. 摘苹果	○有水果吃	○从树上摘果子
12. 锁门	○钥匙插进门锁	○保障房屋安全	25. 自驾游	○导航到达目的地	○欣赏自然景色
13. 照相	○记录风景/人物	○用相机、手机拍照			

感谢您完成上述问卷，调查的第二部分我们想了解您对目前市场上一款食品的购买意愿。请假设您正在选购一款饮料，看到某品牌饮料的广告如下：

1. 您是否能够理解这则广告信息？________

A. 完全不理解　　　B. 大部分不理解　　　C. 不确定

D. 大部分理解　　　E. 完全理解

2. 您是否愿意购买该饮料？________

A. 肯定不买　　　B. 不太可能买　　　C. 不确定

D. 可能会买　　　E. 一定会买

感谢您完成上述问卷，调查的第三部分我们想了解您对不同食物的偏好。

请根据您的喜欢程度对下列食物打分，在相应分数打√。

	1. 很不喜欢	2. 不喜欢	3. 一般	4. 喜欢	5. 很喜欢
1. 快餐（肯德基、麦当劳等）	1	2	3	4	5
2. 零食（薯片、辣条、饼干等）	1	2	3	4	5
3. 水果	1	2	3	4	5
4. 蔬菜	1	2	3	4	5
5. 饮料及含糖的果汁	1	2	3	4	5

请根据你在外就餐或点外卖的次数，在相应分数打√。（次数越多得分越高）

	1. 很少或从不	2. 每月一到三次	3. 每周一到三次	4. 每周四到六次	5. 每天都有
1. 在外吃早餐	1	2	3	4	5
2. 在学校或单位食堂吃午餐/晚餐	1	2	3	4	5
3. 在餐馆吃中式午餐/中式晚餐	1	2	3	4	5
4. 在西式快餐厅吃午餐/晚餐，如汉堡、披萨	1	2	3	4	5

续表

	1. 很少或从不	2. 每月一到三次	3. 每周一到三次	4. 每周四到六次	5. 每天都有
5. 点外卖吃中式午餐/中式晚餐	1	2	3	4	5
6. 点外卖吃西式午餐/晚餐，如汉堡、披萨	1	2	3	4	5

在下列饮食场景，影响您选择吃什么的主要因素有哪些？每个场景，请选择您优先考虑的因素，在表格内打√。（最多选三个）

	营养健康	美味好吃	价钱便宜	节约时间	安全卫生
1. 在家吃饭					
2. 在餐馆吃饭					
3. 在食堂吃饭					
4. 点外卖					

感谢您完成上述问卷，调查的第四部分我们想了解您对饮食健康信息的认知情况。

请根据您的实际情况，判断以下说法是否符合您的情况，在相应表格里打√。

	非常不符合	不太符合	不确定	比较符合	非常符合
1. 我想吃啥就吃啥，不考虑其他的					
2. 我觉得现在没必要控制饮食，将来再说					
3. 未来的健康和眼前的美食享受相比，我认为健康更重要					
4. 我觉得吃什么对身体的影响不大，就算有影响也就几天					
5. 我尽量避免吃一些可能不利于健康的食物，即使未来不一定有严重后果					
6. 我选择吃什么关键看吃什么方便					
7. 为了未来的健康，我愿意吃一些自己不喜欢吃的食物					

续表

	非常不符合	不太符合	不确定	比较符合	非常符合
8. 为了未来的健康，我每天都控制自己的饮食，如少油少盐					
9. 我很少担心吃啥东西对健康不好，即使有问题那也是以后的事					
10. 为了未来的健康，我常常吃一些有利于健康的食物，如水果、牛奶					

根据您的认知，是否同意下列说法？请在相应的选项打√。

1. 主食吃得越少越好	A 同意	B 不同意	C 不知道
2. 深色蔬菜的营养价值一般优于浅色蔬菜	A 同意	B 不同意	C 不知道
3. 脂肪和胆固醇对身体健康有害，应该尽量不吃	A 同意	B 不同意	C 不知道
4. 应该经常更换食用油的种类，食用多种植物油	A 同意	B 不同意	C 不知道
5. 水果和蔬菜可以互相替代，多吃水果就可以少吃蔬菜	A 同意	B 不同意	C 不知道
6. 适当多吃粗粮有利于避免肥胖和糖尿病等慢性疾病	A 同意	B 不同意	C 不知道
7. 多吃糖对健康有益	A 同意	B 不同意	C 不知道
8. 平时吃得过咸容易得高血压	A 同意	B 不同意	C 不知道
9. 鸡蛋和牛奶是人体优质蛋白的重要来源	A 同意	B 不同意	C 不知道

10. 您是否主动去了解饮食营养健康方面的知识或者信息？【单选】________

A. 总是　　B. 经常　　C. 偶尔

D. 很少　　E. 从不

11. 您最常用的获得营养健康信息的途径是什么？【单选】________

A. 电视、广播　　B. 书籍/报纸/杂志

C. 微博、朋友圈、短视频　　D. 自己上网查

E. 家人/朋友/同学告知　　F. 专家讲座

G. 政府宣传　　H. 从来不看这些信息

最后，我们还需要您的一些基本情况，本调研匿名，请放心选择。

1. 您的性别：________ A. 男 B. 女，婚姻状况：________ A. 已婚 B. 未婚

年龄：________，A. 18~25岁 B. 26~30岁 C. 31~40岁 D. 41~50岁 E. 51~60岁 F. 60岁以上

2. 您的最高学历：________

A. 小学及以下　B. 初中　C. 高中

D. 大专　E. 本科　F. 研究生及以上

3. 您是否有营养学或者医学相关的背景（专业或职业）？________

A. 是　B. 否

4. 您目前从事的职业：________

A. 政府机关及事业单位　B. 公司职员

C. 个体工商户、服务业　D. 医生、教师和科技人员

E. 学生　F. 退休人员

G. 其他

5. 您的个人月收入多少？________

A. 3000元及以下　B. 3001~5000元　C. 5001~8000元

D. 8001~10000元　E. 10001~15000元　F. 15000元以上

6. 您觉得自身健康状况怎么样？________

A. 非常好　B. 比较好　C. 一般

D. 比较差　E. 非常差

7. 您目前的饮食状况如何________？【可多选】

A. 低盐　B. 低糖　C. 低脂肪/低胆固醇

D. 素食　E. 偏爱甜食　F. 偏爱油炸食品

G. 口味偏咸　H. 无特殊饮食

8. 您的身高________ cm，体重________ kg。

“美味VS健康：食品信息对消费者行为的影响研究”调查问卷（4）

为了让我们更好地了解您，请先做以下测试。根据您的第一反应选择。比如看到“吃饭”，一些人首先想到的是“获取营养”，另一些人首先想到的是“一日三餐”，您首先想到哪个就勾选哪个，答案无对错之分。(请在○中打√)

1. 吃饭	○获取营养	○一日三餐	14. 洗手	○用水冲洗	○保持清洁卫生
2. 刷牙	○防止蛀牙	○使用牙刷和牙膏	15. 打扫房间	○扫地拖地	○保持干净
3. 打招呼	○见面说“你好”	○展现友善	16. 敲门	○确认是否有人	○敲门板/按门铃
4. 付房租	○交钱	○为了有地方住	17. 看书	○逐字逐句地看	○获得知识
5. 养花	○装饰房间	○定期浇水施肥	18. 洗衣服	○去除污渍	○手洗/洗衣机
6. 列清单	○逐条记录事情	○提高工作效率	19. 测量房间	○准备装修	○使用尺子
7. 补牙	○看牙医	○保护牙齿	20. 粉刷房间	○让房间变好看	○刷油漆
8. 投票	○填写选票	○选优评奖	21. 参军	○保卫国家	○报名
9. 心理测试	○了解自己	○回答问题	22. 拒绝诱惑	○回避拒绝	○展现道德品质
10. 种菜	○耕地施肥	○收获新鲜蔬菜	23. 和孩子交谈	○教孩子知识	○说简单的话
11. 考试	○考察知识水平	○填写考卷	24. 摘苹果	○有水果吃	○从树上摘果子
12. 锁门	○钥匙插进门锁	○保障房屋安全	25. 自驾游	○导航到达目的地	○欣赏自然景色
13. 照相	○记录风景/人物	○用相机、手机拍照			

感谢您完成上述问卷，调查的第二部分我们想了解您对目前市场上一款食品的购买意愿。请假设您正在选购一款饮料，看到某品牌饮料的广告如下：

1. 您是否能够理解这则广告信息？________

A. 完全不理解　　B. 大部分不理解　　C. 不确定

D. 大部分理解　　E. 完全理解

2. 您是否愿意购买该饮料？________

A. 肯定不买　　B. 不太可能买　　C. 不确定

D. 可能会买　　E. 一定会买

感谢您完成上述问卷，调查的第三部分我们想了解您对不同食物的偏好。

请根据您的喜欢程度对下列食物打分，在相应分数打√。

	1. 很不喜欢	2. 不喜欢	3. 一般	4. 喜欢	5. 很喜欢
1. 快餐（肯德基、麦当劳等）	1	2	3	4	5
2. 零食（薯片、辣条、饼干等）	1	2	3	4	5
3. 水果	1	2	3	4	5
4. 蔬菜	1	2	3	4	5
5. 饮料及含糖的果汁	1	2	3	4	5

请根据你在外就餐或点外卖的次数，在相应分数打√。（次数越多得分越高）

	1. 很少或从不	2. 每月一到三次	3. 每周一到三次	4. 每周四到六次	5. 每天都有
1. 在外吃早餐	1	2	3	4	5
2. 在学校或单位食堂吃午餐/晚餐	1	2	3	4	5
3. 在餐馆吃中式午餐/中式晚餐	1	2	3	4	5
4. 在西式快餐厅吃午餐/晚餐，如汉堡、披萨	1	2	3	4	5
5. 点外卖吃中式午餐/中式晚餐	1	2	3	4	5
6. 点外卖吃西式午餐/晚餐，如汉堡、披萨	1	2	3	4	5

在下列饮食场景，影响您选择吃什么的主要因素有哪些？每个场景，请选择您优先考虑的因素，在表格内打√。（最多选三个）

	营养健康	美味好吃	价钱便宜	节约时间	安全卫生
1. 在家吃饭					
2. 在餐馆吃饭					
3. 在食堂吃饭					
4. 点外卖					

感谢您完成上述问卷，调查的第四部分我们想了解您对饮食健康信息的认知情况。

请根据您的实际情况，判断以下说法是否符合您的情况，在相应表格里打√。

	非常不符合	不太符合	不确定	比较符合	非常符合
1. 我想吃啥就吃啥，不考虑其他的					
2. 我觉得现在没必要控制饮食，将来再说					
3. 未来的健康和眼前的美食享受相比，我认为健康更重要					
4. 我觉得吃什么对身体的影响不大，就算有影响也就几天					
5. 我尽量避免吃一些可能不利于健康的食物，即使未来不一定有严重后果					
6. 我选择吃什么关键看吃什么方便					
7. 为了未来的健康，我愿意吃一些自己不喜欢吃的食物					
8. 为了未来的健康，我每天都控制自己的饮食，如少油少盐					
9. 我很少担心吃啥东西对健康不好，即使有问题那也是以后的事					
10. 为了未来的健康，我常常吃一些有利于健康的食物，如水果、牛奶					

根据您的认知，是否同意下列说法？请在相应的选项打√。

1. 主食吃得越少越好	A 同意	B 不同意	C 不知道
2. 深色蔬菜的营养价值一般优于浅色蔬菜	A 同意	B 不同意	C 不知道
3. 脂肪和胆固醇对身体健康有害，应该尽量不吃	A 同意	B 不同意	C 不知道
4. 应该经常更换食用油的种类，食用多种植物油	A 同意	B 不同意	C 不知道
5. 水果和蔬菜可以互相替代，多吃水果就可以少吃蔬菜	A 同意	B 不同意	C 不知道
6. 适当多吃粗粮有利于避免肥胖和糖尿病等慢性疾病	A 同意	B 不同意	C 不知道
7. 多吃糖对健康有益	A 同意	B 不同意	C 不知道
8. 平时吃得过咸容易得高血压	A 同意	B 不同意	C 不知道
9. 鸡蛋和牛奶是人体优质蛋白的重要来源	A 同意	B 不同意	C 不知道

10. 您是否主动去了解饮食营养健康方面的知识或者信息？【单选】________

A. 总是　　B. 经常　　C. 偶尔

D. 很少　　E. 从不

11. 您最常用的获得营养健康信息的途径是什么？【单选】________

A. 电视、广播　　B. 书籍/报纸/杂志

C. 微博、朋友圈、短视频　　D. 自己上网查

E. 家人/朋友/同学告知　　F. 专家讲座

G. 政府宣传　　H. 从来不看这些信息

最后，我们还需要您的一些基本情况，本调研匿名，请放心选择。

1. 您的性别：________ A. 男　B. 女，婚姻状况：________ A. 已婚　B. 未婚

年龄：________，A. 18~25 岁　B. 26~30 岁　C. 31~40 岁　D. 41~50 岁　E. 51~60 岁　F. 60 岁以上

2. 您的最高学历：________

A. 小学及以下　　B. 初中　　C. 高中

D. 大专　　E. 本科　　F. 研究生及以上

3. 您是否有营养学或者医学相关的背景（专业或职业）？________

A. 是　　B. 否

4. 您目前从事的职业：________

A. 政府机关及事业单位　　B. 公司职员

C. 个体工商户、服务业　　D. 医生、教师和科技人员

E. 学生　　F. 退休人员

G. 其他

5. 您的个人月收入多少？________

A. 3000 元及以下　　B. 3001 ~ 5000 元　　C. 5001 ~ 8000 元

D. 8001 ~ 10000 元　　E. 10001 ~ 15000 元　　F. 15000 元以上

6. 您觉得自身健康状况怎么样？________

A. 非常好　　B. 比较好　　C. 一般

D. 比较差　　E. 非常差

7. 您目前的饮食状况如何________？【可多选】

A. 低盐　　B. 低糖　　C. 低脂肪/低胆固醇

D. 素食　　E. 偏爱甜食　　F. 偏爱油炸食品

G. 口味偏咸　　H. 无特殊饮食

8. 您的身高________ cm，体重________ kg。

图书在版编目（CIP）数据

教育水平、信息接受与食物消费问题研究／王茵著
．—北京：中国财政经济出版社，2024.5
ISBN 978－7－5223－3043－3

Ⅰ.①教… Ⅱ.①王… Ⅲ.①食物－消费－研究－中国 Ⅳ.①F126.1

中国国家版本馆 CIP 数据核字（2024）第 072342 号

责任编辑：彭　波　　　　　　责任印制：史大鹏
封面设计：王　颖　　　　　　责任校对：徐艳丽

教育水平、信息接受与食物消费问题研究
JIAOYU SHUIPING XINXI JIESHOU YU SHIWU XIAOFEI WENTI YANJIU
中国财政经济出版社 出版

URL：http：//www.cfeph.cn
E－mail：cfeph@cfeph.cn

社址：北京市海淀区阜成路甲 28 号　邮政编码：100142
营销中心电话：010－88191522
天猫网店：中国财政经济出版社旗舰店
网址：https：//zgczjjcbs.tmall.com
中煤（北京）印务有限公司印刷　各地新华书店经销
成品尺寸：165mm×238mm　16 开　18 印张　303 000 字
2024 年 5 月第 1 版　2024 年 5 月北京第 1 次印刷
定价：88.00 元
ISBN 978－7－5223－3043－3
（图书出现印装问题，本社负责调换，电话：010－88190548）
本社图书质量投诉电话：010－88190744
打击盗版举报热线：010－88191661　QQ：2242791300